Arnold Gehlen · Moral und Hypermoral

Arnold Gehlen

Moral und Hypermoral
Eine pluralistische
Ethik

KlostermannRoteReihe

Herausgegeben von Karl-Siegbert Rehberg

Diese Ausgabe ist text- und seitengleich mit der Fassung in dem später erscheinenden Band 8 der Arnold Gehlen Gesamtausgabe:
Moral und Hypermoral und andere Schriften zur Ethik

Bibliographische Information der Deutschen Nationalbibliothek

Die Deutsche Nationalbibliothek verzeichnet diese Publikation in der Deutschen Nationalbibliographie; detaillierte bibliographische Daten sind im Internet über *http://dnb.dnb.de* abrufbar.

7. Auflage 2016
6., erweiterte Auflage 2004

1.–2. Auflage Verlag Athenäum, Frankfurt am Main/Bonn. 3.–4. Auflage Akademische Verlagsgesellschaft Athenaion, Frankfurt am Main. 5. Auflage Aula-Verlag, Wiesbaden
© Vittorio Klostermann GmbH · Frankfurt am Main · 2004
Alle Rechte vorbehalten, insbesondere die des Nachdrucks und der Übersetzung. Ohne Genehmigung des Verlages ist es nicht gestattet, dieses Werk oder Teile in einem photomechanischen oder sonstigen Reproduktionsverfahren oder unter Verwendung elektronischer Systeme zu verarbeiten, zu vervielfältigen und zu verbreiten.
Gedruckt auf alterungsbeständigem Papier. ∞ ISO 9706
Satz: Mirjam Loch, Frankfurt am Main
Druck: Hubert & Co., Göttingen
Printed in Germany
ISSN 1865-7095
ISBN 978-3-465-04280-8

INHALT

Vorwort zur 6. Auflage	VII
Vorwort	3
1. Antisthenes	7
2. Zenon	17
3. Pluralismus	31
4. Disposition. Ethos der Gegenseitigkeit	41
5. Physiologische Tugenden	49
6. Humanitarismus	75
7. Institutionen	91
8. Der Staat	99
9. Religion und Ethik, neuer Stil	119
10. Moralhypertrophie	141
11. Die gute Sache und das Gewissen	167
12. Über Sprachlosigkeit und Lüge	179
Personenregister	189
Sachregister	194

VORWORT ZUR 6. AUFLAGE[*]
von *Karl-Siegbert Rehberg*

I. Pluralistische Ethik

Auch seine letzte Monographie sah Arnold Gehlen in der direkten Nachfolge seines anthropologischen Hauptwerkes.[1] Insofern verstand er seinen Entwurf einer »pluralistischen Ethik« als Konkretisierung seiner Lehre vom Menschen. Zugleich sollte seine These von der unauflösbaren Spannung zwischen den einander widerstreitenden Ethosformen an der zeitgenössischen Politik- und Gesellschaftsentwicklung illustriert werden. So handelt es sich um ein gewissermaßen ›geteiltes‹ Buch, wenngleich das Inhaltsverzeichnis eine Zäsur zwischen der anthropologischen Argumentation und den zeitkritischen Polemiken nicht sichtbar macht. Das Titelwort »Hypermoral« mag auf Friedrich Nietzsche anspielen, wie Helmut Schelsky meinte.[2] Jedenfalls ist auch in Gehlens Buch eine »Genealogie« der Mora-

---

[*] Im Text verwendete Abkürzungen:
GA3: Arnold Gehlen Gesamtausgabe. Bd. 3: Der Mensch. Seine Natur und seine Stellung in der Welt. Textkrit. Edition unter Einbeziehung des gesamten Textes der 1. Aufl. von 1940. 2 Teilbde. Hrsg. v. Karl-Siegbert Rehberg. Frankfurt a. M.: Klostermann 1993.
GA4: Arnold Gehlen Gesamtausgabe. Bd. 4: Philosophische Anthropologie und Handlungslehre. Hrsg. v. Karl-Siegbert Rehberg. Frankfurt a. M.: Klostermann 1983.
GA6: Arnold Gehlen Gesamtausgabe. Bd. 6: Die Seele im technischen Zeitalter und andere sozialpsychologische, soziologische und kulturanalytische Schriften. Hrsg. v. Karl-Siegbert Rehberg. Frankfurt a.M.: Klostermann 2004.
GA7: Arnold Gehlen Gesamtausgabe. Bd. 7: Einblicke. Hrsg. v. Karl-Siegbert Rehberg. Frankfurt a. M.: Klostermann 1978.
MH: Arnold Gehlen: Moral und Hypermoral. Eine pluralistische Ethik [zuerst 1969]. Frankfurt a.M.: Klostermann ⁶2004.

[1] Wollte Gehlen sein institutionentheoretisches Buch *Urmensch und Spätkultur* (1956, 6. Aufl. Frankfurt a.m.: Klostermann 2004) bereits »Der Mensch. Zweiter Teil« nennen, so wäre ihm eine unmittelbare Titelverbindung mit *Der Mensch. Seine Natur und seine Stellung in der Welt* (1940/1950; jetzt in *GA3*) auch für sein letztes Buch am liebsten gewesen – vgl. mein Nachwort in *GA6*, bes. S. 639f.

[2] Helmut Schelsky schrieb Gehlen am 22.6.1970 einen langen, sehr kritischen Brief, der alte Kontroversen über die Institutionen und die zu ihrem We-

len entwickelt, samt der Ansicht von deren Dekadenz und Hypertrophierung. Mit dieser letzten (in sechs Manuskriptfassungen immer wieder neu durchgearbeiteten) Monographie stellte sich Gehlen die Aufgabe, Anthropologie, Verhaltensforschung und Soziologie so zu verbinden, dass vier voneinander nicht ableitbare Ethosformen empirisch freigelegt werden könnten: 1. »das aus der Gegenseitigkeit entwickelte Ethos«, 2. eine »Mehrzahl instinktiver, verhaltensphysiologisch greifbarer Regulationen, einschließlich der Ethik des Wohlbefindens und des Glücks (Eudaimonismus)«, 3. das »familienbezogene ethische Verhalten samt der daraus ableitbaren Erweiterungen bis zum Humanitarismus« und 4. das »Ethos der Institutionen einschließlich des Staates« (*MH*, S. 41). Gehlen wollte damit der »abstrakten Ethik der Aufklärung« widersprechen, wie sie beispielsweise in Voltaires Diktum zum Ausdruck kam, nach welchem es nur *eine* Moral gebe, so »wie es nur eine Geometrie gibt«.[3]

Dem theoretisch-anthropologischen Kern des Buches (vgl. bes. Kap. 3 bis 7) ist ein Prolog vorangestellt, der den historisch-politischen Hintergrund ethischer Konflikterfahrungen offen legt: Nach dem Zusammenbruch des preußisch-deutschen Reiches durch die selbstzerstörerische Politik Hitlers sah Gehlen Deutschland 1945 in demselben Maße durch politische Ohnmacht und Maßstablosigkeit gekennzeichnet wie Athen nach dem Niedergang seiner Großmachtstellung im Jahre 404 v. Chr., also nach dem Peloponnesischen Krieg[4] – eine Parallele, die schon Georges Sorel zog.[5] In beiden historischen Situationen hätten sich eine verharmlosende Anthropologie und humanitaristische, an Glück und »Entpflichtung« (*MH*, S. 15) orien-

---

sen passende Theorie zusammenfasste und das Ende der Freundschaft beider bewirkte. Gehlen notierte sich korrigierend zu der Assoziation seines Briefpartners, der Buchtitel sei Nietzsche entlehnt: »nach [Richard] Coudenhove[-Kalergis] Titel [...] ›Ethik und Hyperethik‹ [Leipzig: Der neue Geist 1922]«.

[3] Zit. nach dem Dictionnaire Philosophique in *MH*, S. 32.

[4] *MH*, S. 7 sowie Arnold Gehlen: Ende der Geschichte? [zuerst 1975]. In: *GA6*, S. 336–351, hier 336; vgl. zu diesem Motiv und der Verachtung Gehlens für die Bundesrepublik Deutschland als einem ohnmächtigen Staat auch Karl-Siegbert Rehberg: Niederlage als Medium der »Volkwerdung«: Deutschlandbilder Arnold Gehlens. In: Antonia Grunenberg (Hrsg.): Welche Geschichte wählen wir? Hamburg: Junius 1992, S. 90-102 sowie Ders.: Nachwort in *GA6*, S. 647.

[5] Vgl. Georges Sorel: La Ruine du Monde antique. Conception matérialiste de l'Histoire. Etudes sur le devenir social XIX [zuerst 1902]. Paris: Rivière 1933.

tierte Ideale entwickelt, d. h. staats- und politikferne Moralen. In beiden Lagen seien auch die Machtansprüche der Intellektuellen (im antiken Fall waren das die Philosophen) an die Stelle des staatlichen Machthandelns getreten.

Neben allen Aperçus und sozusagen aphoristischen Zuspitzungen über die intellektuelle Lage im niedergeworfenen und unter der Weltherrschaft Makedoniens stehenden Athen (etwa über den »Kosmopoliten« Antisthenes, die Kyniker, Xenon und die nachträglichen Spiegelungen dieser Diskursherrschaft der Philosophen im Werk des Diogenes Laertius[6]) geht es systematisch in erster Linie um eine anthropologische Begründung der Ethik, das heißt um eine »Mehrheit moralischer Instanzen« und »Sozial-Regulationen« (*MH*, S. 32). Diese werden nicht evolutionär interpretiert, d.h. als Fortschritt von der Nahethik zu einer schließlich weltumspannenden Moralität. Und wenn auch etwas Triebhaftes in allen Verpflichtungssystemen aufgehoben sein mag, folgen sie nicht alle denselben leibnahen Impulsen. Manche Moralen können als instinktnah angenommen werden, andere ergeben sich aus den Notwendigkeiten bestimmter Institutionen. Immer jedoch sind sie kulturell geformt und zugleich auf unterschiedlichen Ebenen der Abstraktion angesiedelt, denn zwischen dem affektiven Eintreten für ein Familienmitglied oder eine vertraute Person und der Loyalität für den Staat oder gar die Ziele der Vereinten Nationen ist die lebensweltliche Verankerung höchst unterschiedlich. Ein »Pluralismus« (*MH*, Kap. 3), der bloß auf der Hinnahme der Verschiedenartigkeit moralischer Ansprüche beruhte und die einander opponierenden Ursprünge von Ethosformen ignorierte, würde zu einer ethischen Beliebigkeit führen. Das wäre allenfalls Beschwichtigung, machte jedenfalls die aggressiven Zuspitzungen im Kampf konfligierender Ethiken untereinander kaum verstehbar. Zwar nimmt Gehlen von einander unabhängige Quellen ethischer Verpflichtungen an, hebt das »Ethos der Gegenseitigkeit« aber beson-ders hervor (*MH*, Kap. 4). Die Erwartung von Reziprozität gibt es auf allen Ebenen menschlicher Interaktion, und deren Verweigerung wird durchaus als bösartig empfunden. Aus diesem Prinzip ge-

---

[6] Den suggestiven, auf die »Brillianz der Formulierung« angelegten Stil Gehlens hatte schon Schelsky [wie Anm. 2] als Ignoranz gegenüber den »wissenschaftlich reflektierende[n] und selbständigen Lesern« kritisiert und gerade darin zurecht eine Nähe zur Aphoristik Nietzsches gesehen.

hen dann seit den frühesten Gesellschaften elaborierte institutionelle Formen hervor, etwa der von Marcel Mauss beschriebene symbolische Tausch oder die komplizierten, am besten von Claude Lévi-Strauss erfassten, Austauschregeln in Verwandtschafts- und Heiratsbeziehungen.

Aber dieses Fundament mag durch noch tiefer sitzende und »leibnahe« Regulierungen, nämlich durch »physiologische Tugenden« gestützt sein – ein Begriff, der Gedanken Nietzsches aufnahm.[7] Auf dieser Ebene geht es vor allem um instinktnahe Reaktionsautomatismen, die von spezifischen »Auslösern« sozusagen entriegelt werden. Diesen Vorgang hat vor allem Konrad Lorenz nachgewiesen, der darauf eine exakte Definition des Instinktes als »angeborenem auslösenden Mechanismus« (AAM) gründete.[8] Gehlen hat bei aller Nähe zu Lorenz stets betont, dass der Mensch nicht von instinktiven Reaktionssicherheiten bestimmt, dass er vielmehr als instinkt*reduziertes* Wesen anzusehen sei. Zwar näherte er sich am Ende seines Lebens der Lorenzschen Annahme einer instinktiven Basis der Aggressivität – und für beide waren die »1968er«-Ereignisse der Beleg dafür.[9] Obwohl Gehlen also meinte, er habe den Instinktverlust früher vielleicht zu hoch angesetzt, blieb er in dieser Frage doch vorsichtiger als der 1973 mit dem Nobelpreis für Medizin und Physiologie aus-

---

[7] Vgl. zu diesem Gedanken z. B. Friedrich Nietzsche: Aus dem Nachlaß der Achtzigerjahre. In Ders.: Werke in drei Bänden. Hrsg. v. Karl Schlechta. Bd. III, München: Hanser [7]1973, S. 913. Gehlen ergänzte in *Der Mensch* (*GA3*, S. 304) ohne Kennzeichnung ein dort gegebenes Nietzsche-Zitat durch die Worte »physiologische Tugenden«; wenigstens findet sich dieser Zusatz weder in: Nietzsche's Werke. Bd. 13. Leipzig: Naumann 1903, S. 249f. (Aph. 599) noch in: Ders.: Sämtliche Werke. Kritische Studienausgabe in 15 Bänden. Hrsg. v. Giorgio Colli und Mazzino Montinari. Berlin/New York: de Gruyter. Bd. 11, S. 578 (Fragm. 37[4]).
[8] Konrad Lorenz: Vergleichende Verhaltensforschung. Wien: Springer/München: dtv 1982.
[9] Vgl. Rehberg: Nachwort in *GA6*, S. 653. Gehlen wurde für seine Annäherung an das Konzept eines Aggressionsinstinktes von seinem Bewunderer, dem DDR-Philosophen Wolfgang Harich, nachdrücklich kritisiert, da dieser das Modell der Instinktentbundenheit des Menschen als jeder Instinkttheorie überlegen einstufte; vgl. Karl-Siegbert Rehberg: Kommunistische und konservative Bejahungen der Institutionen – Eine Brief-Freundschaft. In: Stefan Dornuf und Reinhard Pitsch (Hrsg.): Wolfgang Harich zum Gedächtnis. 2 Bde. München: Müller & Nerding 2000, Bd. II, S. 440–486, hier: 465.

gezeichnete Begründer der Verhaltensforschung, welcher keineswegs nur metaphorisch seine »Naturgeschichte der Aggression« als Grundlagenforschung über das »Böse« auffasste.[10] Für Gehlen blieben die Sozialregulationen eben doch in der konstitutionellen »Weltoffenheit«[11] des Menschen fundiert, wenn auch »Überdehnungen« instinktiver Antriebe und vor allem deren Entdifferenzierung möglich sind. Ein plastisches Beispiel dafür ist das »Kindchenschema«, also eine Schutz- und Pflegereaktion, die sich auf Haus- und Ku-scheltiere übertragen lässt und schließlich noch in der Wahrnehmung jedes täppischen Verhaltens greift.[12] Als leibnah erschien Gehlen jede Mitleidsethik, wie sie von Bernard de Mandeville und Jean-Jacques Rousseau bis zu Arthur Schopenhauer konzipiert wurde. Solche affektiven Einstellungen können dann durchaus auch »politisch ausgewertet« werden, worin Gehlen ein aktuelles Problem sah und meinte, dass die politische Mobilisierung durch die Evidenz des Unglücks und der Unterdrückung von Mahatma Gandhi erfunden worden sei (*MH*, S. 54).

Selbstverständlich gehört in den Umkreis der physiologisch begründeten Moralauffassungen auch die »Ethisierung des Ideals des Wohllebens« – ein Ausdruck, den Gehlen dem Soziologen Götz Briefs entlehnte.[13] Es ist dies der moralische Begründungskern des modernen Konsumismus. Überraschenderweise leitete Gehlen aber auch die Askese aus physiologischen Gegebenheiten ab. Somit bezog er diese Umkehrung der Antriebsrichtung also nicht auf den »höchsten

---

[10] Vgl. Konrad Lorenz: Das sogenannte Böse. Zur Naturgeschichte der Aggression. Wien: Schoeler 1963.

[11] Vgl. dazu Max Scheler: Die Stellung des Menschen im Kosmos [zuerst 1928] in: Ders.: Gesammelte Werke. Bd. 9. Späte Schriften. Hrsg. v. Manfred S. Frings. Bern/München: Francke 1976, S. 7–71, hier: 32f. sowie *GA3*, S. 29, 33f. u. ö.

[12] Vgl. z.B. Konrad Lorenz: Ganzheit und Teil in der tierischen und menschlichen Gemeinschaft [zuerst 1950]. In: Ders.: Über tierisches und menschliches Verhalten. Gesammelte Abhandlungen. Bd. II. München: Piper, S. 114–200, hier: 156ff. sowie Arnold Gehlen: Über instinktives Ansprechen auf Wahrnehmungen [zuerst 1961]. In: *GA4*, S. 175–202, hier: 192f. u. 197.

[13] Vgl. Arnold Gehlen: Zwangsläufigkeit oder Gestaltung [zuerst 1966]. In: *GA7*, S. 223–235, hier: 231 sowie Götz Briefs: Das gewerbliche Proletariat. In: Grundriss der Sozialökonomik. IX. Abteilung: Das soziale System des Kapitalismus. I. Teil: Die gesellschaftliche Schichtung im Kapitalismus. Tübingen: Mohr 1926, S. 142–240, hier: 193f. (Anm. 1).

Begriff des Geistes«, wie Max Scheler das für die menschliche Fähigkeit des »Nein-Sagen-Könnens« getan hatte.[14]

Der »Humanitarismus« hat andere Quellen, und fand seine gültige Formulierung vielleicht bereits in der griechischen Verfallszeit, wie etwa auch Sorel glaubte.[15] Mit Arnold Toynbee verstand Gehlen diese Ethosform als Dekadenzerscheinung und vermutete einen Kontaktverlust mit der Geschichte. Des Weiteren ging er davon aus, dass es sich – wie schon Vilfredo Pareto[16] postuliert hatte – um eine neue säkularisierte Religion handele, die nun allerdings ihrerseits auf einer »Ausdehnung« und »Entdifferenzierung des ursprünglichen Sippen-Ethos oder von Verhaltensregulationen innerhalb der Großfamilie« basiere (*MH*, S. 79).

Demgegenüber stand die Politik immer schon auf einer ethisch anderen Grundlage, forderte auch Mao Tse-Tung etwa eine »klassenbedingte Liebe«[17], der gegenüber die humanitäre nur »abstrakt« sei. Der Konflikt mit dem »Ethos des Staates« (*MH*, Kap. 8) liegt dann auf der Hand und fand in der Tragödie der Antigone, die eben auch eine des Kreon war, seinen klassischen Ausdruck.[18] Es scheint die Logik der Institutionen, erst recht des Staates in latenter Opposition zu den familienbezogenen Ethosformen zu stehen. Aber Gehlen entwickelt auch eine entgegengesetzte Gedankenreihe, dass nämlich die genealogisch legitimierte Herrschaft, besonders das Königtum, immer vom Sippenethos ableitbar sei bis hin zu jenen Elaborierungen, in

---

[14] Vgl. Scheler: Stellung [wie Anm. 11], S. 44. Gehlen unterschied erstens »Askese als Stimulans«, zweitens als »Disciplina« und drittens als »Sacrificium« (*MH*, S. 68–73).

[15] Vgl. Georges Sorel: Über die Gewalt [frz. zuerst 1906–08]. Frankfurt a. M.: Suhrkamp 1969, S. 287 und *MH*, S. 77f.

[16] Vgl. bes. Vilfredo Pareto: Traité de sociologie générale. Edition française p. Pierre Boven, revue par autor. 2 vols. Lausanne/Paris: Payot 1917/1919, §§ 1172, 1143 u.ö.; vgl. zur Bedeutung Paretos auch: Arnold Gehlen: Vilfredo Pareto und seine »neue Wissenschaft« [zuerst 1941]. In: *GA4*, S. 261–305.

[17] Gehlen zitiert in *MH*, S. 82 Mao Tse-Tung aus den »Reden an die Schriftsteller und Künstler im neuen China«. Berlin [DDR]: Dietz 1952, S. 16.

[18] Vgl. zu Antigone: *GA3*, Variante 444.36–480.34 (S. 732) und Arnold Gehlen: Soziologie der Macht [zuerst 1961]. In: *GA7*, S. 91–99, hier: 98 sowie Ders.: Matriarchat [zuerst 1973]. In: *GA6*, S. 542–551, hier: 542. Vgl. auch *MH*, S. 95f., wo Gehlen auf einen Aufsatz von G. Greiffenhagen über den Prozess des Ödipus verweist – beide hatten über die Bedeutung des Antigone-Falles 1966 auch korrespondiert.

denen etwa Ludwig XIV. sich als »Vater des Volkes« inszenierte (vgl. *MH*, S. 87).

Jedenfalls wird das »Ethos der Institutionen« nicht von den Verwandtschaftsbezügen her entwickelt, wenngleich es noch nicht rein funktional verstanden werden soll. Gehlen streift im siebten Kapitel einige Argumente seiner Institutionenlehre (*Urmensch und Spätkultur* [zuerst 1956]. Frankfurt a. M.: Klostermann ⁶2004). Allerdings nimmt er hier nicht den Gedanken auf, dass Gewohnheiten und Verpflichtungen vom Werkzeughandeln her verstanden werden können. Vielmehr betont er die interaktiv erzeugten Regeln und wie sich daraus Sollgeltungen entwickeln. Das kurze Kapitel endet mit einer Positionierung der eigenen Institutionenauffassung als »gegenaufklärerisch«, denn: »Die Aufklärung ist, kurz gesagt, die Emanzipation des Geistes von den Institutionen«, wie Gehlen Madame de Staël zitiert (*MH*, S. 98).

II. Die Unterminierung des Staates: Polemik und Analyse

Das wird besonders an der »ethischen Selbstgesetzlichkeit« der Institution des Staates demonstrierbar, dessen Sinn Gehlen »letzten Endes nur als rational organisierte Selbsterhaltung eines geschichtlich irgendwie zustande gekommenen Zusammenhangs von Territorium und Bevölkerung« bestimmt (*MH*, S. 99), basierend auf dem Bedürfnis nach Sicherheit – wie Thomas Hobbes, John Locke und viele andere bereits herausgearbeitet haben. Gerade »wenn die kalte Sprache des Sachzwangs Gehorsam fordert«, sind Kollisionen mit familiär-humanitären und eudaimonistischen Orientierungen unvermeidlich. Was bei Erscheinen von *Moral und Hypermoral* als konservativer Radikalismus Gehlens galt, ist in den heutigen »Reformzeiten« des Sozialumbaus gängige Münze geworden – bei allen Parteien. Gehlen stellt – auch nach seinem Abrücken von der Hegelschen Philosophie ein Rechtshegelianer von Rang bleibend – deshalb den Staat ganz auf die Grundlage einer überhöhten »Notwendigkeit«. Vor allem war es dessen Neutralisierungsleistung gegenüber den religiösen Bürgerkriegen, durch welche der Staat funktional bis heute gerechtfertigt ist (wie das suggestiv schon Carl

Schmitt gezeigt hat[19]). Jedoch hatten sich andere Staatsaufgaben in den Vordergrund geschoben, sodass Gehlen die Staatlichkeit gerade dadurch verteidigen will, dass er den bundesrepublikanischen Wohlfahrtsstaat scharf kritisiert, etwa mit der von Ernst Forsthoff entlehnten spöttisch-zuspitzenden Formulierung, dass der Leviathan »mehr und mehr die Züge einer Milchkuh« angenommen habe.[20] Überhaupt trage der steigende Lebensstandard zur Schwächung der Staatsautorität bei, selbst wenn es sich als Illusion erwiesen hat, dass »die gesellschaftlichen Gegensätze im Wohlstand ertränkt« werden könnten. Derlei sei die Ansicht »widerlegter Völker, die sich einer übermächtig-fremdbestimmten Zukunft gegenüber sehen« und einer »Atmosphäre der Schonung« bedürften. Unter solchen Bedingungen gerate in Vergessenheit, »was für ein Untier die Herrschaft ist« (*MH*, S. 112). Die Erinnerung daran konnte aber dennoch geweckt werden, etwa durch die – von Gehlen mit Verständnis behandelte – Niederwerfung des »Prager Frühlings« durch die Sowjetunion und den Warschauer Pakt im August 1968 oder durch Maos Kulturrevolution – beides für Gehlen ein Beweis dafür, »wie wenig moralische Eroberungen die westliche Fortschrittskultur außerhalb ihres Bereichs gemacht hat«, denn auch Chruschtschow halte es geradezu für unmoralisch, »von der Macht, die man hat, keinen Gebrauch zu machen«.[21]

Gehlens Erörterungen des Staatsethos gipfeln in der Apotheose eines metamoralischen Ruhms, also des Sonnenkönigs und Napoleons I., denn: »für den Sieg bedarf es keiner Rechenschaft«, wie schon Tacitus formulierte (vgl. *MH*, S. 118). Gehlen hat in einer Kontroverse über sein Buch zugegeben, »daß das aggressive Potential des Staates nicht betont wurde«, vor allem, weil »dies doch ein seit Jahrzehnten beliebtes Gala-Thema« sei.[22]

---

[19] Vgl. z. B. Carl Schmitt: Politische Theologie. Vier Kapitel zur Lehre von der Souveränität [zuerst 1922]. Berlin: Duncker & Humblot ⁵1979 sowie Ders.: Die Formung des französischen Geistes durch den Legisten [zuerst 1942]. In: Ders.: Staat, Großraum, Nomos. Arbeiten aus den Jahren 1916–1969. Hrsg. v. Günter Maschke. Berlin: Duncker & Humblot 1995, S. 184–217, hier: 200f.

[20] Vgl. *MH*, S. 107 und Ernst Forsthoff: Verfassung und Verfassungswirklichkeit der Bundesrepublik. In: Merkur 241 (Mai 1968).

[21] Vgl. Der Spiegel vom 18.11.1968.

[22] Vgl. Arnold Gehlen: Methodisches Vorgehen im Grenzgebiet von Anthropologie und Soziologie. In: Soziologen-Korrespondenz (1970), Heft 2/3, S. 13–23,

Am Ende von *Moral und Hypermoral* stehen zeitkritische Kapitel, die pointiert zusammenfassen, was Gehlen (vor allem in Wendung gegen die Studentenrevolte und die Reformen der sozialliberalen Koalition unter Willy Brandt) in vielen Vorträgen und Aufsätzen zum Ausdruck gebracht hatte (vgl. bes. in *GA7* die Abschnitte »Zeitsignaturen« und »Intellektuellenkritik«). Die Abscheu gegen den als unterminierend und zerstörerisch empfundenen Einfluß der linken Intellektuellen (später von Helmut Schelsky zu einer expliziten »Anti-Soziologie« weiterentwickelt[23]) und die Verwerfung eines hypertrophen Humanitarismus, der die Geltungsansprüche des Staates – Prototyp der Institutionen – explizit bestreitet, ins Lächerliche zieht oder einfach unterläuft, dominieren diesen Teil des Buches. Auch misstraute Gehlen jedem ethischen Rigorismus, da ein »gnadenloser Humanitarismus« (vgl. *MH*, S. 35) kein Selbstwiderspruch sei – wie ein Verweis auf Robespierre zur Genüge beweise.

III. Die Kritik – und eine ungelöste Forschungsfrage

Nicht nur auf einer vordergründig politischen Ebene standen Gehlens Thesen im Widerstreit zu vielen intellektuellen Positionen in den späten sechziger und frühen siebziger Jahren des vergangenen Jahrhunderts. Auch bei einem der wichtigsten Protagonisten linker Kritik, Jürgen Habermas nämlich, kam zu den offenbaren politischen Differenzen eine systematische hinzu. Während dieser eine Evolution moralischer Prinzipien aus den anthropologischen Fundamenten der Sprachlichkeit und der sich daraus ergebenden Geltungsansprüche zu entwickeln sucht, wollte Gehlen die Unableitbarkeit einzelner konfligierender moralischer Sollgeltungen behaupten. In einer berühmt gewordenen Rezension des Gehlenschen Werkes schrieb Habermas 1970, durchaus auch seine Enttäuschung über das Ausbleiben einer tiefergehenden Analyse der Aporien der gesellschaftlichen Konstellation ausdrückend: »Respektable Lebensweisheiten und theoretisch interessante Annahmen mischen sich mit

hier: 22. Es war dies eine Replik auf: Karl-Siegbert Rehberg: Überlegungen zur Wissenschaftstheorie Arnold Gehlens. In: ebd., S. 23–43.
[23] Vgl. Helmut Schelsky: Die Arbeit tun die anderen. Klassenkampf und Priesterherrschaft der Intellektuellen. Opladen: Westdeutscher Verlag 1975.

dem politischen Stammtisch eines aus dem Tritt geratenen Rechtsintellektuellen, der den lebensgeschichtlichen Aporien seiner Rolle nicht mehr gewachsen ist«.[24] Nicht weniger gravierend war ein Verriß des Buches, der nirgends publiziert wurde. Es handelt sich um den erwähnten Brief, den Helmut Schelsky im Juni 1970 an Gehlen schrieb, um seine »starken Einwände« geltend zu machen. Darin lobte er Habermas' Buchbesprechung als die »bisher einzige wissenschaftliche« und unterstützte den Frankfurter Kritiker auch darin, dass Gehlen die »*Geschichte* des moralischen Bewußtseins außer acht« gelassen habe, sodass seine »Fixiertheit auf das Biologisch-Anthropologische und seine kurzschlüssig direkte Anwendung auf die politische Aktualität« den geschichtlichen Standort zu einer »beliebig variablen Zeitlage« mache, zu einem »Material-Steinbruch«. Politisch habe Gehlen »eine *direkte Herrschaftsphilosophie* für die Starken und Eroberer« geschrieben, eine weltpolitische Staatsauffassung formuliert, die sich »vielleicht Mao, die US-amerikanischen oder sowjetischen Falken leisten könnten«.

Es ist unübersehbar, dass *Moral und Hypermoral* vom Zeitgeist geprägt ist, gerade dadurch dass es diesem widerstehen will. Jedoch sind seine anthropologischen Grundthemen damit nicht erledigt:[25] Es bleibt die These zu prüfen, ob die Modellvorstellung eines unversöhnlichen Pluralismus moralischer Normen eine Dimension des Ethischen zum Ausdruck bringt, die in den evolutiven Konzepten der ethischen Anpassung an je höhere gesellschaftliche Synthesen (von der Familie über Gemeinde und Region bis zum National- und schließlich Weltstaat) unterschätzt wird. Insofern gehört das Buch in den Zusammenhang einer philosophisch-soziologischen Grundlagenforschung, wie sie seit Max Scheler und Helmuth Plessner als

---

[24] Jürgen Habermas: Nachgeahmte Substantialität [zuerst 1970]. In: Ders.: Philosophisch-politische Profile. 3., erw. Aufl. Frankfurt a.M.: Suhrkamp 1981, S. 107–126, hier: 108. Gehlen verließ den »Merkur«, in dem er oft publiziert hatte, weil Habermas seinen Angriff dort ohne distanzierende Einrahmung durch den Herausgeber Hans Paeschke hatte veröffentlichen können; vgl. dazu Rehberg: Nachwort in *GA6*, S. 652f. u. 811 (Anm.: 653.3).

[25] Vgl. als eingehendste philosophische Interpretation der Gehlenschen Ethik-Studie: Lothar Samson: Naturteleologie und Freiheit bei Arnold Gehlen. Systematisch-historische Untersuchungen. Freiburg/München: Alber 1976. Einen guten Überblick zum Gehlenschen Werk gibt Christian Thies: Gehlen zur Einführung. Hamburg: Junius 2000.

Philosophische Anthropologie durchgeführt wurde und welche Arnold Gehlen – von den Elementarbeständen der menschlichen Existenz bis zur Analyse der modernen Malerei – mit so viel Sachhaltigkeit weiterverfolgt hat.

MORAL UND HYPERMORAL

Piscis hic non est omnium
Diderot

VORWORT

Dies ist ein anthropologisches Buch, das einen Beitrag zur Ethik leisten will, ein Vorsatz, der Verwunderung erregen mag, wenn man aus anderen Schriften des Verfassers oder aus den berühmten Forschungen zur Verhaltenslehre den sehr hohen biologischen Anteil am Problemgehalt der Anthropologie kennt. In der Tat werden hier ethische Impulse und Appelle als »Sozialregulationen« aufgefaßt, und ihre Interpretation erfolgt in erster Linie im Anschluß an die Vorstellungen von der reduzierten und instabilen menschlichen Instinktausstattung, die der Verfasser in anderen Schriften entwickelt hat. Ihm ist aber auch klar, daß der Mensch von Natur ein Kulturwesen ist, und das heißt in dem gegenwärtigen Problembereich, daß das seit langem bearbeitete Feld der kultursoziologisch betriebenen Geschichte der Ethik nicht an Ertragskraft verliert. Denn jedes menschliche Verhalten untersteht einer doppelten Betrachtung: Es kann unter (spezifischen) biologischen Kategorien beschrieben werden, erscheint aber auf der anderen Seite als ein Produkt der geistigen Durcharbeitung, als ein Produkt auch der Tradition und Zeitlage, der geschichtlichen Konstellationen.

Der Zusammenhang zwischen beiden Ebenen wird gelebt, aber nicht durchschaut, das gilt für den Einzelnen wie für ganze Gesellschaften. Die Umsetzungen und Schaltstellen zwischen den äußerst langfristigen biologischen Entwicklungen und dem kurzatmig – hastigen Tempo der Kultur sind gänzlich verdunkelt, sie liegen hinter dem Rücken des Bewußtseins. Daß die Moral des Menschen mit dem technischen Eiltempo nicht Schritt gehalten hat, ist nur ein Aspekt dieser Tatsache.

Für die politisch und sozial so hoch aktuellen Fragen der Ethik bedeutet das die Notwendigkeit, sie ebenfalls auf zwei Ebenen abzuhandeln: Was für diesen oder jenen von uns ein Problem schwer abzuringender geistiger Verantwortung ist, erscheint auf dem bodennäheren Bereich als ein typischer Mechanismus, für dessen bewußten Ausdruck es viele Varianten geben mag. Was ein bestimmter lebender Mensch als Haß gegen einen geistigen Gegner erlebt, bedeutet bei seinem theoretisch generalisierten Bruder einen Fall von Aggression unter zahllosen anderen. Unsere Untersuchung kann diesem eigentlich nur erkenntnistechnischen, doch unaufhebbaren Dilemma nur mit einem Wechsel zwischen zwei Bezugssystemen gerecht werden, indem sie, wie gleich in den ersten zwei Kapiteln, an historischen Beispielen von ethischen Neuorientierungen argumentiert, dann aber wieder umspringt und z.B. »physiologische Tugenden« erörtert (Kap. 5). Den Zusammenhang im Geist und Gefühl des Lesers entstehen zu lassen, machte die Schwierigkeit der Darstellung aus.

Von den Sitten und deren Veränderungszustand ist übrigens hier nicht die Rede, das sind abhängige Variable. Dagegen zieht das Buch einen *ethischen Pluralismus* ans Licht, d.h. es behandelt die Tatsache, daß es mehrere voneinander funktionell wie genetisch unabhängige und letzte sozialregulative Instanzen im Menschen gibt. Eine Ethik »aus einem Guß« ist immer eine kulturelle Stilisierung des Denkens, Fühlens und Verhaltens gewesen, plausibel aus einer kulturellen und politischen Lage heraus, eine überspannte Metapher der Wirklichkeit, wie die Kunst. Im gegenwärtigen Zeitpunkt ist, wenigstens in der westlichen Welt, davon keine Rede, der Pluralismus mitsamt den darin mitgeborenen Krisen und Reibungen tritt deutlich ans Licht. Soziologisch gesehen gibt es daher miteinander streitende moralische Gruppierungen, darunter laute und stumme, mit gedruckten und ungedruckten Katechismen, offiziell akzeptierte und totgeschwiegene, dennoch lebende, mit allen Alltagskompromissen und den gelegentlichen Zusammenstößen, die die Stimme der Wahrheit sind, nämlich des Pluralismus.

Der Verfasser hat den Ansatz einer solchen pluralistischen Ethik als Wissenschaft von den verschiedenen Grundformen sozialregulativer Impulse und Appelle samt ihrer inneren Gegensätze zuerst in einem Vortrag vor dem Freien Deutschen Hochstift in Frankfurt am 14. Januar 1961 behandelt, dieser Vortrag erschien unter dem Titel »Die gesellschaftliche Situation in unserer Zeit« innerhalb der Sammlung »Anthropologische Forschung« (rde 138) im selben Jahre. Unter der Bezeichnung »Der Pluralismus in der Ethik« wurde ein mehr fortgeschrittener Zustand der Theorie in der Zeitschrift »Merkur« im Februar 1967 publiziert. Jetzt folgt die ausgearbeitete Fassung.

Der Verfasser hat in seinen Schriften seit jeher gern von Zitaten anderer Autoren Gebrauch gemacht und auch hier in weitem Umfang dieser Gewohnheit nachgegeben, umso lieber, als er aus den Stimmen aus manchen Jahrhunderten und Ländern immer wieder die Ermutigung schöpfen konnte, sich nicht in abwegigen Geländen zu bewegen. Er hofft, daß in diesen Stimmen wie seinen eigenen Gedanken sich das alte Wort bewährt: Inter folia fructus.

1. ANTISTHENES

Als nach dem Ende des peloponnesischen Krieges die Großmacht Athen vernichtet war, da wurde jedem Staatsbürger das Wort des Äschylos deutlich:

»Kommt das Verhängnis über ihn, dann wird er sehen,
Wie gar verschieden Herrscher ist und Sklave sein«
(Der gefesselte Prometheus, 926).

Die Verzweiflung und Enttäuschung konnten sich nur noch in Nachdenken umsetzen, in Sucht und Suche nach weltfremden Werten; die mehr tätigen Naturen dagegen trieb das zerstörte Staatsgefühl weit hinaus, sei es in den Umkreis der Restauration und der dreißig Tyrannen, oder des dann folgenden scharf demokratischen Gegenschlages. Aus diesem Durcheinander ergab sich eine »Politologie«, und hier hatte zunächst Plato, am Volk wie an der Adelsherrschaft verzweifelt, jene abstrakte und literarische Politik erfunden, die darin besteht, den Idealstaat zu entwerfen, um den Haß gegen das Vorhandene ins Allgemeine und Mitteilbare zu erheben. Seine mißglückten Unternehmungen in Sizilien bewiesen die Weltfremdheit, die mit der ethisierenden Ausschweifung zusammenhängt; so sah er nicht den herankommenden nächsten Feind, nämlich den Makedonen.

Wer nämlich, anstatt nach Westen und in die Kolonialwelt Großgriechenlands, nach Norden und Osten witterte, dem konnte nicht entgehen, daß sich gewaltige Mächte zum Kampf um die Weltherrschaft bereitstellten. Dort hieß damals das große Symbol Monarchie. Diese nun hatte sich Antisthenes, ein älterer Kollege des Plato und ebenfalls Sokrates-Schüler, bereits vorgenommen, indem er geistesgegenwärtige und zeitgerechte Dialoge über das Königtum schrieb, sich im »Kyros« sogar mit dem Gründer des ersten Weltreichs beschäftigte, ja auch schon in einer anderen Schrift mit dem makedonischen König Archelaos. Nun ließ zwar Plato im »Politikos« den »Einen Herrscher« auch einmal erscheinen, er sprach von der königlichen Staatskunst und ihrem Meister, aber wenn er dann versicherte, die Königsherrschaft sei eine Wissenschaft, dann näherte er sich doch wie ein Träumer (rêveur: Pareto) dem begehrlichen Ideal vom regierenden Intellektuellen. Die Gelehrsamkeit der Universitäten reicht nicht zur Regierung des Gemeinwesens, sagte Hobbes später im Behemoth. Dagegen lag doch bei Antisthenes der praktische Teil der Zukunft, denn er dachte von den Regierten her, und dies in einer überaus geistvollen Kombination von Motiven.

Sein Kynismus drückte zunächst den Überdruß eines Mannes aus, der sich aus den verwahrlosten und verkommenen Zuständen einer widerlegten, an Überanstrengung verendeten Gesellschaft als einzelner herauszuwinden sucht, dabei nach Möglichkeit Ballast abgibt und glaubt, sich als Person zu behaupten, wenn er die Fäden abschneidet, die ihn an seine eigenen alten Entschlüsse und an die gemeinsame trostlose Geschichte binden. Von dieser Bewegung des Imstichlassens ist eine gewisse Primitivisierung unabtrennbar, und gerade sie nahm dieser entschlossene Denker auch noch in sein Programm hinein.

Die kynische Bedürfnislosigkeit lohnt eine weitere Überlegung. Hier tritt die Askese in ihrer einfachen und doch vielseitigen Natur hervor, denn sie verschärft den gewollten Individualismus und die Endgültigkeit der Ichbetonung schon allein durch die Konzentration, die sie mit sich führt. Auch erleichtert sie die Gegnerschaft zu einer Umwelt, die sich einrichten will, sie realisiert also, »wie man leben muß – in Reaktion gegen die allgemeine Daseinsrichtung« (Aldous Huxley). Da er vor dem Christentum und außerhalb des Judentums lebte, lag ihm der Gedanke an göttliche Strafgerichte in der Geschichte fern, und er betrieb dazu keine Voruntersuchung; umso klarer kam in der kynischen Idee die Distanzierung heraus, sie war der Schleudersitz, mit dem der Einzelne sich aus dem scheiternden Unternehmen herauskatapultieren konnte; dies aber doch um den Preis der Aggressionsneigung derjenigen, die nicht dazugehören. So sorgten Mitglieder der Schule für die bekannten schmutzigen Anekdoten. Die Freiheit ist ein so ätherisches Ideal, daß es der Versteifung bedarf, dann liegt das Obszöne nahe.

Auf den Wegen des Heraustretens entdeckt man die Wohltat der Entlastung, die eintritt, wenn man dem propagandistischen Bombardement der Politiker, wenn man dem zunehmenden Druck gerade der abgelebten Autoritäten und Auflagen entgehen kann, dem Krummgezogenwerden durch die Selbstpreisgaben, Kompromisse und Lähmungen, den Folgen der Niederlage. Das alles abzuwerfen wird als Befreiung empfunden, als wiedergewonnene Unmittelbarkeit.

Wer sich der Inpflichtnahme entzieht, sich selbst auflockert und der Libertinage überläßt, gerät in die Nähe des Pöbels, mindestens in der Hinsicht der Unverantwortlichkeit und der nur punktuellen Existenz. Das hat Vorteile. Der Doppelgänger des Verpöbelten ist ebenfalls asyliert, wird nicht zur Zielscheibe, bleibt ungeschoren, und das hilft rückwirkend dem Stolz der Unabhängigkeit mächtig auf. Andererseits beeindruckten die Kyniker durch die moralische Kraft, die eine freiwillige Besitzlosigkeit abverlangt. Dies sind imponierende Haltungen, und so hielt noch Hugo Ball in dem 1927 erschienenen Buch »Die Flucht aus der Zeit« (!) eine besitzlose Klasse als Souverän für eine große Idee, eine Klasse, die ihre Überlegenheit im Verzicht sehe.

Die Umwelt eines so Isolierten kann beliebig aussehen, er kann sich an jeden Ort denken und von ihm wieder wegdenken, er migriert. Der Zusammenhang des Individualismus mit dem Kosmopolitismus gehörte sogar schon seit der Zeit des Kyros zur Grammatik des neuen Lernstoffes »Weltreich«, das »die nationale Gestaltung des staatlichen Lebens für die ganze Welt westlich des iranischen Hochlandes definitiv begraben hatte« (Ed. Meyer). Jetzt entstand allmählich eine ähnliche Lage für Griechenland, nach dem Niederbruch Athens konnten die neuen Weltherrscher schon erraten werden, und folglich wird das Wort »Kosmopolit« dem Antisthenes zugeschrieben; auch sein Schüler Diogenes soll gesagt haben »Ich bin ein Weltbürger« (Diog. Laert. VI, 63). Demokrit, vielleicht kaum älter als Antisthenes, fand heraus, das Feld des weisen Mannes sei die ganze Erde, das Vaterland der guten Seele der Kosmos. Arnold A. T. Ehrhardt (Polit. Metaphysik von Solon bis Augustin, 1959, I, 162f.) meint nun, es sei die Lehre des humanistischen Kosmopolitismus gewesen, die den Stadtstaat auflöste, und die Anhänger der frühen kynischen wie der kyrenäischen Schule hätten noch im frühen vierten Jahrhundert die Bindung an die Polis als nicht menschlich empfunden. Solche Ansichten treten indessen nicht als Ursachen auf, sondern sie sind Verarbeitungen oder Bewältigungen einer schon eingetretenen Katastrophe, die sie bewußt und, wohlgemerkt, definitiv machen, indem sie schon die Konsequenzen idealisieren.

Wenn Leute, die so denken, keine unmittelbare politische Verwendbarkeit haben, so ist ihre indirekte Bedeutung umso größer, denn sie helfen abräumen und bereiten den Boden vor, den der neue Weltherr betreten wird, in diesem Falle der makedonische Alleinherrscher. Und so, wie in erregten Zeiten alle zusammenpassenden Motive fällig werden, fehlte auch nicht der Monotheismus, denn Philodemos berichtet, daß Antisthenes gesagt habe: nach dem Gesetz gäbe es viele Götter, nach der Natur aber einen (Kaerst, Studien zur Entwicklung und theoret. Begründung der Monarchie, 1889, 29). Das war der rationalistische Systemabschluß – Gott der Philosophen, doch empfand man wohl schon den inneren Zusammenhang: Ein Gott, ein Weltreich, ein König.

Innerhalb dieser Aktualitäten des vorausgefühlten Königtums, des Kosmopolitismus und der ruinierten Heimat konnte sich ein Staatsüberdruß ausbreiten, in dessen Empfindung Xenophon einen Mitunterredner des Sokrates sagen ließ: »Ich fessele mich an keinen Staat, sondern lebe überall als Fremder« (Memorab. II, 1). Aber der Einzelne konnte, wenn er diese Gedanken plastisch nach außen kehrte, im Lichte der Unverlogenheit seine Rolle als Entwürdigter mit Würde spielen – eben dies drückte der Kynismus aus.

Es ist Ansichtssache, wie man die tieferen und schlaueren Zweckmäßigkeiten verstehen will, die in solchen durch Verkörperung vereinfachten Orientierungen enthalten sind, denn unsere profundesten Gefühle kommen, wie de Quincey meinte, als verwickelte Kombinationen ganz konkreter Dinge auf uns zu, als Involute von höchst komplexen Erfahrungen, die nicht zu entwirren sind. Ein unbewußt trickreiches Innere ist bei Menschen, die in die Öffentlichkeit gehen, mindestens zu unterstellen, und so ist klar, daß man umso überzeugter an der Auflösung der Restbestände des alten Ethos mitarbeiten konnte, je entschiedener man die neue Moral vortrug, zumal eine solche, die im Lichte des frischen Gedachtseins aufging und außerdem den kommenden Machthabern nur nützlich sein konnte; ihnen mußte eine so offenbar egozentrische und isolierende Philosophie bei den zu Unterwerfenden gefallen. Wenn man sich dann noch so klein machte, daß diese Kolosse unterlaufen werden konnten, indem man auf alle mehr als primitiven Ansprüche verzichtete, dann hatte der Philosoph gewonnen: Die Realität honoriert, und doch ein Asyl gefunden, eine radikale Moral verkörpert und sich doch geistig behauptet, Endgültigkeit vertreten und doch die Zukunft offen gehal-

1. Antisthenes

ten. Dabei ging man mit den höchsten Graden von Bewußtheit vor. Als Xeniades den Diogenes fragte, wie er ihn begraben solle, sagte der: »Auf dem Gesichte liegend, weil in kurzer Zeit das Untere zu oberst gekehrt werden wird« – dies muß sich zwischen der Schlacht bei Chaironeia (338) und dem Tode des Diogenes (ca. 323) abgespielt haben. Die übermäßige Klugheit des Antisthenes wiederum zeigte sich darin, daß er sich von Ideen und den dazugehörigen Mechanismen fernhielt, er wollte nichts »realisieren«. So behielt er die Augen offen und konnte das Königtum als die nächste fällige Konstellation erkennen. Wirklich wurden am Ende desselben Jahrhunderts, an dessen Beginn er noch wirkte, Antigonos und Demetrios in Athen als Götter begrüßt (307). Solche Bräuche gewannen weite Verbreitung, Ehrhardt (I, 196ff.) berichtet von einer Inschrift für einen gewissen Sosander, einen »königlichen Mann«, »Retter und Wiederhersteller«, den die Kleinstadt Hypata in Thessalien am Ende des 4. Jahrhunderts als Zeus ausrief.

Man würde es im Vergleich dieser Vergottungen von Herrschern mit dem Personenkult moderner Diktatoren zu eilig haben, die Analogie liegt an anderer Stelle; bei Kahrstedt (Geschichte d. griech.-röm. Altertums, 1952, 102, 110) findet sich die politische Deutung. Um den alten Haß gegen die Tyrannis und die immer noch geliebte »Freiheit« der Städte zu schonen, mußte der nun einmal übermächtige und unvermeidliche Monarch als Gottkönig operieren, denn wer Menschen nicht mehr gehorchen will, gibt immerhin Göttern noch nach. Dieser Gott ist heute die »Geschichte«, nachdem selbst die Theologen das Jenseits in Zukunft umdenken – wer lebte der Gegenwart nicht voraus, um ja nicht als überholt und abgetan zu gelten? Das hieße, den Tod schon vorher sterben. Wer dagegen glaubhaft macht, den großen Fahrplan zu kennen, wird geistig unwiderstehlich.

Der kynische Weise nun begab sich in den Naturzustand zurück, in die große Entlastung von der Verantwortung, und damit in den urnatürlichen Zustand des Parasitismus. Da er außerhalb von Staat, Geschichte und Geschäften nach Prinzipien leben mußte, von nichts mehr gehalten, entwickelte er folglich eine Gesinnung und damit propagandistische Neigungen. Hier fand er wie ein Rundfunk-Intendant die Motive, um sie den Regierenden ins Ohr zu träufeln. Der König erhielt seine Aufgabe gestellt, nämlich für die Wohlfahrt der

Untertanen zu sorgen, und dabei ergab sich ganz von selbst die Mission des Philosophen, der Berater zu sein, der Seelenlenker und Guru. Was jene rücksichtslosen Troupiers, die dann als Könige und Götter herrschten, sich dabei dachten, ist schwer zu sagen, doch gab es eine Ideologie, die ihnen interessant erscheinen mußte: »Der Stifter des Kynismus hatte nämlich dem verderbten Verfassungsleben seiner Zeit als verlorenes und wiederzugewinnendes Ideal einen seligen Naturzustand der Urzeit gegenübergestellt, in dem das Volk von den Weisen geweidet wurde, wie die Schafherde von ihrem Hirten« (H. v. Arnim, Ein altgriech. Königsideal, 1916, 5).

Dieses Motiv bedarf einer angemessenen Beachtung, es hielt sich sehr lange, und noch Kant sprach im »Streit der Fakultäten« von der Möglichkeit, daß »Untertanen wie folgsame Schafe, von einem gütigen und verständigen Herrn geleitet, wohlgefüttert und kräftig geschützt, über nichts, was ihrer Wohlfahrt abginge, zu klagen hätten«.

Der Intellektuelle sucht die Modelle der Herrschaft, an der er teilnehmen will, auf der Ebene, die seinen Wunschbildern zugänglich ist. Unter der Voraussetzung der Monarchie und der neuen Natürlichkeit des Geschlagenen bot sich das Bild des Völkerhirten von selbst an. Dieser Topos verspricht unten geschützten Frieden, fette Weiden und scherbare Wolle, oben leichtes Regieren. So bot er das passende Symbol für die kapitale Annahme, die man heute mit den Worten »Der Mensch ist gut« bezeichnen würde, eine Parole, deren Wahrheitswert in umgekehrtem Verhältnis zum politischen Kampfwert steht, denn der Mensch ist nicht gut; er ist auch nicht schlecht, sondern er ist »eine liquide Masse« (Robert Musil).

Eine verharmlosende Anthropologie begegnet uns überhaupt zuerst bei den Kynikern, sie schloß damals wie heute Klugheit nicht aus. Der Weise konnte mit solchen Lehren bei der Pazifizierung der Unterworfenen mithelfen und sich nützlich machen, ja man kann sagen, daß Antisthenes mit seinem Rückzug aus der Geschichte dem noch unbekannten Weltherrscher schon vorweg die Übergabe anbot, denn zu seiner Zeit stand erst der Verlierer, aber noch nicht der letzte Gewinner fest; der Perser galt noch als Großmacht.

Vielen Menschen muß der Topos vom friedlichen Naturzustand des Grasens sofort und für dauernd eingeleuchtet haben, denn man ließ ihn nicht wieder fallen, ja in der frühen Stoa machte er einen Hauptpunkt aus. Wir glauben überhaupt, daß die Stoa zunächst nichts anderes war als eine entproletarisierte und womöglich noch bewußter politische Variante des Kynismus, glauben es im Sinne der Bemerkung des Diogenes Laertius, der in Antisthenes den »geistigen Urheber der so überaus mannhaften Sekte der Stoiker« sah. Deren Stifter Zenon (geb. um 350) schrieb noch in jungen Jahren eine Politeia; dort zeichnete er das Bild einer idealen Gesellschaft, zurückverlegt in jene glückliche Zeit, da die Menschheit noch nicht in Staaten und Gemeinden gespalten war. Wie eine friedlich weidende Herde lebten die Menschen in Eintracht, nur geleitet von dem einen Vernunftgesetz, denn geschriebene Gesetze brauchte man noch nicht. Es gab übrigens keinerlei Institutionen, keine Ehe, kein Privateigentum, natürlich auch keine Gerichte, denn es gab nur gute Menschen, auch standen Mann und Frau einander gleich, trugen auch äußerlich dieselbe Kleidung (M. Pohlenz, Die Stoa, 1948, 137).

Da haben wir den guten Menschen in des Wortes schlimmster Bedeutung. Als kynisch bezeichnet Ehrhardt (I, 177) jenes Bild einer wohlwollenden Natur, die das Gute im Menschen zum Vorschein brächte, wenn er nur den Vorurteilen der bürgerlichen Sitten und Gewohnheiten entsage. Von Vorurteilen meinte Goethe (Maximen u. Refl. III), daß sie mit dem Zustand des Menschen innig vereint seien und ganz unüberwindlich — »weder Evidenz, noch Verstand, noch Vernunft haben den mindesten Einfluß darauf«. Wer von uns verlangt, uns vom eigenen Zustand zu trennen, will uns den seinigen aufhalsen, z.B. die Einbildung, auf der Seite der Guten zu stehen. Dem sollten sich auch die Könige nicht entziehen können, für die man die Rollen des Hirten und Wohltäters bereitstellte, solche kann der Intellektuelle von oben einsehen.

So fand noch der späte Chrysippos (gest. um 205), daß der Herrscher zum mindesten einen Philosophen in seiner Umgebung haben müsse. Es treibe den Weisen, hieß es, des Gelderwerbs wegen bis Pantikapaion (Kertsch) und in die skythische Einöde. Er solle aber die königliche Gewalt willig auf sich nehmen und daraus seinen Gewinn ziehen, denn unter den angemessenen Beschäftigungen für den Weisen gehöre das Zusammenleben mit den Königen an erste Stelle, auch wenn diese noch nicht zu den Fortgeschrittenen gehörten (Stoic. vet. frgm. III, 691). Diesem Anliegen scheint man in großem Stil entsprochen zu haben; ein indischer Fürst schickte einen Gesandten nach dem Westen an den Seleukidenhof mit der Bitte, ihm Feigen, Wein und einen Philosophen zu liefern (Heichelheim, Wirtschaftsgesch. d. Altert. 1938, 529).

In dem bisher Gesagten zeigt sich, wie eine neue Klasse, eine neue Moral und Wertansicht Hand in Hand mit einer neuen Politik ans Licht treten. Stets reichen die Auswirkungen eines so seltenen Ereignisses weit. Die klassenstrategisch anwendbaren Hirtenphantasien ließen sich auch als kultivierte Poesie verbreiten, in ein Kythera umsetzen, wo der Kult der Aphrodite herkam, oder in ein arkadisches Alibi verlegen und scheinbar privatisieren. Die altgriechische, schon bei Homer einspielende Feinheit und rücksichtsvolle Noblesse vergoldet bei Theokrit (310–250) die pastoral poetry, in ihrer römischen Überpflanzung das Werk Vergils. Doch errät man auch hier den Ankergrund. Im Jahre 43 hatten die Triumvirn Antonius, Lepidus und Octavian ihre Verbindung mit großen Menschenjagden eröffnet, im Jahre darauf nach Philippi war Octavian Herr des Westens und der ersehnte Friedensbringer. Jetzt, von 42 bis 37 entstanden die Bucolica, die Hirtengedichte Vergils. Er debütierte mit dieser Theokrit-Variation, sanften Klagen und zärtlichen Liedchen, eingeflochten sind ehrbare kleine Probleme biederer Landleute. Der Kunstwert war bedeutend, der Erfolg sofort groß. Hier liest man endlich in der 9. Ecloge, lange erwartet, die Anspielung auf den Weltherrn, Adoptivsohn Caesars:

> Ecce Dionaei processit Caesaris astrum
> Astrum quo segetes gauderent frugibus
> Siehe am Himmel den Stern des Caesars von der Dione
> Unter dem Einfluß dieses Gestirnes reifen die Saaten.

Die Nymphe Dione war Mutter der Venus, der Ahnherrin des Julierhauses. Fr. Klingner (Virgil, 1967, 27) sagt daher, daß der Dichter im neunten Gedicht einen Versuch mache, Octavianus für sich zu interessieren. Auch diese bukolische Seite blieb unverloren und wurde mehrfach wieder ins Licht gestellt. So haben sich englische Humanisten vom Puritanismus bei der Schäferpoesie erholt; der Dichter W. Browne bot um 1614 folgende Bilder: »Britannia ist Arcadia, bewohnt von wackeren Hirten und huldvollen und spröden Schäferinnen. Die Paare suchen und fliehen sich, Nymphen tanzen durch den Wald und nehmen mit allen heidnischen Göttern von Land und Gewässer an den Schäferfreuden und -leiden Theil, Lämmer gehen verloren usw.« (A. Stern, Milton und seine Zeit, 1877, 174). Heute haben wir keine Agrargesellschaft mehr und in unserer registrierten kann man sich das Ideal des Ungeschorenseins nur noch in der Kategorie des Anspruchs vorstellen – als Glück und Entpflichtung; auch hierin liegt der stille Vorbehalt, daß man auf der Seite der Mächtigen gelandet ist.

Neben dieser poetischen Variante des alten Motivs lief aber die politisch-prosaische weiter. Im Code de la Nature des rätselhaften Morelly, bei dem man nicht einmal weiß, ob es sich um ein Pseudonym handelt (W. P. Wolgin, Die Gesellschaftstheorien der franz. Aufklärung, Ost-Berlin 1965), ist der Mensch ohne Laster aus den Händen der Natur hervorgegangen, er lebte im Geiste der Solidarität und Brüderlichkeit, die nordamerikanischen Indianer lassen diesen Zustand noch ahnen. Noch kraftvoller als Morelly, der zwar Kommunist, aber auch Deist und Monarchist, also wahrscheinlich ein Geistlicher war, dynamisierte zur gleichen Zeit Rousseau die Naturideologie, weil er das Kastensystem von Genf haßte, mit seinen Rängen von citoyens, bourgeois, habitans, natifs und sujets (die beiden ersten Klassen zählten 1600 Köpfe, die übrigen 40 000). Auch entdeckte er, ähnlich wie Antisthenes, daß die Fabel vom guten Menschen selbst den Großen dieser Welt willkommen sein kann, die doch auch unter der Verantwortung leiden und vielleicht an das goldene Zeitalter denken, da die Herden des Abends von selbst heimkehrten, ohne daß der Hirt sie zu bewachen hatte (Eclog. IV, 21).

Die moderne Geschichte von den »gesellschaftlichen« Repressionen, die den Menschen an der freudigen Bejahung seiner Triebe hindern, stellt die zur Zeit gängige Fassung der Philosophie der klugen Enttäuschten dar. Dieses ideologische Opium wird auch in materieller Form, als Pille angeboten.

Übrigens hielt ein Geist wie Kant es nicht für wünschbar, daß der Mensch nur gut sei. Er meinte, es »würden in einem arkadischen Schäferleben, bei vollkommener Eintracht, Genügsamkeit und Wechselliebe, alle Talente ewig in ihren Keimen verborgen bleiben. Die Menschen, gutartig wie die Schafe, die sie weiden, würden ihrem Dasein kaum größeren Wert verschaffen, als dieses ihr Hausvieh hat; sie würden das Leere der Schöpfung in Ansehung ihres Zweckes, als vernünftige Natur, nicht ausfüllen. Dank sei also der Natur für die

Unvertragsamkeit, für die mißgünstig wetteifernde Eitelkeit, für die nicht zu befriedigende Begierde zum Haben, oder auch zum Herrschen« (Idee zu einer allgem. Geschichte, 1784).

Alles in allem muß man den Antisthenes unter die großen politischen Denker rechnen; sein geschichtlicher Einfluß war, über die Stoa geleitet, weit machtvoller als der platonische, der im wesentlichen bücherhaft blieb. Sein Thema war die Eroberung des Eroberers, vom Intellekt und einem neuen, schwer widerlegbaren Ethos her. Graecia capta ferum victorem cepit: wenn das gefangene Griechenland den wilden Sieger überwand, wie Horaz meinte, so gab Antisthenes dazu den ersten Entwurf. Dieses Unternehmen, im Schatten der athenischen Niederlage im großen Kriege gegen Sparta begonnen, wurde von der frühen Stoa gegenüber dem Makedonenreich Alexanders und den Nachfolge-Imperien durchgehalten, und dann noch einmal von der jüngeren Stoa gegenüber den römischen Magnaten.

2. ZENON

Zenon, geboren um 340, war kein Grieche, sondern ein Phönizier aus Zypern, Sohn eines Mnaseas, nach Pohlenz ein hellenisierter Name aus Manasse oder Menahem. Er galt als einer der reichsten Männer seiner Zeit mit einem Kapital von 1000 Talenten, das er nach Diog. Laert. VII, 13 in Reedergeschäften auslieh, war Philanthrop und Wahlathener. Die nach Alexanders Tod um die Weltherrschaft antretenden Großreiche mit ihren Warlords, Söldnerarmeen und ihren ewig wechselnden Fronten und Bündnissen sah er bereits um sich. Die Motive der Kyniker verschärften sich nunmehr, da die ruhmreiche Zeit des Poliskultes endgültig vergangen war, wenn auch die Fassade noch konserviert wurde. Das von den Kynikern vorentworfene Kosmopolitentum, das die Kehrseite eines herausgeschüttelten Individualismus immer gewesen ist, konnte nun in dem hellenistischen Weltverkehr eine reale Basis finden, die von Spanien über Sizilien und Ägypten bis zum Euphrat reichte. In gebildeten Kreisen setzte sich jetzt die Privatisierung der Interessen durch, die Xenophon schon früher (Mem. II, 1) erkannt und dem Aristipp in den Mund gelegt hatte: »Ist es nicht die Höhe der Torheit, sich die Bedürfnisse der übrigen Bürger auf den Hals zu laden und dafür strafen zu lassen, wenn man als Staatsmann nicht so glücklich war, alle Wünsche der Bürgerschaft zu erfüllen?«

Auch dieser Standpunkt konnte sich moralisch legitimieren, da fast alle die alten, kleinen Freistaaten unter Monarchen, Tyrannen oder Gouverneure geraten waren. Überreizte Geltungsansprüche entstehen bekanntlich leicht bei Leuten, die gesellschaftlich in Leerlauf geraten, so zeigte Diogenes, ein politischer Flüchtling aus Sinope mit wahrscheinlich krimineller Vergangenheit (Diog. Laert. VI, 20) und Schüler des Antisthenes, die reinste Mischung des politischen Ressentiments mit dem Hochmut des Intellektuellen: Von »wunderbarer Rednergabe«, verstand er sich darauf, »Menschen zu beherrschen«. Dies geht aus einigen skurrilen Anekdoten, die überliefert sind, nicht hervor, aber er demonstrierte anscheinend die Kaltblütigkeit, mit der ein Philosoph den Kopf oben behalten kann. In den kommenden Zeiten der Schlachten, Morde und Verrätereien, mit denen sich die neuen Herrscher gegenseitig zu verdrängen suchten, blieb der kynische Formelvorrat wertvoll. Alfred Heuß (Alexander d. Gr. und die polit. Ideologie des Altertums, Antike u. Abendland IV, 1954) beschreibt, wie sich die zeitgenössische Rhetorik über die hellenistischen Monarchen in Worten wie Philanthropie, Tugend, Freigebigkeit und Gnade ergeht, wie sie Retter und Wohltäter genannt werden. Der Kreis dieser Phrasen ist »geradezu abgedichtet gegen die Härten des politischen Lebens«, alle Gewaltsamkeit wird verdeckt mit einer Sprache von humanitär-zivilem Gepräge. »Der Vorrang des Herrschers besteht in dem Maße seiner Milde und Menschlichkeit. Gerade dieses Thema wird man nicht müde, immer wieder abzuhandeln und abzuwandeln. Was ist darin nicht alles enthalten und reiht sich folgerichtig an: Großzügigkeit, hohe Sinnesart, andererseits Wohlwollen, Voraussicht, Fürsorge, Eifer für die Untertanen, die Umgebung, die Freunde der Könige.«

Dieser Tugendkatalog mußte vor allem denen einleuchten, die sagten, der Geist (Nous) müsse mit dem König zusammenleben, der Talent und Gelehrigkeit zeige (Stoic. vet. frgm. III, 690). Auf der anderen Seite zeigte sich schon damals, daß die Intellektuellen und Moralisten nicht mit leichter Hand regieren würden. »Die Weisen«, sagte Zenon, »seien allein befähigt für die Tätigkeit der Staatsbeamten, Richter und Redner, von den schlechten Menschen dagegen keiner; ferner seien sie auch unfehlbar, denn sie seien nicht fähig, einen Fehler zu begehen; mitleidig aber seien sie nicht, und niemand dürfe von ihnen Verzeihung erwarten, denn Mitleid und Nachgiebigkeit seien eine Schwäche der Seele« (Diog. Laert. VII, 122f.) Man war zu dem bereit, was C. Schmitt den »Terror des unmittelbaren und automatischen Wertvollzugs« nennt (Die Tyrannei der Werte, in: Säkularisation und Utopie, 1967, 62).

Wenn das gegründete Staatsgefühl zerstört ist, dann bleibt nichts übrig als die Ausfüllung des Leerraums mit verallgemeinerten Tugenden privater Herkunft, wie Wohlwollen, Hilfsbereitschaft usw. Die Stoiker haben zweifellos versucht, in diesem Sinne auf die Machthaber einzuwirken, ähnlich wie heute ein Autor Stieglitz den »Sozialen Auftrag der freien Berufe« (1960) darin sieht, »Gewissen der Gesellschaft« zu sein und an der Kritik und Mäßigung der wirtschaftlichen und politischen Macht zu wirken (70, 72).

Die Zeit der moralisierenden Staatsreformpläne, von Plato eingeleitet, war jetzt auf der Höhe, und Lauffer (Der Menschheitsgedanke des Hellenismus, Stud. Gen. 1961, 590f.) erwähnt einige Modelle: Da gab es den kollektivistischen Staat Panchaia des Euhemeros, oder Hekataios von Abdera, der das Naturvolk der Hyperboräer schilderte. Dieser Euhemeros lebte am Hofe Kassanders, eines der blutigsten Warlords (ca. 355 bis 297), der auch die Mutter Alexanders, Olympia, sowie dessen erste Gattin, Rhoxane, beiseite räumen ließ, dessen Bruder Alexarchos jedoch auf der Athoshalbinsel die Himmelsstadt Uranopolis gründete, nicht ohne den Beinamen Sonnengott anzunehmen, und die Bürger dieses Staats nannten sich nach dem Ausweis gefundener Münzen die Himmlischen.

Ethisch-politische Utopien beweisen durch ihr Schattendasein oder die parodistisch ausfallenden Realisierungen die Sperrigkeit der Realität gegenüber einer »reinen« Ethik – dies gehört zu den Grundwahrheiten. Ein solches Idealsystem muß entweder eine Hintertür offen lassen, durch die die Wirklichkeit ein- oder austreten kann, oder es muß sich mit einer fassadenhaften Geltung als rhetorischer Schleier für handfestere Interessen begnügen; oder das Ideal zersetzt die ihr wesensfremde gesellschaftliche Realität, so wie nach Werner Jaeger die Freiheit von Isokrates als bestes Mittel empfohlen wurde, um mächtige Reiche zu zerstören (Demosthenes, 1963, 46). Wer endlich seine Ketten zerbrach, hat sie ja in der Hand und kann andere fesseln; wer das Fenster zertrümmerte, um Atemluft einzulassen, hatte auch den Spaß am Krach des Glases; hat Justitia die Augen verbunden, um sich nicht ablenken zu lassen, oder um ungestört spinnen zu können? Für die geltenden Verhältnisse kann man immer die Übersehbarkeit ihrer Mißstände anführen, die Kosten der idealistischen Veränderung sind noch unbekannt, die Motive der Umstürzler kennt niemand.

Auch das Recht wird zu Zeiten als utopisches Ideal aufgerichtet. So schrieb (Der Spiegel 31.1.1966) der Bundesrichter Jul. Federer von der Überzeugung, »daß ein Staatswesen auf die Dauer nur gedeihen kann, wenn das Verfassungsleben vom Recht und nicht von einem doch nur scheinbaren ›Staatsinteresse‹ beherrscht wird«. Das ist doktrinäre Rhetorik. Wie ein Staatswesen »auf die Dauer« gedeiht, kann man von Deutschland aus schwer sehen; und was, wenn das Staatsinteresse nicht scheinbar, sondern wirklich mit dem Recht unvereinbar wird? Diese Frage kann der hohe Richter ebensowenig beantworten wie wir, seine Deklaration war also vorproblematisch. Die ethischen, auch die rechtsethischen Probleme werden bedrückend, wenn man sich näher mit ihnen einläßt.

Hier ist der Ort, einen Grundgedanken dieses Buches einzuführen. Normalerweise leben die Menschen in einem Durcheinander »mittlerer Tugendhaftigkeit«, von durchschnittlicher Redlichkeit bei einiger Toleranzbreite; auch mit sehr verschiedenen Graden der Verhärtung, und so werden sie den Situationen teils gerecht, teils gehen sie sie gewohnheitsmäßig durch, teils bleiben sie stumpf. Eine verschärfte Grundsätzlichkeit und Konzentration wird im Leben der Individuen und Völker nur unter seltenen Bedingungen herausgefordert, so etwa angesichts ungewöhnlicher Risiken und Bedrohungen oder dann, wenn in Zeiten des Umbruchs eine Ideologie dazu dient, ein Spannungsgefälle aufrecht zu erhalten, so daß der Gegner greifbar bleibt; auch gibt es Zeiten, da plötzliche oder chronische Erschütterungen die Reflexion aufjagen, die sich dann immer bis in die extremsten Positionen entfaltet. So geschah es in der hier behandelten Zeit. Auf die vollständige Niederlage folgt eine Flut von Verbalisierungen und ethischen Forderungen, man sucht mit stürmischer Reizbarkeit nach neuen »reinen« Lösungen. Erst unter solchen Umständen tritt dann an die Oberfläche, was für gewöhnlich im Durcheinander der kompromißhaften Gewohnheiten verschüttet liegt: Es gibt *mehrere* Fundamente der Moral, mehrere Quellen des Sollens, die durchaus unabhängig, ja sogar miteinander unverträglich sind; dies stellt sich erst dann heraus, wenn Situationen eintreten, die extreme Lösungen erfordern, so daß sich das Ethos radikalisiert. So führte bekanntlich eine verschärfte, radikalisierte Jenseits- und Erlösungsreligion in der Regel zur kategorischen Verwerfung bestimmter innerweltlicher Verhaltensweisen, einschließlich des dazugehörigen Ethos, z. B. der Familiengründung oder des Kriegsdienstes. Es gibt somit ethische Impulse, die in Realrepugnanz stehen, in sachlichem Widerstreit, aber diese Intoleranzen treten erst unter bestimmten Bedingungen hervor. Den latenten Widerstreit zwischen den Ethosquellen hatten die Griechen schon entdeckt, denn wahrscheinlich behauptete schon Antisthenes selber, daß wer sich auf den Boden des einen Naturrechts, des Rechtes des Stärkeren stelle, von dem *anderen* Naturrecht her, von der Treue und dem Glauben (Pistis) aus als Rechtsbrecher erscheinen *müsse*. Damit war schon damals eine Situation begriffen, in der sich letzte Instanzen der Moral unversöhn-

2. Zenon

lich gegenübertreten, denn auch das Recht des Stärkeren, mit anderen Worten die Macht, kann ethisch fruchtbar sein. Eine noch frühere Zeit kannte diese Fragen nicht, bei den Tragikern wurde die unkonsequente Alltagsmoral einfach in übermenschliche Dimensionen gesteigert: »In der bekannten, in Platons Staat gerügten Stelle aus dem verlorenen, den Tod des Achilles behandelnden Memnon klagt Thetis, selbst eine Göttin, daß Phöbos ihr den Sohn erschlagen habe, derselbe Phöbos, der ihm ein langes Leben versprach und das mit festlichem Gesang beim Schmaus bekräftigt habe« (A. Weber, Das Tragische und d. Geschichte, 1959, 283). Was Alfred Weber »merkwürdig durcheinandergewobene Klänge« nennt, das ist die Musik des Alltags: Versprechen und Verrat, und die Tragiker verstehen die Götter nicht anders. So auch, wenn die Danaidentöchter, indem sie Beistand suchen, die Güte, die Kraft und Weisheit des Zeus und seiner Dike besingen, falls man das heilige Gastrecht achte; aber zugleich zweideutig parteiisch werden, wenn sie fortgesetzt auf ihre eigene Abstammung von Zeus und dessen Verwandtschaftspflicht, sie zu schützen, anspielen, er habe schlechten Leumund sonst zu fürchten, um schließlich dem Pelasgos diesen Schutz durch die Drohung abzunötigen, sie würden sich sonst an den Götterbildern seiner Stadt aufhängen. Erst mit dem Eindringen von Einflüssen vorderasiatischer Religionen mit ihrem scharfen Dualismus, die man schon bei manchen Vorsokratikern und bei Plato spürt, kann man rein geistig auf der falschen Seite stehen und damit in die Feindlage geraten. Die viel massivere Einstellung des alten kultischen Polytheismus zu den Göttern scheint in den oben gegebenen Zitaten noch durch.

Zur Charakterisierung der Welt, in der die Stoiker operierten, ist noch die Erkenntnis unentbehrlich, daß nach der Kapitulation Athens die künstlerische, literarische und philosophische Kultur sich schnell in den Zustand der Fassade verwandelte. Gerade in entleerter Form eroberte der attische Geist das gesamte Griechenland und dann den mittelmeerischen Raum, in den Außenstellen von Britannien und Spanien bis Indien reichend. Die Großartigkeit und Vollkommenheit dieser Schöpfungen erwies sich als formal ablösbar, sie konnten über die Welt hin nachgeahmt und kolportiert werden, zu eben der Zeit, als dem Volke, aus dessen Kraft sie einst entstanden, alle Knochen gebrochen waren. Die Impulse der Kultur gingen nunmehr in die Richtung der eigenen Reproduktion, sie wurde rhetorisch, dekorativ und nach oben abgeschoben, und sie gewann sich in eben dieser Form die Liebe und die grenzenlose Bewunderung vieler Generationen, ohne deren eigene Lebensfragen überhaupt noch anzusprechen, es sei denn in Kleinformen, Alltagsszenen und Lustspielen. Unter den Philosophen blieben die Kyniker und Stoiker echt politisch.

Daß Kultur gerade als Fassade transportabel wird, kennen wir, ein solcher Zustand ist seit langem erreicht; die künstlerischen Äußerungstypen und Produkte der Resteverwertung werden seit Jahrzehnten über die halbe Welt hin- und hergezogen, wobei der zunehmenden Degeneration der steigende Aufwand an Reklame, aber auch an öffentlichen Mitteln entspricht. Das, was Wyndham Lewis die »große propagandistische Nebenhandlung, genannt KULTUR« nannte, etablierte sich schon einmal zur Zeit des Hellenismus. Dies ist ein phänomenales Schauspiel, das in seiner Eigenart nur Ernst Howald (Die Kultur der Antike, 1936, 1948) erkannte: »Der Siegeszug der athenischen Kultur durch Griechenland nahm von dem Zeitpunkt an, wo sie in Athen ihren Existenzboden verloren hatte, geradezu stürmische Formen an« (1948, 82). Seit der Mitte des IV. Jahrhunderts kam die ganze griechische Welt unter den Einfluß Athens: »Was von uns anerkannt worden ist, sagte Isokrates wie ein Pariser Kunsthändler, genießt solches Ansehen, daß es bei allen Menschen hoch geschätzt wird«. Er war übrigens der makedonische Parteigänger, der in die bereits ferne Erinnerung an die heroischen Perserkriege die Vorschau auf die kommende Großmacht einzufädeln wußte. Er sprach den Zustand aus, von dem Howald sagt: »Die attische Demokratie, die attische Kunst und Literatur, die attische Wissenschaft verbreiteten sich sieghaft nach allen Seiten, so daß nach wenigen Jahrzehnten die Begriffe attisch und griechisch sich zu dekken beginnen«. Diese Kultur hatte, als sie in größtem Maßstab »Exportartikel« (83) wurde, keinen Realbezug mehr, sie war schon historisch, als sie gemeingriechisch wurde, so daß Howald die starken Worte finden konnte »daß diese Welt des IV. Jahrhunderts eine der verlogensten Zeiten der Geschichte ist«. Ein sozusagen sofortiges Epigonentum fiel ein, als die athenische Großmacht liquidiert war, und in eben diesem Zustand gelang die Stabilisierung der kurzen Glanzperiode des V. Jahrhunderts zu einer gerade als Fassade missionsfähigen Potenz voll immer wieder bestätigter Suggestionskraft.

Übrigens entstanden damals schon Ansätze zu dem, was heute mit dem sonderbaren Überbau aus Gehirnrinde und elektromagnetischen Frequenzen als »Weltöffentlichkeit« ausgegeben wird. Antigonos soll nämlich gesagt haben: Von Hellas aus wird wie von einem Meldeturm der Ruhm über die bewohnte Erde signalisiert (R. Harder, Weltöffentlichkeit bei d. alten Griechen, Stud. Gen. 1953, 129ff.). Dieses Hellas aber war das athenisierte: »Griechen heißen diejenigen Menschen, die der athenischen Bildung teilhaftig geworden sind«, meinte Isokrates, und der Name der Hellenen scheine nicht mehr die Bezeichnung eines Stammes, sondern des Geistes (Dianoias) zu sein. Für den Westen war dieses »Sichhistorischwerden« des Griechentums die eigentlich zentrale kulturelle Tatsache (102). Selbstverständlich mußten sich die Unterlegenen bemühen, in die neuen Weltreiche, zunächst in die makedonischen, dann in das römische, ihre eigenen Interessen als deren nobile officium hineinzuschieben. Dazu diente einmal die vorhin geschilderte gesinnungsethische Beeinflussung der Politik, die den Königen und Magnaten umso einleuchtender sein mußte, als die Unterworfenen damit jeder eigenen, sachorientierten Politik entsagten; diente weiter die Anbiederung mit dem Königtum, und noch wirksamer die neue universal-attische Intellektuellenkultur, die zu adoptieren die neuen Machthaber gar nicht umhin konnten. In der Kanzlei Philipps von Makedonien, des Vaters des Alexander, wurde bereits der attische Dialekt für die amtliche Korrespondenz benutzt. Ähnlich verbreitet heute die Kultur der Massenmedien die liberalhumanitäre Mentalität unter Geschäftsleuten, Studenten, Soldaten usw., wogegen sich die Staaten des Ostens wehren.

R. Ingrim (Von Talleyrand bis Molotow, 1949, 148) sagt: »Die Intellektuellen glauben, daß die Redefreiheit und Pressefreiheit wichtiger sind als Brot, weil sie nämlich ihr Brot sind«. Selbst eine vorbehaltlose Meinungsfreiheit schließt allerdings die Verfestigung und Verstopfung der Verhältnisse nicht aus. Der ungeplante, endgültige und schweigsame Verlust der Freiheit im Realsinne kann sich in vielen Formen vollziehen, aber ebenso vielseitig ist die Erfindungskraft der Philosophen, ihre Freizügigkeit zu verteidigen, damals ethisiert als Rückzug der Einzelpersönlichkeit auf sich selbst und Affektlosigkeit, die vom Lauf der Dinge unabhängig mache. Noch wichtiger zur Verschleierung der Kristallisation war die Bereitschaft der Makedonen und Römer, einigen griechischen Staaten etwas wie einen Satellitenspielplatz zu konzedieren, sozusagen ausgesparte Reservationen; so waren um 300 Rhodos, Byzanz, Aetolien und Sparta unabhängig, allerdings hatte letzteres schon bei Leuktra (371) nur noch 1000 Schwerbewaffnete aufbieten können. Die »Befreiung« der Hellenen von der makedonischen Herrschaft durch Flamininus wurde bei den Isthmien 196 v. Chr. unter rasendem Jubel verkündet, die Schilderung gibt Polybios (XVIII, 46), offenbar war der ideologische Rausch schon imstande, den bloßen Wechsel des Protektorats zu vernebeln. Damals wurde übrigens zuerst die Kriegsschuldfrage zur Begründung politischer Forderungen aufgeworfen, Philipp V. sollte als Kriegsverbrecher verhaftet und bestraft werden (Kahrstedt, 200). Ein letztes Mal richteten sich auf Philopoimen (vergiftet 183) alle Augen an den Nemeen, als bei einer Aufführung der »Perser« des Timotheos die Verse erklangen:

Griechenland verschaffend den herrlichen
gewaltigen Schmuck der Freiheit

— aber für seinen achäischen Klein-Imperialismus war die Zeit abgelaufen. So unterlag er der Tyche, wie Plutarch ihm nachrief, wir würden diese Zufallsgottheit heute Geschichte nennen. Über diese ganze Zeit hinweg lief aber die Bildungspoesie, lief die bewegliche Philosophie, über alle Höfe attischen Geist verbreitend, da doch Athen schon um 300 ein entlegenes Landstädtchen geworden war.

In eine solche Welt traten die Stoiker ein; als Zenon etwa 30 Jahre alt war, liefen schon die Diadochenkämpfe. Die großen Leitmotive waren von Antisthenes vorentworfen worden, so daß Zenon zunächst als Kompilator erscheint. Hätte es sich nur darum gehandelt, die mit den neuen Großreichen notwendige rationale Verkehrsethik (des »Weltbürgers«) zu entwickeln und darüber hinaus den alten engen Polis-Patriotismus humanitär zu diskreditieren, dann wäre er schon nützlich gewesen, und der Makedonenkönig Antigonos Gonatas hatte Grund, sich als seinen Schüler zu bekennen. Ihm mußte die Lehre gefallen, »daß wir nicht getrennt nach einzelnen Staaten und Stämmen leben sollen, von denen jeder seine besondere Rechtsordnung hat, sondern alle Menschen für unsere Genossen und Mitbürger zu halten haben« (Stoic. vet. frgm. I, 262). Diese Formel wies über die bloß privatisierende Staatsverneinung der Kyniker hinaus, noch etwas leer, aber den Inhalt konnten die Könige nachzuliefern glauben. Zenon vertrat sogar schon die beachtliche Ansicht, daß alle Verwandtschaftsverbindungen und Stammespflichten vor der »Tugend« zurückzutreten hätten: »Dementsprechend stellte er in seinem Staate nur die wirklich Tugendhaften als solche hin, die man als Mitbürger, Freunde, Verwandte und Freie (!) bezeichnen dürfe« (Diog. Laert. VII, 33) – die daseinswichtigen Qualifikationen sollte man demnach von der Einstufung durch Intellektuelle zu erwarten haben, nämlich den Mitgliedern der stoischen Loge. Dies kann als eine zukunftshaltige Erfindung angesprochen werden, man verlieh so etwas wie ein gesinnungsethisches Bürgerrecht in einem noch utopischen Überstaat. Sehr viel später kam die Aufklärung auf solche Gedanken mit großer Wirksamkeit zurück.

Wenn Zenon, ein Phönizier, die Instinkte der längst entpolitisierten asiatischen kultivierten Schichten im Westen in Politik umsetzen wollte, dann konnte die Eroberung der Eroberer nur mit Hilfe der griechischen Kultur vor sich gehen, denn diese war die Eintrittskarte an jeden Hof und in jedes gebildete Bewußtsein. Der Background dieser neuen Richtungen ist übrigens auch nicht uninteressant. Unter den Kynikern war Antisthenes von nicht vollgültiger Ehe, Diogenes unter dubiosen Umständen verbannt, Monimos ein fortgejagter Sklave; nur Krates scheint Vollbürger gewesen zu sein, er entäußerte sich freiwillig seines Vermögens. Mit der Stoa verlegten sich die Einflüsse ganz nach dem Osten; bis in die römische Zeit waren fast alle Stoiker Asiaten aus Zypern, Kilikien, Syrien, Mesopotamien; nur Panaitios war Grieche aus Rhodos.

Mit der Lehre des Antisthenes kombinierte Zenon einige bedeutende Gedanken, so den erwähnten von der Bürgerschaft der Tugendhaften im Idealstaat, den man mit Plutarch sogar im Alexanderreich schon als erreicht ansprechen konnte, und ferner den sonderbaren, nach welchem das ganze Weltall als Überstaat aufgefaßt wurde, den etwas wie eine göttliche Wissenschaft durchwalte, der Logos, eine Vernunftgesetzlichkeit, die Götter und Menschen umschließe. »Für das stoische Denken, sagt Pohlenz (133), tritt an die Stelle der einzelnen, begrenzten Polis die allumfassende Kosmopolis, die ebenso wie jene eines Nomos, eines Gesetzes bedarf, der sie zusammenhält. Und dieser Nomos ist keine Menschensatzung; er ist selbst die immanente Gerechtigkeit, die mit dem Walten des göttlichen Logos gegeben ist.«

Ehrhardt (180) meint, die stoische Weltansicht sei orientalischen, zumal semitischen Ursprungs gewesen, nämlich in der Auffassung des Kosmos als Heimat der Götter und Menschen, der selbst ein lebendiges Wesen sei, so wie Chrysippos die Götter mit den Himmelskörpern und Sternbildern identifizierte. Das erscheint als orientalische Religiosität, vielleicht babylonischer Herkunft, auch die Ethisierung des Kosmos widersprach griechischem Geiste ganz, der damals schon bei der Einsicht angelangt war, Tyche sei die größte der göttlichen Mächte und selbst dem Zeus überlegen. Für die stoische Ausdeutung des Kosmos im Sinne der Überstaats-Verfassung versteht sich, daß sie den Weltbürger legitimieren konnte.

Wir stehen hier doch vor einer Addierung von Zweckmäßigkeiten. Der neuartigen Wirklichkeit einer aus allen Richtungen durcheinander gewürfelten Bevölkerung, wie sie das Alexanderreich hervorbrachte, konnte diese Kosmos-Bürgerschaft eine Formel bieten; den Interessen der Söldnermarschälle mußte die Bagatellisierung alter Verbindlichkeiten, Loyalitäten und Machtreste nur dienlich sein, und der Einzelne, der sich zu halten suchte, hatte die Redewendung für eine Präventiv-Kapitulation bereits zur Hand, er ging eben in ein »höheres Vaterland« ein. Der Logos, der diesen Überstaat angeblich durchwaltete, war auch nicht weniger praktisch: nach der einen Seite der Bedeutung führte er zu der griechischen Sprache und Begriffswelt hin, die an allen den zahllosen Höfen, Garnisonen, Städten, Märkten und Kolonien die Verständigung herstellte, wie die englische Sprache in Indien; andererseits war der Logos der an den Himmel projizierte Philosoph selber, ähnlich wie heute die sogenannte Weltmeinung der verabsolutierte Redakteur ist.

Wir glauben nicht, wie Pohlenz (69), daß diese Logoslehre auf einen transzendentalen Schöpfergott hinweist, den Zenon aus dem Osten mitgebracht und in der Begegnung mit dem hellenistischen Geist zu einer immanent wirkenden und gestaltenden Macht umgeformt hätte. Eher mag noch seine Ansicht, der Mensch mache sich durch seinen Logos zum Herrn über die Tiere und über die ganze Welt, er sei der Nutznießer aller Dinge, auf mosaische Quellen hinweisen. Weit wichtiger ist, daß er aus der Einführung des Logos in das Weltganze und aus dem moralisierenden Pathos, mit dem er durchweg argumentierte, den sehr weittragenden Gedanken eines Naturrechts abzog, im Sinne eines inneren, vernünftig-moralischen Gesetzes, das ohne Unterschied von Staat, Geschlecht, Tradition, Stand usw. binde.

Damit wird das positive, aus der geschichtlichen Bewegung heraus verfestigte Recht entweder disqualifiziert oder doch einer dem Anspruch nach übergeordneten Zensurinstanz unterstellt. Zugleich errichtet man in Gedanken eine Natur höherer Ordnung, die zugleich moralimprägniert sein soll; so werden die weiß Gott doch auch natürlichen Unterschiede zwischen den Menschen und ihren verschiedenen Kulturprägungen subalternisiert: Wer in diesem Sinne argumentiert, ist intellektuell und moralisch rückständig und kommt unter Logosträgern nicht in Betracht. Die schlichte Bezeichnung dessen, was ist, rückt in die Nähe des »Vorurteils«, denn die wahre Vernunft hält sich in Allgemeinheiten auf. Das Naturrecht wird deckungsgleich mit der Moral, und die »Moral ist die Wissenschaft von den zuverlässigen und unveränderlichen Beziehungen, die zwischen den Wesen der menschlichen Gattung bestehen«, wie Holbach im System der Natur (1770, 10. Kap.) später sagen wird.

Um die Neuigkeit dieser Vorstellungen zu ermessen, muß man bedenken, daß damit eine ältere ionische Einsicht hinfällig wurde, die Archelaos begründet zu haben scheint. Dieser, um 450 geboren, war vermutlich ein Inspirator des Sokrates und hat nach Diog. Laert. (II, 16) »von dem Gerechten und Verabscheuungswürdigen behauptet, sie seien nicht von Natur, sondern durch Menschensatzung bestimmt«. Ohne auf die taktische Tendenz des so erfundenen Konventionalismus einzugehen, kann man sagen, daß damit doch eindeutig die moralische Neutralität der Natur und des Kosmos behauptet wurde, eine auch von den Tragikern durchaus festgehaltene Ansicht, während Zenon das Weltganze ethisierte und damit als Superstaat dem Weltbürger näher brachte.

Nun steckt im Begriff des Naturrechts auch die Frage nach dem, der es auslegt – wer bringt die Gesetzestafeln herunter? Ohne Zweifel der Philosoph, und je großartiger das Naturrecht durch ihn erhöht wird, um so gewaltiger wird die eigene Rolle. Nach Pohlenz (132) hat der römische Jurist Marcian die Anfangssätze aus einem verlorenen Werk des Chrysippos über den Nomos überliefert: »Das Gesetz ist König über alles, über göttliche und menschliche Dinge. Es muß die Autorität sein, die bestimmt, was sittlich schön und häßlich ist, muß Herr sein und Führer über die von Natur zur staatlichen Gemeinschaft veranlagten Wesen.« Das kann man nur mit den Worten des Voltaire kommentieren: »Die kleine Zahl der Denker verschafft sich Respekt – es ist das Interesse der Könige und des Staates, daß die Philosophen die Gesellschaft regieren« (1763 an Helvetius, zit. Koselleck, Kritik u. Krise, 1959, 173). Man kann darüber auch anders denken. Pareto sagte im Trattato di sociologia generale § 229, es sei das einzigartige Glück Venedigs gewesen, daß dort die Intellektuellen von der Herrschaft ferngehalten wurden.

Damals waren die Intellektuellen nicht privilegiert, sie mußten bisweilen bedeutende Risiken eingehen, seit Anaxagoras aus Athen in die Emigration gezwungen wurde und Sokrates hingerichtet, als »an expert, whose expertise is not wanted by the society at large« (P. L. Berger und Th. Luckmann, The Social Construction of Reality, 1966, 116). Demosthenes, der das nationalathenische Eigenleben in Anlehnung an die persische Großmacht retten wollte, wobei er seit 344 große Summen aus deren Schatulle bezog, mußte zweimal flüchten und beging Selbstmord. Was an der späteren stoischen Lehre auf die römischen Großen so bedeutenden Eindruck machte, war wohl der Grundsatz, das Sichstellen vor einer unberechenbaren, immer gefährlichen Welt zum Innenhalt des bewußten Lebens zu machen. Die berühmte Autarkie konnte nämlich nach verschiedenen Seiten ausgelegt werden, sie bezeichnete anfangs eher die Notwendigkeit für den Isolierten, den Außenhalt in den ständig wechselnden Umständen überhaupt und grundsätzlich preiszugeben, um den jeweiligen staatlichen Verhältnissen den Rücken zu kehren, besonders sofern sie zur Gemeindepolitik herabgesunken waren. In anderer Anwendung des Begriffs handelte es sich um etwas wie eine Selbsterlösung, denn die Führung der Seele, im Ausdruck Autarkeia mitgedacht, eröffnete einen Weg nach innen, bis zur Abdichtung gegen die äußeren und die eigenen psychischen, ablenkenden Reize. In einer Kultur ohne Buchreligion, ohne Dogmen, ohne Theologie und gelehrte Priester, mit rein individualistischer Tradition des höheren Denkens mußte diese Art der Selbsterlösung einleuchten, und der asketische Einschlag konnte wie immer das geistige Machtbedürfnis nur steigern. Die inneren Widersprüche waren dann nicht größer, als sie in einem religiös gestimmten Leben überhaupt vorkommen. Seneca hielt sich »für einen Weltbürger, der alle Schickungen hinnimmt, als seien sie höherer Befehl« (Briefe 120, 12), später galt er gelegentlich wegen seiner humanitären Rhetorik als Anhänger des Christentums. Auf seinem wirklichen Operationsplatz, dem hochgefährlichen Hofe der Agrippina und des Nero, hielt er sich immerhin 13 Jahre lang in maßgebender Stellung. Als später Domitian den Absolutismus hellenistischer Form mit dem »alten Römertum unter Absage an das Liebäugeln mit den Orientalen« (Kahrstedt) verbinden wollte, gerieten die Stoiker wiederum in die Feindlage, vielleicht wegen ihrer Gleichheitsideologie.

Die sozialrevolutionären Möglichkeiten, die in der Stoa enthalten waren, enthüllte man später, als Aufstände von Führern geleitet wurden, die jener Philosophie nahe standen. Die Lehre von einer »von Natur« bestehenden Gleichheit muß explosiv wirken, solange diese Gleichheit noch als »Prinzip und Fundament der Freiheit« (Diderots Enzyklopädie) erscheint, man also vom Nivellement Bewegungsfreiheit und Chancen erwartet. Es hat sich noch nicht herausgestellt, daß beide Mächte nur im Angriff verbündet sind, während sie sich nach gewonnenem Siege trennen. Dann zeigt sich, was Montesquieu im 12. Buch, Kap. 1 des »Esprit des Lois« erkannte: »Es kann vorkommen, daß die Verfassung frei ist, der Bürger aber nicht« – weil nämlich die Gleichheit zutage bringt, wie despotisch die Mehrheit sein kann. Zunächst gab es daher, nach einigen Generationen der Gelehrigkeit, von Stoikern beratene, wenn nicht inszenierte Aufstände. Arnold A. T. Ehrhardt (Imperium u. Humanitas, Stud. Gen. 1961, 464ff.) erwähnt, wie Attalos III (gest. 133) sein Reich den Römern hinterließ, sein Halbbruder Aristonikos dagegen an der Spitze der Besitzlosen und der für frei erklärten Sklaven den Kampf gegen die alten und neuen Herren aufnahm; seine Scharen nannte er Heliopoliten – Sonnenbürger. Erkennt man schon darin die stoische Lehre vom kosmischen Überstaat, dann erst recht in der Einzelheit, daß zu ihm der Stoiker Blossius aus Cumae floh, der als Berater des Tiberius Gracchus nach dessen mißlungenem Staatsstreich aus Rom ausgewiesen worden war.

Wenn man den realen Lebensbedingungen die Achtung und Geltung verweigert, vielleicht zunächst weil man sie haßt, dann erscheinen die Menschen in einer täuschenden Souveränität. Ohne daß die Idee den Haß in das Selbstgefühl stärkend einführt, läßt sich kaum jemand die vorhandenen Einrichtungen verleiden, und um sie abzuräumen, bedarf es erhabener Phantasmen. Das leistete damals die kosmische Projektion, sie ließ sich gegen die konkreten Bindungen und Verhältnisse wenden, der »Mitbürger von Natur« war schon eine Erfindung der Sophisten gewesen (Plato Prot. 337 c). Wahrscheinlich sind, wie Ehrhardt meint, die Sklavenaufstände in der Regel spontan und ohne größere Vorbereitung ausgebrochen, dennoch, so fährt er fort »sollte man nicht leugnen, daß sie ihre gemeinsame Wurzel in dem hellenistischen, stoischen Ideal der humanitas hatten«. Auch traten die abstrakten Bezeichnungen wie »Sklave« und »Mensch« erst in diesem Zusammenhang mit dem stoischen Denken in die griechische und römische Diskussion ein. Damit war natürlich die alte inhaltsreiche Unterscheidung zwischen Barbaren und Hellenen überbrückt. In der mittleren Stoa scheint Panaitios als vornehmer Grieche eine mehr konservative Staatsgesinnung vertreten zu haben, sonst hätte er sich im Kreise des Scipio Aemilianus nicht bewegen können, auch stand er dem Aristoteles in der Ansicht nahe, daß für manche Völker die Leitung durch Höherstehende nützlich sei. Der Syrer Poseidonios dagegen, bei dem im Jahre 78 in Rhodos Cicero hörte, lenkte wieder ganz in asiatische Auffassungen zurück, wenn er die ursprüngliche Religion für bildlos erklärte und in die Geschichtsschreibung Gedanken von Schuld und Sühne hineintrug. Der große Thukydides hätte so etwas schon vor Jahrhunderten undenkbar gefunden, doch lag die Idealisierung der Geschichte zum Prinzipienkampf in der Richtung der Zukunft, in ihr wurde Eusebius, Hofhistoriker des Constantin, »der erste durch und durch unredliche Geschichtsschreiber des Altertums« (Jacob Burckhardt, Die Zeit Constantins d. Gr., 8. Abschn.).

3. PLURALISMUS

Diese zwei Kapitel über antike Autoren sollten als Einleitung zu unseren anthropologischen Untersuchungen zur Ethik nützlich sein. Wer über die Natur des Menschen etwas aussagen will, muß aus den unendlich verschiedenartigen kulturellen Ausformungen, in denen allein sich diese Natur ausspricht, auf die erblich angeborenen Anlagen zurückschließen und nach phylogenetischen Erbschaften suchen, die das menschliche Verhalten aber nicht in festen Mustern ausformen, sondern nur angeborene Dispositionen ergeben, die ihre konkrete Ausfüllung von den Mischungen kultureller Zuflüsse erwarten. So sind unsere bisherigen Ausführungen unter mehreren Hinsichten zu verstehen. Es wird gezeigt, wie eine damals erreichte objektive, großräumige Herrschafts- und Verkehrslage mit dem Ethos des »Humanitarismus« beantwortet werden konnte, das jetzt zum ersten Male in Erscheinung trat. Dieses Ethos wurde in angebbaren Kreisen entwickelt und propagiert, man würde heute sagen von Intellektuellen, die aus der gesellschaftlichen Positionslosigkeit heraus ihre Einsichten mit dem Drang nach Macht und öffentlicher Wirksamkeit verbanden. Es ergibt sich der Eindruck, daß der Übergang der Kultur zu größeren Einheiten politische und folglich auch moralische Neuorientierungen mit sich brachte, denn die Ausschließlichkeit des Polis-Patriotismus war überholt oder man sah sich, wenn man sich ihm widmete, zu einer nachgeordneten Gültigkeit herabgesetzt. In das weite Gefäß des Weltverkehrs und der Großmachtbildungen strömte jetzt ein anderes Ethos ein, dessen Wortführer Pazifisten und Weltbürger waren, die den Eindruck zu erwecken verstanden, als spräche aus ihrer dünnen Stimme der Weltgeist.

Wir haben damit aber über die vermutete anthropologische Verwurzelung dieser Ethosform noch nichts ermittelt und werden diese Frage erst im 6. Kapitel aufnehmen. Da nun jene beiden »Wertordnungen« (um uns dieses philosophisch ungenügenden Ausdrucks stenographisch zu bedienen) im Widerstreit standen, ergibt sich die Vermutung, daß im Menschen eine Mehrheit moralischer Instanzen angelegt ist, über deren Entfaltung nach naheliegender Annahme die Summe der je vorhandenen objektiven Umstände entscheidet. Damit widersprechen wir der abstrakten Ethik der Aufklärung, etwa dem Worte Voltaires im Dictionnaire Philosophique: »Es gibt nur eine Moral, wie es nur eine Geometrie gibt.« Es kann vielmehr sehr wohl mehrere, voneinander unabhängige letzte Wurzeln ethischen Verhaltens geben, so wie es mehrere, voneinander unabhängige Sinne gibt, die zusammenwirken können oder auch nicht. Wir glauben nicht nur an eine Mehrheit moralischer Instanzen, sondern *letzter* Instanzen; und um den Gedanken an deren übernatürliche Herkunft auszuschließen, wollen wir von »*Sozial-Regulationen*« sprechen. Wir haben keine andere Denkmöglichkeit, als in ihnen triebartige »Anlagen« zu sehen, die in großen Linien die Harmonien und Konflikte des gesellschaftlichen Lebens vorbestimmen, wobei die Dichte und Buntheit der realen Ausfaltung von zahllosen materiellen, geistigen, traditionellen und anderen Faktoren abhängt, ein Verhältnis, das im Bereich der Instinktresiduen des Menschen ja überhaupt gilt. Diese können überall in Verhältnisse der Diskordanz oder Hemmung treten, und so besteht auch zwischen den letzten »Wurzeln« des Ethos ein latentes Spannungsverhältnis, das in herausfordernden Situationen sich bis zum Widerstreit polarisiert. Und diese Konflikte können in dasselbe Herz fallen.

Eine Wissenschaft, die sich an der Darstellung der verschiedenen Formen des Ethos versuchte, würde »Ethik« heißen und vor allem wissen müssen, daß ein herrschendes Ethos aus einem Guß, d. h. ein solches, das andere Formen relativiert, unterordnet oder ausschließt, ohne eine herrschende Schicht nicht zustande kommt, die ihr Ethos proklamiert und durchgesetzt hat.

Zunächst müssen wir jetzt kurz die Alltagslage zu beschreiben suchen, das natürliche praktisch-moralische Durcheinander, das darzustellen übrigens eher die Aufgabe der Kunst als der Wissenschaft ist, wie sie schon mancher Romanautor überzeugend gelöst hat. Jedenfalls läßt sich sagen, daß überall gewisse Stile des Verhaltens entstehen, die auch klassenmäßig verschieden sein können, und in denen die Grundentscheidungen der Kulturen wie eingelagert erscheinen. Diese Stile müssen einerseits das Zusammenleben in den typischen Situationen der Begegnung erträglich machen, andererseits aber doch der Robustheit und dem Willen, sich durchzusetzen, Raum lassen, sonst wird nichts fertig. Wie um Kraftlinien ordnen sich diese Abläufe um die verfestigten Normen, die Recht heißen und angeben, wieweit die Gesellschaft zwingend kontrollieren will, bis zu den

Grund-Sätzen hinunter, die man von der einen Seite als einverseelte Rechtsregeln, von der anderen Seite als ausformulierte Moralgefühle beschreiben kann; so wie niemand bezweifelt, daß man für seine Zusicherungen einzustehen oder die notorischen Rechte Anderer zu achten hat. Das schließt nicht aus, daß man in den Ereignismassen seinen Vorteil oder seine Sache hart verfolgen kann, bis zu der elastischen Grenze hin, die wiederum das Feingefühl vor die Verletzbarkeit des Anderen legt. Der Sinn dafür kann sich bis zu den schwellenfeinsten Reaktionen des Taktes und bis zu japanischer Höflichkeit sublimieren; andererseits bedarf es in der Kraut- und Rüben-Geschäftewelt eines hinreichend dicken Felles, um seine Ziele im Auge zu behalten. Alles das liegt in den Seelen der Menschen in Gemengen durcheinander, noch verfestigt von den gesegneten Gewohnheiten, auf die man sich nicht verlassen könnte, wären sie nicht auf ein Minimum an Reibungen abgestimmt.

Bei Hegel heißt es: »Welcher Inhalt gut oder nicht gut, recht oder unrecht ist, dies ist für die gewöhnlichen Fälle des Privatlebens in den Gesetzen und Sitten des Staates gegeben. Es hat keine große Schwierigkeit, das zu wissen« (Philos. d. Gesch. I, 72 ed. Lasson). Unter durchschnittlichen Umständen ist das wahr. Dieser Formel kommt es auf die Inhalte des Tuns und Lassens an, nicht auf die moralischen Begleitumstände, so spricht sie nicht von dem Sozialöl, das in übervölkerten Gesellschaften die gegenseitige Empfindlichkeit schont und das Erlaubte erst zumutbar macht; sie schließt aber auch nicht aus, daß man rechtsgültige Ziele rücksichtslos verfolgt. Im Leben des praktischen Menschen ist Zugriffskraft unentbehrlich, die einen aggressiven Kern hat und über die Gottfried Keller sagte: »Wer keine bitteren Erfahrungen und kein Leid kennt, der hat keine Malice, und wer keine Malice hat, bekommt nicht den Teufel in den Leib, und wer diesen nicht hat, der kann nichts Kernhaftes arbeiten« (zit. Breitenbruch, G. K. 1968, 61). Eine spannungslose, gemeine Art von Gutherzigkeit, bei der jeder auf seine Rechnung kommt, kann sich als Menschlichkeit ausgeben und einen »saugenden moralischen Unterdruck« (W. Schoellgen, Grenzmoral, 1948, 41) erzeugen. Das sind Beispiele für Abgleitungen und Verfallsfiguren, die hier nur einmal notiert sein sollen und denen unser näheres Interesse künftig nicht gilt. Hegels Formel wirkt zwar unter den gegenwärtigen Umständen einer dauernd glimmenden und immer irgendwo zündelnden »Generalweltanbrennung« (Fontane) als harmlos, aber sie charakterisiert doch ein gewisses ethisches Durchschnittsklima, das allerdings Dissonanzen abdeckt, die unter der Einwirkung kollektiver Belastungen scharf anklingen; daher sie richtig auch nur für die »gewöhnlichen Fälle des Privatlebens« Geltung in Anspruch nimmt. Eine solche Dissonanz in Prinzipienfragen kann auch gesetzlich akzeptiert und geregelt werden, so wie die Verweigerung des Wehrdienstes aus Gewissensgründen, ja sogar nach letzter, verblüffender Erkenntnis des Bundesverwaltungsgerichts (1968) aus politischen Motiven erlaubt ist, eine Konzession, zu der man während der Weltkriege noch nicht bereit war. Hier handelt es sich um eine sozialnervöse Wohltätigkeit, die im Außenverhältnis noch nicht praktikabel ist, denn nicht jede Nation würde uns als »Sozialpartner« behandeln, so daß die Devise »Leben und leben lassen« als Koppelschloß für die Bundeswehr noch nicht geeignet ist.

Die Disqualifikation der moralischen Autorität des Staates ist in westlichen Gesellschaften weit fortgeschritten, und das hat Folgen. Wenn die Gesetzgebung eingreifen und eine bestimmte Position wenigstens in ihren Äußerungsformen verbieten wollte, dann müßte sie erwägen, daß eine Illegalisierung durch den Staat nicht entfernt mehr eine moralische Kraft hat, die sich mit der von den Massenmedien mit Leichtigkeit erreichbaren vergleichen ließe. Da deren Tendenz auf Enthemmung alles Auflösbaren geht, versetzen sie den Staat ohne weiteres in die Position des Unterdrückers. Der Ausschuß des amerikanischen Repräsentantenhauses, der im August 1966 ein Verbot aller Aktionen und Demonstrationen gegen den Vietnamkrieg überlegte, aber nicht erließ, hat wahrscheinlich eingerechnet, daß das Zusammenwirken der fortgeschrittenen Strategie des gewaltfreien Widerstandes mit einer freien Presse eine Gesetzgebung kompromittieren kann, die ohnehin pathoslos geworden ist.

Wenn eine Gesellschaft tolerant wird, d.h. in ethischen Grundfragen Diskordanzen als erträglich proklamiert, dann muß sie entweder in sich oder außer sich keine Feinde mehr haben oder ihre Beschwichtigungsformeln für ausreichend halten; sie mag auch von der Verharmlosung benommen sein, oder vielleicht hat sie bereits einen Tempel der Alleinherrschaft errichtet, in dessen Schatten alle anderen Werte bagatellisiert werden, wahrscheinlich dem Gotte Plutos, der übrigens den Alten als unmündig galt und als Kind dargestellt wurde. Der Übergang von der Toleranz in den Nihilismus des Geltenlassens von schlechthin Allem läßt sich schwer abgrenzen, diese friedliche Tugend ist daher im öffentlichen Bereich ungewöhnlich zweideutig, so daß D. H. Lawrence (Die gefiederte Schlange) die Toleranz als eine »heimtückische moderne Krankheit« beschreiben konnte.

Im Normalfall erlebt der einzelne Schicksalsteilnehmer die Wertungen, die um ihn herum gelten, als seine eigenen. Wenn aber eine Gesellschaft politisch und in ihren Traditionen aus dem Leim gegangen ist, dann werden verschiedene Gruppen entgegengesetzte Formen des Ethos vertreten, die heutzutage sofort notorisch werden, weil die Verstärkerwirkung der Massenmedien sowie ihr Legitimierungseffekt dramatisierend wirken, d.h. Krisenäquivalente hervorzaubern. In der Krise wächst die Neigung, den Meinungsgegner zum Dissidenten zu machen, zum Abgesonderten, und das geschieht wirksam durch moralische Ächtung. Der so zum Schweigen Gebrachte kann wie der Tote weder anklagen, noch sich verteidigen, noch Zeugnis ablegen. Tocqueville (L'ancien régime et la révolution, 1856, 204.) sagt, daß im 18. Jahrhundert »eine Art abstrakter und literarischer Politik in allen Schriften verbreitet war«, und dasselbe gilt von der reinen Moral, die Robespierre praktizierte und von der Hegel sagte, daß Abstraktionen in der Wirklichkeit geltend zu machen heiße, die Wirklichkeit zerstören; der Fanatismus der Freiheit, dem Volke in die Hand gegeben, sei fürchterlich geworden (Vorlesgn. über Gesch. der Philosophie, XV, 552). Schon aus den Beobachtungen, die man an den Kynikern und Stoikern anstellen kann, folgt das Gesetz der Freisetzung von Aggression durch die Radikalisierung der Moral. Anders gesagt: dieselben Zeitumstände, die zu einer Polarisierung ethischer Impulse in scharfen Gegensätzen führen, bewirken zugleich eine Steigerung der Aggressivität auf den beteiligten Seiten, ein zuletzt wohl einfach physiologischer Sachverhalt. Wird die Durchschnittlichkeit des Alltags, in der alles einigermaßen zusammengeht, aufgestöbert, dann senkt sich die Schwelle der kritischen Distanz der Positionen gegeneinander, man fühlt sich eher verletzt oder herausgefordert und greift eher an, umsomehr, als die Herausarbeitung »reiner« Positionen deren Sensibilisierung erhöht. In einem gnadenlosen Humanitarismus liegt daher durchaus kein psychologischer Widerspruch. So wie Goethe meinte, die »Forderung von oben herein« zerstöre den unschuldig produktiven Zustand eines Dichters, dem eine gewisse »gutmütige, ins Reale verliebte Beschränktheit« nicht fehlen solle, so fordert der Umgang unter Menschen in ethischer Hinsicht eine scharfe Begrenzung der Absolutheitsforderungen und eine gehörige Toleranzbreite der Konzessionen, eine Geneigtheit zum Wegsehen. Kein Wunder, daß in der gegenwärtigen Epoche moralhypertropher Aufgeregtheit und täglicher Informationshektik eine objektlose Aufsässigkeit erzeugt wird, sie findet schon den Gegner.

Bevor wir nun die verschiedenen Quellen der Sozialregulationen aufzugraben suchen, müssen wir noch auf die endogene, instinktartige Aggressionsneigung des Menschen eingehen. Das Gleichgewicht zwischen den bindenden und den sprengenden Kräften scheint ausgewogen zu sein, denn die Lebenszähigkeit einer Gattung ist bewiesen, die eine gewaltige angeborene Aggressionsneigung immer wieder ausgleicht, weil sich trotz aller Störungen der symbiotische Klebstoff immer wieder neu erzeugte, sooft er zerstört wurde. Vielleicht muß man bis auf die dauerwache sexuelle Ansprechbarkeit aller Menschen durch alle zurückdenken, um zu verstehen, welche Kräfte den enormen Aggressionsquanten entgegenwirken. St. Thomas (zit. Hermens) sprach von der »sehr großen natürlichen Freundschaft, die alle Menschen wechselseitig hegen – propter similitudinem naturae speciei« – wegen der Ähnlichkeit der natürlichen Artung; fast jeder Mensch sei von Natur aus ein Verwandter und Freund jedes anderen. Umgekehrt ist ebenso wahr, daß es »einen Grundbestand von Gewalttätigkeit im menschlichen Wesen« gibt (Edgar Morin, L'Esprit du temps, 1962), die sich steigern kann bis zur wirklichen Bosheit, der uneigennützigen Freude am fremden Leiden.

Gerade heute im Zeitalter der Verharmlosung und der Ideologie vom guten Menschen muß man sich die Wahrheit des von Goethe an Riemer gerichteten Satzes vor Augen halten: »Das Rohe am Menschen bleibt immer einigermaßen, oder etwas Rohes bleibt immer an jedem Menschen, und das ist dasjenige, wodurch er lebt und woraus er sich nährt.« Jeder gefestigte und geistig militante Zustand setzt doch wohl die Bereitstellung eines Aggressionspotentials voraus, ohne das es keine bewältigte Schwierigkeit, kein zermalmendes Denken (Fichte) und keine Ausgrenzung des Widerstehenden gäbe; noch auch jene niedere und kraftvolle, rücksichtslose Selbstlosigkeit, die von der Gefahr wie ein Instinkt erweckt werden kann. Dieses Aggressionspotential, das auf dem Grunde jeder großen Anstrengung liegt, darf nicht als kulturfremd gelten, viel ruinöser wirkt sich der Hang zum Parasitismus und zum Verschleudern der Erbschaften aus, so daß man der überraschenden Meinung von Gerald Heard (Social Substance of Religion, 1931, 167) beitreten kann, nach der die Barbaren die Kultur adoptiert haben, weil sie eine strengere Form der Aktivität abverlangte, als die Barbarei selbst, und eine erschöpfendere Arbeit als der Krieg.

In Übereinstimmung mit der Verhaltensphysiologie wird hier die Aggressivität als eine empirisch nachweisbare, biologische Vereigenschaftung aufgefaßt, und wir geben zu, ihre Bedeutung in dem Buche »Der Mensch« nicht genügend berücksichtigt zu haben. Nach den Forschungen der letzten Jahrzehnte kann an der Bedeutung der innerartlichen Aggression kein Zweifel bestehen, und schließlich zeigt die Geschichte deutlich, wie die Menschen miteinander umgehen. Nach Sigm. Freud, der zuerst die volle Bedeutung der Frage erkannte, hat Konrad Lorenz unser Wissen an dieser Stelle bereichert; er trat zuerst in der großen Abhandlung »Die angeborenen Formen möglicher Erfahrung« (Ztschr. f. Tierpsychol. 1943, 375) dem Thema näher, gab dann aber einem ganzen, sehr bekannt gewordenen Buche »Das sogenannte Böse« (1963) den Untertitel »Zur Naturgeschichte der Aggression«. Eine vorzügliche Zusammenschau der zahlreichen, mit diesem Thema verknüpften Erscheinungen findet man bei I. Eibl-Eibesfeldt (Grundriß d. vgl. Verhaltensforschg., 1967). Um Irrtümer gleich auszuschließen, soll betont werden, daß der Begriff »instinktives Verhalten« beim Menschen nicht immer feste, ausgeprägte Verhaltensmuster meint, die man z.B. im Bereich der mimischen Verständigung findet. Es gibt in sehr wichtigen Fällen auch angeborene Antriebe mit sozusagen verzweigter Auswirkung, die sich in so gut wie jedes Verhalten mitbestimmend einschieben können, so wie Portmann in anderer, ähnlicher Thematik treffend von einer »stetigen, dauernden Sexualisierung aller menschlichen Antriebssysteme« sprach (Biolog. Fragmente zu e. Lehre v. Menschen, 1944), aber auch umgekehrt von der »Durchdringung der sexuellen Aktivität mit den stetig wirkenden anderen Motiven menschlichen Verhaltens«, unter denen übrigens auch in diesem Falle beim männlichen Geschlecht die Aggressivität eine Rolle spielt. Wir fassen mit Freud und Lorenz die Aggressionsneigung als echten Instinkt mit endogener Erregung auf, der sich aber keineswegs nur als tätlicher Angriff auf Artgenossen ausweist, ein allerdings fundamentales Thema, denn innerhalb der eigenen Sozietät wird die Aggression zunächst durch die Einwirkung persönlicher Bekanntschaft (über das Auge) unter Hemmung gesetzt; nach außen hin galt umgekehrt die Bereitschaft zu ihr über Jahrtausende als hohe Tugend des Mannes.

Was die oben erwähnten »Verzweigungen« betrifft, so steckt ein aggressiver Einschlag wahrscheinlich in dem lebenswichtigen Explorierdrang, in dem Neugier und Forschungsverhalten (Eibl-Eibesfeldt, 330), wofür übrigens auch die Sprache Zeugnis ablegt, wenn sie den Menschen sich in ein Problem verbeißen, es in Angriff nehmen läßt. Auch würden wir ungern auf die Vorstellung verzichten, daß die körperliche Arbeit als Bewältigung des physischen Widerstandes der Natur gegen die Lebensbedürfnisse des Menschen zugleich die stammesgeschichtliche Bedeutung hatte, die starken Aggressionsquanten wenigstens teilweise in die Außenwelt abzuleiten; mit der motorischen Entlastung und physischen Bequemlichkeit des modernen Kulturmenschen scheint seine Verhetzbarkeit und Erregungsneigung zuzunehmen.

Denn der Aggressionstrieb war offenbar auf den Daseinskampf bezogen, und Freud sagt sehr richtig, er müsse durch das Muskelsystem abgeleitet werden. Die beiden wichtigsten Formen dieser Ableitung sind mit Sicherheit über Jahrtausende die schwere körperliche Arbeit und der Kampf von Gruppen untereinander gewesen. Im Zeitalter der großen polizierten Massengesellschaften und der Maschine, die dem Menschen die Arbeit abnimmt, werden jene Kanäle verstopft, und es liegt nahe anzunehmen, daß der Trieb in seinen verzweigten Umsetzungen sich jetzt auch in den gewaltigen Ladungen innersozialer Gereiztheit und Allergie manifestiert, sich in Angst und Angstbereitschaft konvertiert und zu dem allgemeinen Mißtrauen beiträgt, mit dem die Menschen sich gegenübertreten. Dies ist offenbar eine der Gestalten, die er unter den modernen entlasteten und erleichterten Lebensbedingungen annimmt. Vielleicht gibt es überhaupt wegen der verminderten Abfuhrmöglichkeit eine Energiestauung dieses Triebes mit der bekannten Senkung der Reizschwelle, so daß große Massen von Aggressionsbereitschaft bereitlägen, um loszubrechen, sobald sie ausgeklinkt werden, wobei dieses Ausklinken immer leichter möglich würde.

Daß die Rivalität auf einen selbständigen Instinkt zurückgeht, ist wahrscheinlich, ein Aggressionseinschuß auch hier wohl unbezweifelbar, wobei es als nützlich einleuchtet, wenn im Wettkampf und Leistungsehrgeiz die Aggression über Sachen gelenkt und sozial unschädlich oder sogar lebensdienlich verbraucht werden kann; und weiterhin spricht für die instinktive Verwurzelung der Aggression die Verbreitung der unwillkürlichen Beschwichtigungs-Reaktionen wie des Lächelns oder des Sichkleinmachens. Schon berührt wurde die von der Ethnologie bestätigte Feststellung, daß die individuelle Bekanntschaft von Person zu Person geradezu als Hemmungsmechanismus der Aggression wirkt, der gegen Fremde und Unbekannte auf eine viel niedrigere Schwelle zurücksinkt. »Das persönliche Band, sagt K. Lorenz, entstand im Laufe des großen Werdens ohne allen Zweifel in dem Zeitpunkte, da bei aggressiven Tieren das Zusammenarbeiten zu einem der Arterhaltung dienenden Zweck, meist wohl der Brutpflege, notwendig wurde.«

In Würdigung dieses Instinkts sagte Freud, die heutige Erziehungssünde bestehe darin, daß man den Menschen nicht auf die Aggression vorbereite, deren Objekt er zu werden bestimmt sei (Das Unbehagen in der Kultur, 1930). Er nahm also nicht mit gewissen aggressiven Verharmlosern unserer Zeit an, man könne diesen kapitalen Antrieb durch Erziehung aus der Welt schaffen, etwa zugunsten des stoischen Ideals der Lämmerweide. Wir treten daher der Meinung derer nicht bei, die die Aggression als Folge der Verklemmung der Sexualität zu erklären lieben, ohne zu leugnen, daß sich auch in der Verdrängung, wie fast in jedem anderen Verhalten, aggressive Komponenten zu Worte melden können.

Von großer Bedeutung ist unser Thema in Hinsicht der Stichworte »Territorialität« und »Rangklassen«, denn bei Tieren ist der Besitz eines Reviers oft die Voraussetzung der Auslösung von Aggressionen, man kann dann mit Eibl-Eibesfeldt (309, 433) von einer »raumgebundenen Intoleranz« sprechen. Die Unterschreitung eines gewissen Distanzabstandes führt zum Gegenangriff. Es ist schwer, diese Beobachtung von unserem Urteil über menschliches Verhalten fernzuhalten, wenn man an die Reizbarkeit der Völker gegen Verletzungen ihrer Territorialgrenzen oder daran denkt, wie jede Kleingruppe oder Familie ihr Haus abschirmt. In anderen Fällen hat man den Eindruck, als ob ein Bedürfnis, Distanz zu schaffen, vorherliefe und sich der Aggression als eines Mittels bediene, womit sich vielleicht die typischen Rangkämpfe in gewissen Tierarten erklären, deren Individuen nahe zusammenleben. Durch die Kämpfe werden individuelle Statusränge mit Vorrechten festgestellt, und eine solche Rangordnung scheint eine gewisse Stabilität der Sozietät zu sichern (340, 434.); entsprechend ist die Bemerkung Ardreys von Interesse (African Genesis, dt. Adam kam aus Afrika, 1967, 154) nach der es bei keinem erfolgreichen Primaten, mit Ausnahme des Gibbon, eine auf die Familieneinheit beschränkte Sozietät gibt, und daß in jeder bisher beobachteten Primatensozietät eine Rangordnung besteht. Man kann sich vorstellen, daß eine in Kämpfen herausgestellte Rangordnung innerhalb der Gruppe die Reizschwellen erhöht, so daß die gegenseitige Reizbarkeit abnimmt und Konflikte seltener werden, weil sie sozusagen schon vorentschieden sind. Beim Menschen hat die Ausbildung von Schichten, Klassen oder sonstigen ähnlichen Strukturen zweifellos zur inneren Befriedung solange beigetragen, wie diese Hierarchien als selbstverständlich bejaht wurden und leistungsfähig arbeiteten, bis endlich die Legitimität von Herrschaft überhaupt angezweifelt wurde. Dazu schritt die Antike noch nicht vor, stellte aber das wichtigste Argument dazu bereit, nämlich die Lehre von der angeborenen Güte des Menschen.

4. DISPOSITION. ETHOS DER GEGENSEITIGKEIT

Wir müssen jetzt die Genauigkeit der Analyse verschärfen und auch um den Preis des Schematismus zu einer systematischen Darstellung übergehen, die den Pluralismus letztgültiger sozialer Regulationen außer Zweifel setzen soll. Damit ist auch gesagt, daß sich die große Schlüsselattitüde, nämlich die Ableitung zumutbarer Verhaltensweisen aus nur *einem* Prinzip, nicht herstellen läßt, es sei denn um den Preis, den Dostojewski schon im »Großinquisitor« beschrieb. Um hier den Gedankengang schon aufzugliedern und einen Hinweis auf die kommenden Kapitel zu geben, stellen wir die Kategorien einfach der Reihe nach vor. Wir unterscheiden
1. Das aus der Gegenseitigkeit entwickelte Ethos
2. Eine Mehrzahl instinktiver, verhaltensphysiologisch greifbarer Regulationen, einschließlich der Ethik des Wohlbefindens und des Glücks (Eudaimonismus)
3. Das familienbezogene ethische Verhalten samt der daraus ableitbaren Erweiterungen bis zum Humanitarismus und
4. Das Ethos der Institutionen, einschließlich des Staates.

Hiermit hat der Leser einen Leitfaden durch die folgenden Kapitel. Seine Geduld wird erbeten, denn die Organisation so großer Stoffmassen, wie sie hier nötig wird, kann nicht mit leichter Hand erfolgen. Wir beginnen sofort mit der Erläuterung des ersten Punktes.

Die Gegenseitigkeit oder Reziprozität des Verhaltens wurde seit langem als ein Fundament menschlichen Verhaltens erkannt und zuerst in naturrechtlichen Formeln begriffen, womit man sowohl die angeborene (instinktive) als die rechtsnahe Qualität des Antriebs betonte. Man *soll* dem Anderen Gegenseitigkeit gewähren. Das Sollen drückt nichts anderes aus, als das zugemutete, ideal situationsrichtige Funktionieren eines Instinktimpulses, dessen anthropologische Eigenschaft der Unzuverlässigkeit in diese Zumutung eingerechnet wird: Man soll Gutes mit Gutem erwidern, spürt auch den Impuls dazu, überläßt sich aber schließlich dem schlechten Gewissen der Undankbarkeit. Diejenigen situationsgemäßen und instinktgestützten Verhaltensformen, gegen deren Vernachlässigung die Gesellschaft drastisch einschreitet, deren Sollgeltung also durchgesetzt wird, werden von der Sitte oder vom Recht vorgezeichnet. Das Naturrecht stellt ähnlich den 10 Geboten allgemeinste Normen auf, deren Erzwingbarkeit als Bedingungen des friedlichen Zusammenlebens jedermann einleuchtet, es erklärt die entsprechenden Impulse für natürlich, d.h. für angeboren, und respektiert doch ihre nur prekäre Realisierung, andernfalls die Erhebung zur bewußten Norm mit Nachdrucksqualität unnötig wäre.

Thomas Hobbes hat in De Cive (1647) eine Reihe von »natürlichen Gesetzen« aufgezählt, die sich alle auf den Grundsatz der Gegenseitigkeit zurückführen lassen: Daß man Verträge halte und das gegebene Wort nicht breche; daß man den Wohltäter nicht in eine schlimme Lage kommen lasse, oder überhaupt eine Wohltat nur annehme in der Absicht, daß den Geber nicht mit Recht die Gabe gereue; daß jedermann sich den andern gefügig erweise, nicht als lästig – unter Berufung auf Ciceros humanitas, d.h. Takt, Liebenswürdigkeit; daß man niemandem durch Worte oder Handlungen, durch Mienen oder Lachen zeige, daß man ihn hasse oder verachte; daß jeder als von Natur gleich dem andern erachtet werde (!); daß ein jeder die Rechte, welche er für sich verlangt, auch jedem anderen zugestehe usw.

Diese Formeln sind evident, eben deswegen, weil der Instinkt der Gegenseitigkeit sich hier in Modellen von abstrakter Klarheit wiedererkennt. Es handelt sich um ein abgezogenes, ideales Philosophenrecht, dem doch ein gefühlsmäßiger Billigungszwang entgegenkommt, ein Hinweis auf die tiefenpsychologische Verwurzelung.

Der Nachweis der durchgreifenden Geltung der Gegenseitigkeit im konkreten Rechtsverkehr würde ins Uferlose führen, wir wollen hier nur den strafrechtlichen Begriff der Vergeltung erwähnen. Bekanntlich wurde die streng nach Gegenseitigkeit verlaufende Sippenrache durch Vergleiche abgelöst, dann wurden die »beiderseitigen Toten nach Zahl und Würde (gemäß dem Urteile des Schiedsrichters) gegeneinander aufgerechnet, die Wunden der Überlebenden nach ihrer Schwere; ein Saldo war in Sklaven, Vieh, Waffen, Tuchen oder Edelmetallen, in Armringen oder gemünztem Gelde von einer Sippe zur anderen zu begleichen« (B. Rehfeldt, Einf. in d. Rechtswissenschaft, 1962, 287). Der erste Gegenstand aller Rechtsaufzeichnungen sind daher Bußtaxen. Im übrigen handelt es sich hier schon um ziemlich fortgeschrittene Verhältnisse, noch primitiver ist die Selbststeuerung innerhalb herrschaftsloser Gruppen, wie sie von Ch. Sigrist in dem interessanten Buche »Regulierte Anarchie« (1967) beschrieben wird: »Die Aufrechterhaltung einer gegebenen Ordnung wird durch Reziprozitätsmechanismen auch ohne Vermittlung einer Instanz (d.h. ohne Schiedsrichter usw.) ermöglicht: der Druck der Einzelinteressen führt zu einer Reduzierung des abweichenden Verhaltens auf die Linie erwarteten Verhaltens« (115).

Als ein Juristenrecht durchdrang, mußte sich unvermeidlich ein logisches Problematisieren ausbreiten, so begann man über den »Strafzweck« zu diskutieren und fand mit der Zeit viele Zwecke: Sühnende Vergeltung, Abschreckung anderer potentieller Täter, Besserung des Verbrechers, Schutz der Gesellschaft, Unschädlichmachung – und neuerdings redet man von der »Hilfe zum Rückweg in die Gesellschaft«. Zum Teil sind das Manöver, um den Begriff der Strafe aus der Welt zu schaffen, weil man an Schuld nicht mehr glaubt, außer im politischen Bereich. Dennoch meldet sich in den meisten Menschen im Falle des Mordes das Prinzip der Gegenseitigkeit, d.h. der Vergeltung in seiner vordoktrinären Überzeugungskraft. Denn hier geht es um ein vergleichsloses Verbrechen. Erstens wird dem Opfer die Rechtsbefriedigung für immer abgeschnitten, zweitens werden seine Nächsten für immer und unheilbar mitgeschädigt, und drittens handelt es sich um ein Verbrechen, bei dem besondere Heimlichkeit und besondere Öffentlichkeitswirkung zusammenfallen, darin dem Hoch- und Landesverrat ähnlich – auch leuchtet das Wort von Hebbel ein: »Der Mörder: der Tod in Menschengestalt darf nicht umhergehen« (Tageb. Nr. 2096, Aug. 1840). Kant hat in seiner Rechtslehre gefordert, daß der letzte im Gefängnis befindliche Mörder vorher hingerichtet werden müßte, wenn z.B. das eine Insel bewohnende Volk beschlösse, auseinanderzugehen und sich in alle Winde zu zerstreuen. Wir finden daher das imaginäre Plädoyer völlig überzeugend, das Hannah Arendt am Schluß ihres Buches »Eichmann in Jerusalem« (1964) hält und das in der Anklage gipfelt: »... als ob Sie das Recht gehabt hätten zu entscheiden, wer die Erde bewohnen soll und wer nicht. Keinem Angehörigen des Menschengeschlechts kann zugemutet werden, mit denen, die solches wollen und in die Tat umsetzen, die Erde zusammen zu bewohnen. Dies ist der Grund, der einzige Grund, daß Sie sterben müssen.«

Der Instinkt der Gegenseitigkeit zeigt seine Allgegenwart ebenso in den schwerwiegenden wie in den problemlosen Situationen, so in dem Verkehrsethos unter Fremden. Unter beliebigen, neutralisiert gegeneinander gleichgültig stehenden Menschen findet sich ohne weiteres eine Basis der Gegenseitigkeit, meist das gelegentliche Gespräch, das sachlich wenig ergiebig, aber nur scheinbar moralisch neutral ist, denn die verweigerte Antwort auf die Anrede eines Fremden ist als demonstrierte Wurstigkeit unsittlich; die Reziprozität im Verhalten kann sogar anstelle der Sprache als ein zweiter Weg der Verständigung eintreten. Herodot erwähnt bereits den stummen Tausch, der unter Karthagern und Libyern vor sich ging (IV, 196) – hier trat man, in einem bis in die Neuzeit geübten Verfahren, mit scheuen Eingeborenen durch das Auslegen von Waren, das Dazulegen der vermuteten Äquivalente und wechselnde Zugaben oder Wegnahmen in eine distanzierte Beziehung, wobei sich die Partner jedesmal zurückzogen, bis einer jeden Seite das Gleichgewicht hergestellt schien, ein Verfahren, das »für sich sprach«.

In ihrer umfassenden anthropologischen Bedeutung ist die Gegenseitigkeit wohl zuerst von M. Mauss erkannt und aus dem Zusammenhang naturrechtlicher Vorstellungen enthoben worden (Essai sur le don, forme et raison de l'échange dans les sociétés archaiques, L'Année sociol. sec. série 1923/24; wiedergedruckt in: Sociologie et Anthropologie, Paris 1960, 145 ff.). Seither hat die Erforschung primitiver Gesellschaften ergeben, daß die Gegenseitigkeit geradezu das Aufbauprinzip dieser Gesellschaften war, und zwar in wohl universeller vorgeschichtlicher Verbreitung. Bei enger Symbiose innerhalb noch übersehbarer, nicht ganz gedrückt lebender Verbände zeigt sich die unvergleichliche Wirksamkeit dieser Regulation. Bei naturaler Arbeitsteilung zwischen Mann und Frau ist die Ehe schlechthin für die Individuen ebenso lebenswichtig, wie für die Aufzucht der Kinder und damit für das Überleben des Stammes. Sie ist deswegen von öffentlichem Interesse, und heiratbare Mädchen sind demnach »kostbare Güter par excellence« (Lévi-Strauss). Man kann nun unter der Ausgangsannahme von mehreren Untergruppen das Problem der Stabilität des Gesamtverbandes zusammen mit dem der Individualinteressen an der Ehe nur so lösen, daß die Ehebeziehungen im Sinne der Gegenseitigkeit institutionalisiert werden. Dann ist der Mädchentausch zwischen diesen Untergruppen die Schlüsselfigur, weil er die Beziehungen zwischen ihnen *langfristig* auf Dauer stellt und weil, kurz gesagt, der Bruder für die weggegebene Schwester ein anderes Mädchen für sich beanspruchen kann. Wird dieser Tausch obligatorisch, so institutionalisiert er zugleich das Inzestverbot (die Rückseite der Ausheirats-Verpflichtung), und man versteht endlich die universale Verbreitung dieses Verbotes. Alle anderen Tauschbeziehungen – Waren, Blutrachepflichten, Totenkulte, Brautpreise, Riten, Feste usw. – können dann entlang der so entstehenden Beziehungen ebenfalls auf Gegenseitigkeit normiert werden.

Lévi-Strauss sagt in seiner »Strukturalen Anthropologie« (1958, dt. 1967): »Die Theorie der Gegenseitigkeit steht nicht auf dem Spiele. Für das ethnologische Denken bleibt sie heute begründet auf einer so festen Unterlage, wie es in der Astronomie die Gravitationstheorie ist« (180). Er sagt ferner: »Die Verwandtschaftsregeln dienen dazu, den Austausch der Frauen zwischen den Gruppen zu sichern, wie die ökonomischen Regeln den Austausch von Gütern und Dienstleistungen und die Sprachregeln die Nachrichtenübermittlung garantieren.«

In dem vorhergehenden, bahnbrechenden Buche »Les structures élémentaires de la parenté« (1949) hat der Autor zahlreiche primitive Gesellschaften über mehrere Kontinente hin unter demselben Gesichtspunkt analysieren können: »Unsere gesamte Interpretation der Verwandtschaftssysteme gründet sich auf den Begriff des Austausches (échange), der die gemeinsame und fundamentale Basis für sie darstellt.« Im Grunde handelt es sich um eine der ältesten und größten Kulturtaten, nämlich darum, die Blutsbeziehungen biologischen Ursprungs durch ein soziologisches System der Bündnisse und Tauschverpflichtungen zu überformen. Man müsse dabei, sagt der Autor, die Heiratsregeln und die Verwandtschaftssysteme als eine Art Sprache ansehen, d.h. als ein Operationsgefüge, das dazu bestimmt ist, zwischen den Individuen und den Gruppen einen bestimmten Kommunikationstyp zu sichern, eine definierte Form der sozialen Zurechnung. Dabei sind die zustande kommenden Verwandtschaftssysteme oft höchst kompliziert oder für unser Denken ungewohnt. Eine überaus wirkungsvolle Struktur aus der Gegenseitigkeit heraus sind die bei vielen Gesellschaften in Amerika, Asien und Ozeanien verbreiteten »Hälften« (moitiés), deren Funktion sich so beschreiben läßt, daß sie der allgemeinen menschlichen Forderung nach Regelhaftigkeit des Verhaltens genügen, indem alle denkbaren Leistungen am Leitfaden des Tausches zwischen den Hälften organisiert werden, wie Heiraten, Feste, Begräbnissitten usw. So ist die Gesamtgruppe gut integriert (Strukturale Anthrop. 37). Dennoch verhalten sich die Hälften oft rivalisierend und unfriedlich, weil die Organisation eben auch die immanente, nach außen nicht abgeleitete Aggressivität mitkanalisiert.

Wir zitierten in »Urmensch und Spätkultur« (²1964, 46) Margaret Mead, die ebenfalls beschrieb, wie der Tausch eine nicht ökonomische Seite haben kann, zum Sozialkitt und zur führenden Figur des Verpflichtetseins wird, zum »alles durchdringenden Interesse«; er ist dann ein Doppelgänger der Sprache in nicht flüchtigem Material, woraus man die anthropologische Tiefe des Ansatzes ermessen mag. Die Inhalte können unendlich wechseln. Viele Bantustämme kennen das Lobola, die Gegengabe in Rindern, als wesentliche Vermittlung aller rituellen Beziehungen: Es kompensiert den Totschlag, dient als Totenopfer und als Brautpreis, und da der Bruder der Braut seinerseits dafür ein Mädchen erwirbt, die Tiere also wieder in die Hände dieses neuen Schwagers übergehen, der selbst ebenso verfährt, wandern buchstäblich die Rinderherden in umgekehrtem Sinne, wie die Mädchen (Lévi-Strauss, Les struct. élém., 577). Es gibt Gesellschaften, in denen sozusagen der Sozialkitt selber gehandelt wird, indem bloß zeremonielle Güter, mit denen gar nichts erworben werden kann, wie Muschelschmuck, massenhaft auf vorgeschriebenen Bahnen zirkulieren, als eine verselbständigte Verpflichtungsformel.

Die nachgewiesene universelle Verbreitung derartiger Formen des Tausches und die große soziale Bedeutung bei sehr hohem Alter sind anthropologisch von hoher Beweiskraft, zumal sich in ähnlichen Figuren auch die urtümlichen Beziehungen zu den Göttern bewegten. Sobald man aus der Enge des schamanistischen Allmachtsgefühls und der Dämonendarstellung herausgetreten war, sobald man die Ereignisse nicht mehr der eigenen Willkür, sondern der von Göttern zuordnete, trat man zu ihnen in ein Verhältnis des »do ut des«, indem man ihnen die Leistungen des Betenden vorhielt und Gegenleistungen begehrte. Die Eingliederung dieser Wesenheiten in bestimmte Verbände als Ahnen geht bis in vorgeschichtliche, hocharchaische Zeiten zurück, der Totemismus hat davon noch Spuren überliefert.

In dem Buche »Urmensch und Spätkultur« haben wir versucht, die hier über einige ihrer zahllosen Entfaltungen hin verfolgte Gegenseitigkeit als eine durchlaufende menschliche Stil-Konstante zu fassen. Unter dieser Annahme würde es sich um eine Meldung des Geistes in der Instinktebene handeln, man würde eine »Sprachmäßigkeit« der Antriebe und Bedürfnisse selber konstatieren. Wenn die Hineinnahme der Antwort und der Haltung des Anderen als Erwartung die eigene Rede, die eigene Handlung schon steuern, wenn nach G. H. Mead (Mind, Self and Society, 1934) das Wortsymbol der Funke ist, an dem sich der Austausch des Kontaktes als geistiges Ereignis entzündet, dann kann man die bestätigende Reaktion des Anderen zu treffen als ein Dauerbedürfnis ansehen, das sozusagen in alle anderen Bedürfnisse eingelagert ist – oder als ob die erwachenden Triebe schon Hohlformen, wenn auch sehr unkonturierte, ihrer Erfüllungen enthielten, die von den Anderen ausgefüllt werden. Da menschliche Antriebe erst orientiert werden müssen, so sind sie wie das Denken darauf angewiesen, ihre öffentlichen Halte zu finden. So tasten sie sich, ähnlich der Sprache, an den Reaktionen der Anderen entlang, und diese zu erleben, sich in ihnen zu fassen, ist selbst ein elementar menschliches Bedürfnis.

5. PHYSIOLOGISCHE TUGENDEN

Unter diesem Titel wollen wir einige Sozialregulationen versammeln, die in klar umschriebenen Situationen eine eindeutig arterhaltende Zweckmäßigkeit zeigen, und die entweder nachweislich instinktiv verwurzelt oder doch leibnahe sind. Zum Teil wurden sie schon durch die weit verbreiteten Schriften der Verhaltensforscher bekannt. So hatte zunächst Konrad Lorenz (Die angeborenen Formen möglicher Erfahrung, Ztschr. f. Tierpsychol. 5, 1942) in meisterhaften Analysen eine ziemlich gut funktionierende Schutz- und Pflegereaktion im Verhältnis zu kleinen Kindern nachgewiesen, die durch die rundlichen, weichen und »niedlichen« Formen ausgelöst wird. Die so nicht nur bei Frauen erwirkte zärtliche Zuwendung ereignet sich immerhin soweit spontan, daß ein verlassenes Kleinkind mit beachtlicher Wahrscheinlichkeit Hilfe findet und am Leben bleibt. Es ist dies nun eine Erscheinung, an der sich bestimmte Eigenschaften ethischen Verhaltens ablesen lassen, die sich durch das ganze Problemfeld hindurch geltend machen. Die erwähnte Reaktion ist ohne Zweifel auf Nahsicht eingestellt, auf anschauliche Situationen, ihre Sicherheit nimmt mit der anschaulichen Nähe zu – oder anders gesagt, unsere *zuverlässigen* Sozialregulationen bewegen sich zunächst einmal innerhalb des Radius unserer Sinne. Eine *Erweiterung* ihrer Leistungen kann nun in zwei verschiedenen Weisen erfolgen, einmal durch Entdifferenzierung der auslösenden Schemata derart, daß der Umkreis der einbezogenen Reizgestalten mit ihrer abnehmenden Präzision oder Merkmalsfülle wächst; dann würde sich das Pflegeverhalten auf alles erstrecken, was z. B. täppisch, weich und klein ist, unangesehen anderer Merkmale, und Tierjunge und in weiterer Senkung der Schwelle alles »Niedliche« überhaupt erreichen. Das Verhalten würde »abstrakter«, ebenso die auslösenden Schemata.

Die Auslöse-Funktion kann mit noch weiter zunehmender Abstraktheit von den Sinnen in das gedankliche, formulierbare Bewußtsein übergehen, der Mechanismus sozusagen höhergelegt werden. Dann wird die ursprüngliche Nahsicht-Bedingung in einer anderen Weise erweitert, indem zwar die natürliche Einstellung auf den menschlichen Partner sich nicht verwischt und erhalten bleibt, aber die Bedingung der anschaulichen Anwesenheit entfällt: *Verpflich-*

tungsgefühle gegenüber *unsichtbaren Partnern* wären die Folge. Dabei vermindert sich allerdings die Zuverlässigkeit der Reaktion, Verpflichtungen gegen nicht Anwesende oder gar abstrakte Antipoden sind uns schwer ans Herz zu bringen, und umgekehrt schafft das Fernsehen, das uns die Leiden der unglücklichen Bevölkerung von Sonstwoland unmittelbar ins Haus setzt, eine noch schwer übersehbare, sicher folgenreiche Veränderung unserer Verpflichtungsgefühle, vielleicht in Hinsicht der Abstumpfung nun auch gegen leibhaft gegenwärtiges Leiden. Eine Fern-Ethik gehört also noch in den Bereich der Versuche und Irrtümer. K. Lorenz hat die ethische Verunsicherung als Folge der Durchbrechung der Nahsicht-Bedingung an der Vervollkommnung der technischen Tötungsmittel gezeigt: Derselbe Mann, der die schwersten Hemmungen hätte, einem Wehrlosen vor ihm den Schädel einzuschlagen, macht sich kaum Gedanken, wieviele Menschen die Bombe tötet, die er mit einem Fingerdruck abschickt.

Diese zwei Arten von *Erweiterungen* ursprünglich instinktnaher Regulationen sind von großem theoretischem Interesse; wir werden dieses Thema noch mehrfach antreffen und besprechen gleich eine weitere Variante. Wenn frühe Religionen »die Welt« als durchzogen von Dämonen, Geistern und Göttern auffassen, dann wird sie damit sozialisiert und handlich für ganzheitlich-sozialethische Vorstellungen, die man in Erweiterung sozialer Primärerfahrungen über sie legt. Diese Ausweitung der unmittelbaren Erfahrung auf nur »gedachte« Partner ist aus einem besonderen Grunde ganz unvermeidbar – aus dem Grunde des Todes. Man beobachtet, wie Kinder geboren werden und alte Menschen wegsterben; die Reihe der Generationen ist optisch zwar nur über drei, höchstens vier Generationen gegeben, aber die Verlängerung nach rückwärts zu den »Ahnen« erfolgt schon deshalb zwangsläufig, weil die urtümliche Interpretation des rätselhaften Todes stets irgendein Weiterleben des Toten als eines Geistes, Dämons usw. einsetzt – die naheliegendste und wahrscheinlichste Deutung. Mit den weltweit verbreiteten Ahnen-Mythen ist aber die Basis für beliebige Erweiterungen der Verpflichtung an unsichtbare Partner gegeben, die ganze unermeßliche Menge der Vorstellungen von guten und bösen Geistern, Tierahnen, Dämonen und Gottheiten kann sich hier anschließen und in der Welt ausbreiten, zumal es eine Mehrheit von »theogonischen«, göttererzeugenden Erfahrungsgebieten in der naiven Weltansicht gibt (Urmensch und Spätkultur ²1964, Kap. 34, Außenwelt-Beseelung). Schließlich kann man dramatische Ereignisse im Weltlauf selbst ethisieren, weil dieser von Göttern gelenkt wird, die unsere Verpflichtungen ansprechen und auf deren Vernachlässigung reagieren. Max Weber (Das antike Judentum, 1921) untersuchte das historisch wichtigste Beispiel einer solchen Ethisierung des Weltverlaufs:

»Die alte Grundlage der Beziehung Jahwes zu seinem Volk war die ›berith‹. Der Eidschwur Jahwes, mit diesem Volk als mit dem seinigen sein zu wollen, schien aber durch das stete Unheil, welches politisch teils drohte, teils hereinbrach, in Frage gestellt zu sein ... das geeignete Mittel, das Problem des speziellen Unheils Israels zu lösen, war natürlich der Hinweis darauf: Jahwe habe seine alten Verheißungen selbstverständlich an die Bedingung geknüpft, daß das Volk seinen rituellen und ethischen Verpflichtungen nachkomme« (229). Das Theodizee-Bedürfnis, das Verlangen nach einer verstehbaren hohen Begründung des Unheils, zumal des politisch-militärischen, mußte umso mehr an Bedeutung steigen, je bedenklicher sich die politische Lage des Volkes gestaltete (227). Man konnte »den Gedanken der Vergeltung der Sünden der Vorfahren schließlich doch zum Zweck der Theodizee nicht entbehren«. Wenn die eigentlich jahwistische, namentlich auch die prophetische Frömmigkeit einen Gott politischer Schicksale konzipierte und folglich zur Rationalisierung politisch-militärischer Unglücksfälle einen Verstoß vielleicht schon der Väter gegen göttliche Gebote annahm, dann war der Weltlauf einigermaßen auf den Maßstab des Menschen bezogen und ethisch kommensurabel geworden. Der Aktionsbereich der sinnlichen Anschauung war zwar übergriffen, aber doch nur erweitert, und das Vehikel dieser Erweiterung ethischer Reaktionen hieß Gott. Über ihn hinweg wurde die Ethik mehr als menschlich, begriff die toten Vorfahren und die von Gott eingegebenen Entschlüsse der Dämonen ein, denen Gott sagt: »Gehe hinein zwischen die Räder unter den Cherub und fasse die Hände voll glühender Kohlen und streue sie über die Stadt« (Hesekiel 10, 2).

Solange die Welt oder der Geschichtsverlauf noch als ethisch interpretierbar gelten, sich in das Schema der erweiterten sozialethischen Regulationen noch einigermaßen einfangen lassen, bleibt die Welt die große Heimat und dient eine ethisierende Religion sozusagen als Erkenntnisorgan für Großereignisse. Wenn dann später erst die Ereignisse der Natur, dann die der Geschichte als Kausalmassen erscheinen, nähert man sich wieder der Antike, die moralische Auslegungen derart nicht kannte. Die höhere Rationalität als Deckung des Denkens mit den Tatsachen liegt dann im Bewußtsein des Ausgeliefertseins.

Wir trafen hier erste Beispiele eines bedeutenden Sachverhalts: unsere Sozialregulationen sind weltoffen, sie sind erweiterbar und neigen vielleicht sogar zur Überdehnung; dann würde wahr, daß nicht nur der Einzelne moralischer leben kann, als er es sich leisten könnte, wie Freud meinte, sondern ganze Völker. Wir bemerkten eben, wie Weltereignisse großer Dimension in die moralische Nahoptik hineingezogen werden, um sie zu verstehen und um Chancen der Reaktion, der Handlung zu öffnen. Oben wurde ein anderer Begriff der Erweiterung entwickelt, als die Beobachtung von K. Lorenz erwähnt wurde, der zeigte, wie der Schutzinstinkt, der auf die charakteristischen Auslöserformen des Kleinkindes anspricht, insoweit entdifferenziert ist, als er auch auf »niedliche« Haustiere sich erstreckt, vor allem wenn sie mit relativ großen Köpfen und Augen, mit täppischen Bewegungen und weicher Konsistenz der Oberfläche Kleinkindermerkmale kopieren. Hier bewegt sich die Erweiterung noch im Anschaulichen, im ersten Falle durchbricht sie die Grenzen der Umwelt, der ethische Impuls wird immer abstrakter, d.h. logisch umfangreicher. Die gemeinsame Voraussetzung liegt in der wesentlichen Eigenschaft unserer Instinktausstattung, die man mit den Worten von Kaila (Gefühl, Wille, Persönlichkeit, in: Katz, Hdb. d. Psychol. 1951, 186) beschreiben kann: »Der Mensch hat, von der Handlung her gesehen, nicht fertige Instinkte, sondern Ansätze zu Instinkten. Entwicklungsverzögerung und Cerebration haben die Ausbildung differenzierter, spezifischer Instinkte unmöglich gemacht.« Diese von der Anthropologie anerkannte, an Worten Kailas in Erinnerung gebrachte Instinkt-Verunsicherung des Menschen wird von der ergänzenden Großhirn-Entwicklung, d.h. dem Bewußtsein offenbar in verschiedener Weise verwertet, nämlich durch abstrakte Leitlinien, die die ethischen Impulse über das anschaulich Präsente hinausnötigen und Verpflichtungsgefühle an unsichtbar nur denkbare Partner anknüpfen; oder indem rationale Imperative die Unzuverlässigkeit dieser Impulse selbst abstutzen. So erklärt sich die einzigartige Erscheinung des *Sollens*. Die sozialen Imperative argumentieren in der Aktionsrichtung jener angeborenen Regungen und ihrer Verpflichtungsgefühle, rechnen mit deren Labilität und versuchen, sie durch sozialen Druck zu konsolidieren. Auch die Selbstbeobachtung unterstützt eine solche Auffassung. Der leidenschaftlich handelnde Impuls einer Nächstenhilfe verläuft von innen her ohne das Bewußtsein eines Sollens, das als Stimme des Gewissens erst laut wird, wenn eine innere Hemmung ihn nicht zur Tat kommen ließ.

Zu den offenbar in der Vitalsphäre angesiedelten, daher hier physiologisch genannten Regulationen gehören nun weiter solche, die sich auf einer Minus-Plus-Skala auftragen lassen, anfangend vom Verhalten zu dem anschaulich geschädigten, verletzten, leidenden Leben bis hin zu dem, das angesichts eines überzeugenden, blühenden Wohlbefindens sich nur noch als Bejahung oder Bewunderung äußern kann. Wer von Krankheit oder lastender Not bedrückt wird, dem »soll« geholfen werden, wobei allerdings die Verbindlichkeit des Verpflichtungsgefühls sich mit abnehmender persönlicher Bekanntheit oder Gruppenzugehörigkeit schnell mindert; zumal gegen massenhaften Eindruck dieser Art stumpft man ab. Die imperative Regel, Hilfe und Almosen zu gewähren, erscheint bei höherer Kultur sofort, das Sollen muß hier erheblich nachhelfen. Daher die alte Anknüpfung der Verpflichtung an Gott:

»Fremdling, es ziemte mir nicht, und wär' er geringer als du bist,
Einen Gast zu verschmähn; denn Gott gehören ja alle
Fremdling' und Darbende an ...« (Odyssee XIV, 88f.).

Dabei ist der Fremdling nicht der reisende Kaufmann, sondern der Heimatlose, Exilierte oder Flüchtige, selber ein Darbender. Die hier gemeinte Sozialregulation, in der ein sichtbares Leiden eine drastische Appell- und Auslöserwirkung erreichen kann, ist jedoch ungewöhnlich störbar, sie wird vor allem durch Gefühle der Feindseligkeit und Aggressivität sofort gehemmt. Ohne institutionelle Nachhilfe bleibt sie unsicher, und deshalb hat sich Henri Dunant, bewogen durch den Anblick des Elends der Verwundeten nach Solferino, mit der Gründung des Roten Kreuzes berechtigten Ruhm erworben. In diesem Komplex liegt auch der Kern von Schopenhauers Mitleidsethik, wie sie auch von Mandeville und Rousseau aufgestellt wurde, und die immerhin eine Teilwahrheit aussagt. Verständlich als Stimme eines Mannes, der familienlos, staatenlos und berufslos, als zugereister Frankfurter und Rentier Mühe gehabt hätte, andere Antriebe zu Verpflichtungen in sich zu finden.

Man kann die Mitleidsreaktion auf anschaulich physisches Leiden politisch auswerten und findet darin ein taktisches Mittel des »gewaltfreien Aufstands« (Theod. Ebert, Gewaltfreier Aufstand, 1968). Martin Luther King hat die hemmende Wirkung des Anblicks freiwilligen (oder provozierten) Leidens auf den politischen Gegner wie folgt beschrieben: »Wenn der Unterdrücker diese dynamische Einheit, diese erstaunliche Selbstachtung und Leidensbereitschaft der Neger sieht, die sich weigern, zurückzuschlagen, wird ihm, wie es Unterdrückern immer geht, seine eigene Barbarei zum Ekel werden« (68). Bei einer großen Polizeidemonstration in Bombay am 23.6.1930 zögerten die Polizisten, eine Gruppe von Demonstranten mit ihren stahlbewehrten Stöcken niederzuschlagen, taten es dann doch; aber vor den wehrlos beharrenden Demonstranten hoben schließlich die Polizisten die Hände: »Man kann doch nicht immer wieder auf so einen Dreckskerl einhauen, wenn er sich einem entgegenstellt!« (76)

Gandhi ist der Erfinder dieser politischen Auswertung eines sozialinstinktiven Impulses. Am anderen Ende der Skala, über eine Indifferenzzone hinweg, läßt sich die instinktresiduale Antwort auf den Anblick des Wohlgeratenen sehr viel schwerer beschreiben, es sei denn etwa mit der Chiffre einer beglückten Bewunderung. Wir befinden uns hier an der griechischen Tangente, wo das Gute und das Schöne sich berühren oder wo die Ethik in die Ästhetik übergeht. Die menschliche Schönheit hat einen Reiz, in den ein Verpflichtungsgefühl eingelagert ist; die hier gemeinte auserlesene Regung wurde früher von der bildenden Kunst nach langer Hochzüchtung der Kunstfertigkeit mit Sicherheit getroffen, bis in neuerer Zeit das Schönheitsideal aus angeblich politischen Motiven eines aggressiven Naturalismus vernichtet wurde; wiewohl die Schönheit unverletzt überlebte, denn sie zog sich aus dem verheerten Gelände der Kunst in die Mannequinindustrie zurück, wo Nofretete und Bronzinos Lucretia Panciatichi heute weitergezüchtet werden. Von da aus eröffnen sich jederlei Übergänge zu der holländischen, herzoffenen Freude an handfester Gesundheit, zu wohlgeratener Frische und Jugendkraft, und es bleibt merkwürdig, daß es für diesen Komplex der von Lebensneid freien Bejahung anschaulicher Lebenskraft und Daseinsfreude eigentlich keine angeborenen Ausdrucksbahnen gibt; ein Umstand, dem wohl in letzter Instanz die Künste ihre Existenz verdanken, die eine Antwort improvisieren – vernünftigerweise zunächst als »Nachahmung«. Die Neigung zu einer unverbogenen Bewunderung der Schönheit zeigen Kinder übrigens oft deutlicher als Erwachsene.

Aus Gründen abgekürzter Verständigung bedienen wir uns hier einmal der Ausdrücke der Wertethik Max Schelers. Dieser unterschied von den punktuellen sinnlichen Gefühlen das »Lebensgefühl« mit der richtigen Bemerkung, daß es das Bewußtsein von Gemeinschaft mitzubegründen fähig sei, im Unterschied zu den rein sinnlichen Lust- oder Schmerzgefühlen. Die vitalen Werte hielt er für völlig selbständige Wertmodalitäten, unzurückführbar auf das Angenehme oder Nützliche (Der Formalismus in d. Ethik, ⁴1954, 127, 353), er verwendete auch den Ausdruck »vitale Volkswohlfahrt« (311). In der Tat kommt hier der alte, legitime Begriff der Wohlfahrt oder des Wohles des Volkes ins Spiel, die von jeher von den Regierungen als ihre Aufgabe und Verpflichtung begriffen wurden, zunächst in der naiv einleuchtenden Lebenslust, mit der Ramses IV in einem Gebet an Osiris begehrte zu essen, bis er satt ist, zu trinken, bis er berauscht ist, Gesundheit und langes Leben, Herzens- und Sinnenfreude, den Nachkommen ewige Herrschaft und hohen Nilstand – eine reizvolle Mischung privater, dynastischer und kollektiver Herrlichkeiten.

An dieser Stelle liegt die gewaltigste ethische Neuerung seit Jahrhunderten, denn was Ramses IV von den Göttern erbat, wird jetzt von den Völkern in ihrer ganzen Massenhaftigkeit als Recht beansprucht. Damit wird eine Einstellung diktatorisch, die früher nur in aristokratischen Kreisen als exzentrisch und libertinistisch sich hervorwagen durfte:

All things are lawful there that may delight
Nature or unrestrained appetite.

Das Verschen ist von Thomas Carew, gest. 1638, vom Hofe Karls I. (in: Stern, Milton und s. Zeit, 1877, 184).

Das Kernstück des ethischen Wandels der Neuzeit besteht nun, wie der Soziologe Götz Briefs schon im Jahre 1926 ausführte, in der *Ethisierung* des Ideals des Wohllebens (Das gewerbl. Proletariat, in: Grundr. d. Sozialökonomik IX, 1).

Nicht die bloße Abweisung von Not und Leiden, sondern das Erfüllungsglück selbst, das Wohlhaben und Wohlleben werden hier zu Sollforderungen erhoben, und für jede Beeinträchtigung solcher Forderungen finden sich zurechenbare, haftbare Instanzen, die mit Empörung gemißbilligt werden. Der Zustand der Entbehrung oder gar des Leidens an ihr soll nicht sein und darf nicht sein. Da nun alle diese physiologischen und vitalen Glückszustände von außen her durch Andienung von Gütern in hohem Grade lenkbar und steigerbar sind, und da ferner die modernen Industriegesellschaften über die entsprechende Kapazität für Produktion und Verteilung verfügen, wird der Staat zum Adressaten der Erfüllungswünsche und die Politik der Idee nach zu einer Technik des Glücks. Damit ist der Sieg der Moral der Aufklärung vollendet, denn sie hatte diesen Weg eingeschlagen. In Bacons Nova Atlantis zeigt der »Vater aus dem Hause Salomons« den Fremdlingen die Kostbarkeiten seines Palastes, der eine Mischung von Supermarkt, Apotheke, Kirche und Paradies ist, und entläßt sie mit Gottes Segen und einem Geschenk von 2000 Dukaten pro Mann.

Die Gleichheit und Freiheit, alte Ideale, werden selbst zu Glückspostulaten. Störende Hemmungen des Genusses am Ich-Sein müssen ebenso verschwinden wie Überragungen durch Andere, die dieses Vergnügen beeinträchtigen könnten. Man sieht, wie kraft vitaler Expansion solche Einstellungen sich zu Ausschließlichkeiten entwickkeln, bis die Radikalisierung die dazugehörige Aggressivität freisetzt.

Übrigens gab man in Europa jenem Ethos nur zögernd nach, die altchristlichen Traditionen, mit staatlichen Inpflichtnahmen und wachsamer Sicherheits-Politik verschmolzen, waren auf Dauer und Standhaftigkeit hin entworfen. Tocqueville (gest. 1859) ahnte das Labyrinth, das aus dem Sichkreuzen verschiedener Moralen entstehen würde, denn er nannte »diese Sorte von Hang zum Wohlsein, die die Mutter der Knechtschaft ist, eine weiche Passion, die zäh und unablenkbar auftritt«, und doch fand er zu seiner Verwunderung, daß sie sich »mit gewissen privaten Tugenden verflicht: dem Familiensinn, der Ordentlichkeit, dem Respekt vor dem Glauben«. Damit war die Ableitung der Ethisierung des Wohllebens aus den Kreisen des liberalen Bürgertums schon geleistet, und Tocqueville sah voraus, wie sich die privaten Tugenden in den Vordergrund schieben würden; auch wenn ihm noch verborgen blieb, daß dann die Privatisierung auch der Laster folgen müsse, und man an ihnen nicht mehr Anstoß nähme, worauf sie wiederum öffentlichkeitsfähig wären. Das zu entwickeln, blieb unserem Jahrhundert vorbehalten: die Moral, nämlich die humanitäre des ethisierten Wohlstandes, in großartigem Siegeszug, und die Sitten in vollem Verfall.

Es mag uns schwerfallen wirklich zu akzeptieren, daß die Lehre vom Glücksvorrang, der Eudaimonismus, eine Ethik hergeben kann, aber ohne diese Einsicht verstünde man nicht einmal den Sinn des Wortes »sozial«, das eben diese Zugänglichkeit der materiellen und geistigen Lebensgüter für Alle als ethisches Postulat meint.

Im antiken Eudaimonismus des Epikur handelte es sich um eine private, ichbezogene Technik der Leidesvermeidung und Überlistung der Unlust, um eine Kur und quietistische Gemütsdiät. Der ältere Aristipp, auch ein Sokratesschüler, scheint eine noch ungebrochenere Vitalität vergnüglich ausgelebt zu haben, denn bald wird von seinem weltmännischen Auftreten am Hofe des Dionysios I. berichtet, bald ironisiert man seine Freude am ungebundenen Landstraßenleben (Xenophon, Mem. II, 1). Sicher ist, daß die Distanzierung von aller Politik im Kern der Haltung lag; so brachte Sokrates treffend die Libertinage des Aristipp mit seinem Unverständnis der Askese als Herrschertugend zusammen. Auch die heutigen Gammler, Provos usw. sind apolitisch, sie wären »auch als Sklaven für keinen Herrn ein großer Gewinn« (Sokrates über Aristipp). Es bleibt bemerkenswert, daß in der Antike neben diesem privatisierenden Eudaimonismus der Gedanke des Allgemeinglücks doch einmal auftauchte, natürlich als es verloren war: Im Wertsystem des Isokrates spielt die erste Rolle der Ruhm, das ist die antike Form der Unsterblichkeit, dann aber erscheint auf einer der höchsten Stufen das »Leben«, sei es als Privatleben des Individuums, oder aber als Erfolg und Glück des Menschenkollektivs, des Staates (Eino Mikkola, Isokrates, Helsinki 1954, 186). Solche Gedanken verschwanden für lange Zeit in der christlichen Epoche, machten dann aber geradezu den ethischen Grundgehalt der Aufklärung aus. Bacons Name bezeichnet die Wende, wenn ihm als Sinn der Wissenschaft, als finis scientiarum »the endowment of human life with new inventions and riches« galt, und die Ethisierung dieses Komplexes erscheint wundervoll, wenn der Direktor jenes pleasure-dome, des Hauses Salomon, die Rechte segnend hebt und die Fremdlinge nacheinander den Saum des Mantels küssen.

Die innere Verbindung der Lusterlebnisse mit dem Rationalismus ist von Bentham (1789) nur definitorisch begriffen worden, wenn er den Nutzen als diejenige Eigenschaft in beliebigen Objekten definierte, wodurch sie Lust (pleasure), Wert (good) oder Glück hervorbringen oder umgekehrt das Eintreten von Unglück, Schmerz und Übeln verhindern. Weit tiefer sah Max Scheler (Der Formalismus in der Ethik, ⁴1954, 349): »Aller praktische Eudaimonismus, jedes ethische Verhalten, in dem Lustgefühle Ziele und Zwecke des Strebens und Wollens darstellen, muß notwendig die Tendenz annehmen, alle in ihm enthaltene Willenstätigkeit auf die bloße Vermehrung der sinnlichen Lust zu richten, d. h. also hedonistisches Verhalten zu werden. Der Grund dafür ist, daß nur die Ursachen der sinnlichen Lust unmittelbar praktisch lenkbar sind.«

Wir wollen hier einen Moment verweilen und feststellen, daß der Liberalismus von Anfang an in optimistisch-verharmlosender Form den Individualismus Aller zu einem kollektiven Glück zusammenspielte – eine vorpolitische Gutmütigkeit. Für Morelly ist die Eigenliebe von Natur aus unlösbar mit dem Instinkt des Wohlwollens verknüpft, so spielt sie in der Sphäre der gesellschaftlichen Beziehungen dieselbe Rolle wie Newtons Gravitationsgesetz in der physischen Welt. Dies entspricht der Idee einer gleichmäßigen Glücksverteilung, und nach Helvetius und Holbach hat es die Natur so eingerichtet, daß der Mensch nicht glücklich sein kann ohne das Glück anderer – zu pädagogisch, um wahr zu sein. Doch ließ sich diese Ideologie politisch umsetzen, und den Übergang zu einem egalitären Glückssozialismus findet man sofort bei Babeuf: »Garantiert jedem einzelnen Bürger einen Zustand des beständigen Glücks, die Befriedigung der Bedürfnisse Aller, ein unveränderliches Auskommen, unabhängig von der Unfähigkeit, der Unmoral und dem schlechten Willen der Machthaber!« In dieser politischen Hinsicht konnte Saint-Just sagen: »Das Glück ist eine neue Idee in Europa«. Wenn die Daseinsnot am schlechten Willen der Regierenden liegt, kann man wie ein Provinzanwalt das große, keineswegs menschenfreundliche Schicksal auf Personen ablenken und diese haftbar machen.

Der Haß gegen den Luxus der Feudalen, vielleicht antike Reminiszenzen an frugales Hirtenleben und vor allem wohl die Ahnung, daß ein Automatismus zunehmender Glücksgefräßigkeit bevorstehen könne, haben nun gerade bei den logisch konsequentesten, d.h. blutigsten Fortschrittlern den Gedanken an Glücksmaximierung ausgeschlossen: Robespierre, Saint-Just und Babeuf verkündeten einhellig »le bonheur de médiocrité« — das Kleingärtnerglück. »Wir bieten euch das Glück, das aus der Freude entsteht, wenn man das Notwendige ohne Überfluß genießt; das Glück, frei und geruhsam zu leben, sich in Frieden an den Sitten und Erfolgen der Revolution zu erbauen und zur Natur zurückzukehren ... ein Pflug, ein Stück Feld und ein Häuschen, fern von der Gier des Räubers, dort ist das Glück« (I. L. Talmon, Die Ursprünge der totalitären Demokratie, 1961, 28). Nach Saint-Justs von Robespierre gebilligtem Programm sollte es keine Dienstboten mehr geben, keine goldenen oder silbernen Geräte, und Kinder unter sechzehn Jahren sollten gar kein Fleisch essen, Erwachsene nur alle drei Tage. In Paris verteilte man eine Zeitlang nur eine Brotsorte, das Gleichheitsbrot (Roscher).

Es mag sein, daß diese frugalen Ideale mit der Verknappung der nach Paris eingeführten Lebensmittel zusammenhingen, aber man bemerkt auch an der Folge der Zitate, wie leicht der frühe englische Industrie-Liberalismus in sozialistische Vorstellungen überging.

Während sich Götz Briefs in der genannten Formel über das ethische Ideal des Wohllebens aussprach, fand Sombart eine ähnliche Wendung in dem von ihm so genannten proletarischen Grundsatz des »Massenlebenswertes«, worunter er die »Überallesbewertung der Tatsache« verstand, »daß es allen Menschen wohlergehe und sie lange leben auf Erden« (Der proletar. Sozialismus I, 1924, 87). »Wir können, schrieb er, diesen Wertstandpunkt schließlich in einem Satz zusammenfassen: *die höchsten Ideale sind dem Individuum nicht transzendent, sondern immanent;* folglich ist die Haltung des Individuums zum Wert nicht Opfer, sondern Anspruch« (96). Er zitierte Bakunin: »Der Sozialismus vertritt die positiven Rechte (!) auf Leben und alle intellektuellen, moralischen und physischen Genüsse des Lebens, er liebt das Leben und will es auskosten« (93). Dieser Standpunkt ist in dreifacher Weise politisch: Einmal als Kollektivethik aus der Tatsache heraus, daß es in neuerer Zeit keine unpolitische Ethik mehr gibt; dann direkt, in der Folge der eingeschlossenen pazifistischen Tendenz, und drittens als Verharmlosung, denn man kann diese Einstellung ohne den Glauben an die Güte des Menschen nicht festhalten. In eben diesem Sinne hatte Cabet (gest. 1856) gesagt: »Es ist unmöglich zuzugeben, daß die Bestimmung des Menschen darin bestehen soll, auf dieser Erde unglücklich zu sein, und wenn man bedenkt, daß er wahrhaft gesellig ist, und folglich mitfühlend und empfindsam, kann man nicht zugestehen, daß er von Natur böse sein soll.« Wer das Recht des auf sich selbst gestellten Menschen für ein unbedingtes erklärt, fühlt in der Linie der Selbstvergötterung des Menschen, und diese Ideen haben dann, obzwar dem Jahre 1789 angehörig, keine innere Abgrenzung von der Religion mehr. Im Bereich dieser flüssigen Übergänge operieren die progressiven Formen des heutigen Christentums. Übrigens betonte Sombart, an dessen Gedanken wir hier anknüpfen, daß »der heutige Bolschewismus heroisch ist, weil er nicht für das Wohl von Individuen, sondern für eine Idee, eine ›Sache‹ kämpft. Er nennt diese seine ›Sache‹, für die er bereit ist, in den Tod zu gehen, die rote Republik, Rußland, die Weltrevolution« (97).

Götz Briefs knüpfte an Sombart an, er zerlegte zunächst den Begriff des Massenlebenswertes in drei Momente, nämlich

1) Die Bewertung des Lebens als der Güter höchstes. Dies ist der Fundamentalsatz des sozialen Eudaimonismus, der über den antiken, rein individuellen hinauszielt und an dessen kulturgeschichtlicher Herkunft kein Zweifel besteht. So hat F. Jonas (Zum Problem des Kommunismus bei Babeuf, in: Der Staat 4/1965) gezeigt, wie in dem Augenblick, da die ständige Existenznot der Menschen der Agrargesellschaft verschwand und die Industrie in England bereits in das Stadium des sich aus sich selbst speisenden Fortschritts überging, man in Frankreich das Recht auf Existenz zum obersten Recht erklärte; damit wird die dem Leben eigene Dynamik und Steigerbarkeit des Lebens in einen engen Kanal gezwungen, und zwar notwendig in innergesellschaftliche Ziele hinein: des Wohlstands, der Güterverteilung, der Freiheit usw.

2) Ferner unterscheidet Briefs von diesem summum bonum noch die Anforderung von möglichst vielen Nutz- und Annehmlichkeitswerten für möglichst viele. Das ist das »Glück« im Sinne der Formel von Babeuf, »Das Glück für alle, gleichmäßig verteilt unter alle«. Nur die lenkbarsten, d.h. hautnächsten Glücksquellen können unter alle gleichmäßig verteilt werden.

5. Physiologische Tugenden

Und als drittes Moment des Massenlebenswertes hebt Briefs die *Ethisierung* dieses Komplexes Lebensglück noch einmal ausdrücklich heraus. Aus ihr folgt die moralische und somit öffentlichkeitsfähige Disqualifizierung derjenigen Mächte, die einer solchen Glücksmaximierung im Wege stehen könnten, und bei der zunehmenden Anhebung des Nullniveaus der Ansprüche und ihrer Selbstverständlichkeits-Grenze, sowie umgekehrt der Schwellensenkung für Reize, die als angenehm oder unangenehm empfunden werden, gelten dann schließlich Kleindifferenzierungen als untragbar, die seit Jahrhunderten niemandem aufgefallen waren, oder es wird ein mühsames Geschäft, sie zu behaupten. So wurde es im September 1967 zu einem Problem, ob Putzfrauen mit Generälen denselben Fahrstuhl benutzen sollten, und ein Staatssekretär entschied den Sieg der ersteren. Auch beeilen sich Staat und Kirche um die Wette, belastende Ansprüche aufzuheben oder herabzumindern. Wer sich in die Vorstellung der Ethisierung des Wohlstandes voll eingelebt hat, findet dann wohl die Behauptung Bertrand Russells einleuchtend, daß nichts das moralische Niveau einer Gesellschaft mehr hebe, als wachsender Wohlstand – ein Satz, der weit mehr für die Noblesse seines Urhebers spricht als für seine kriminalistischen oder kulturhistorischen Kenntnisse. Das Gegenteil wäre wohl leichter zu verteidigen. Mit einem Wort, die Versorgung mit Glück ist zu einer ethischen, zuerst an den Staat gerichteten Forderung geworden, und schon Condorcet hatte gemeint: »Die Verpflichtung der Menschheit gegenüber den Ungeborenen besteht nicht darin, ihnen das Leben zu gewähren, sondern das Glück« (Esquisse d'un tableau historique, X). Auch hier setzt die Radikalisierung dieses Ethos, wie immer, Aggression frei, nur mit dem Unterschied, daß eine solche diesmal gerade nicht sozial neutralisiert, d.h. in Askese als sacrificium umgesetzt werden kann.

Über die historische Herkunft dieser Evidenzen sagte Briefs sehr richtig, es handele sich dabei gar nicht um ursprünglich proletarische Formeln, wie Sombart gemeint hatte, sondern um bürgerliche. Diese kamen zuerst aus dem Munde der gebildeten Schriftsteller des 18. Jahrhunderts, die zwar oft adlige Namen trugen, aber als Schrittmacher der Aufklärung den Interessen des dritten Standes dienten: »Die Natur sagt uns mit der herrschenden Stimme der Bedürfnisse und Wünsche, daß mein Ziel hier auf Erden mein Wohlsein (bien-être) ist« (V. R. de Mirabeau, Eléments de la philosophie rurale, 1767; zit. Irene Oswalt, Das Laissez-faire der Physiokraten, Diss. Freiburg 1961).

Insoweit waren das Ideologen und Theoretiker, aber die Realität kann die Utopien einholen und sie zu gedankenlosen Gewohnheiten machen; schließlich waren es die Maschinen, die statt der feudalen Freiheit Weniger die verfassungsmäßige Freiheit Vieler ermöglicht haben. Die Lehre vom Lebensglück braucht keiner mehr zu verkünden, weil alle sie leben. Jedenfalls solange, bis die Verflechtungen von Staat und Wirtschaft soweit gediehen sind, daß die großen privilegierten Gruppen herrschen und folglich die Freiheit aus den Lücken im Plan oder in den druckschwachen Winkeln der Gesellschaft besteht. Sie sucht dann anarchische Auswege.

Wir zeigten oben schon, daß der Übergang zum Kommunismus in der Ethisierung des Diesseitsglücks angelegt ist, allerdings im Sinne eines bloß abstrakten, sozialutopischen Kommunismus: »Das Recht auf Eigentum, sagte Ph. Buonarroti, wird ersetzt durch das Recht jedes Individuums auf ein ebenso glückliches Dasein wie das aller anderen Mitglieder der Gesellschaft« (1828, zit. F. Jonas, Aspekte des Entwicklungsproblems in Industriestaaten, Schmollers Jhb. 3/1963, 324). Derartige Sätze wirken heute außerordentlich progressiv, denn in ihnen wird stillschweigend der Staat als Vermittler des Glücksanspruchs der vorausgesetzten, ihm vorgeordneten Gesellschaft angesetzt. So hatte der merkwürdige Morelly im »Code de la nature« (1755) außer den später so durchgreifenden Postulaten nach Gemeinschaft des Eigentums, des Rechtes auf Arbeit und der absoluten Gleichheit auch noch die Allmacht des Staates gefordert; teils als eine Maschine, die jene Güter als Tatsachen produziert, und teils in Verlängerung der schon zu seiner Zeit vorhandenen Einstellung der Bevölkerung, von der Tocqueville (Œuvres cpl. IV, 104) berichtet, sie wende sich bei jeder Gelegenheit an die Regierung (d.h. damals an den Intendanten) und scheine von ihr allein den Unterhalt zu erwarten, halte sich bei allen Unglücksfällen und Notlagen an sie und werfe ihr sogar die Ungunst der Jahreszeit vor.

Die aus der Ethik des Massenlebenswertes an den Staat zu richtenden Ansprüche sind bekanntlich unbegrenzbar und in sich nicht widerspruchsfrei, sie setzen ihn unter einen nicht mehr kontrollierbaren Sozialdruck, und schließlich soll er möglichst viel leisten, um den

Wohlstand Aller zu garantieren, und zugleich möglichst verschwinden, um die Freien mit Pflichten zu verschonen; so wird er immer allgegenwärtiger und zaghafter.

Wenn Dilthey (Die drei Epochen der mod. Ästhetik, S. W. VI, 243) vom Jahre 1830 sagte, daß damals wie 1848 die Tritte der herannahenden Kolonnen deutlich vernommen wurden, welche die Umgestaltung der europäischen Gesellschaft nach den Prinzipien der gänzlichen Diesseitigkeit und Erdenbedingtheit des geistigen Lebens herbeizuführen gedachten, dann sah er noch nicht den kommenden Vorrang des Sozialen vor der Politik der Größe – und eben dazu sind die Russen offenbar nicht bereit. In Diltheys martialischem Bild erscheint noch die Ahnung, daß der Gewaltgebrauch nach innen der radikalen Ethik des Wohlstandes nicht fremd ist, denn die Radikalisierung jeder Ethosform enthemmt Aggressivität – so wie selbst Christus sagte, er sei nicht gekommen, den Frieden zu bringen, sondern das Schwert. In den Zusammenhang des Masseneudaimonismus gehört noch die Bemerkung der Mme. de Staël (De l'Allemagne III, 4.), es gäbe nur zwei wirklich dauerhafte und reelle Dinge: die Gewalt und das Wohlleben; demnach wohl zwei Fundamental-Wissenschaften, die Taktik und die Gastronomie.

Die ethische Auszeichnung des Wohlstandes trat übrigens beim europäischen Bürgertum, das von Wertungen ganz anderer Herkunft, zumal religiösen und aristokratischen, tief imprägniert war, nicht ungemischt zutage, vom Proletariat, oder genauer von dessen Wortführern wurde sie aber ganz bejaht und radikalisiert, zumal echte und unleugbare Notstände den unüberhörbaren Anspruch auf Teilnahme anmeldeten. So kamen, wie Briefs sagt, diese Einstellungen »aus der wohltemperierten Atmosphäre der bürgerlichen Lebenssituation in die tiefere Lebenssphäre des untemperierten Proletariats«. Dann folgt der Satz: »Hier zeigte es sich nun im breiten Ausspiel der Folgen, daß das bürgerliche Ethos und die bürgerliche Gesellschaft kein allgemeines Ethos und keine allgemeine Idee sein können.«

Diese merkwürdigen Worte veranlassen eine besondere Überlegung, sie können auf verschiedene Weise verstanden werden, und zwar jeweils mit guten Gründen. Jenes Ideal des größten Glücks der größten Zahl und des Massenlebenswertes, so könnte man folgern, ist nicht allen Herausforderungen gewachsen, denen eine Gesellschaft sich ausgesetzt sehen kann; denn es sind Situationen denkbar, in denen man mit einer solchen Einstellung ohnmächtig wird oder erblindet. Dächte man sich eine hochentwickelte, politisch aber aufgabenlose und sonstwie hinfällig gewordene Überflußgesellschaft, so würde eine Hypertrophie des privatisierten Wohlstandes schließlich das Organ für die Risiken verkümmern lassen, und die euphorische Mythologie einer Kultur für Alle könnte ihre bekannten Folgen in Richtung der Farce entfalten. Dem frivolen Jargon der Publizisten ließe sich die Sachdeckung kaum noch bestreiten, und man wäre im öffentlichen Leben zuweilen in Verlegenheit, ob karnevalistische oder psychiatrische Kategorien angemessener wären. Wer dann unzeitgemäß auf Risiken aufmerksam machte, stieße wohl auf die Antwort, die in antiker Drastik schon Metrodor von Lampsakos fand: »Es lohnt sich nicht, die Griechen zu retten, sondern essen soll man und Wein trinken.«

Der Satz von Briefs, jenes Ethos könnte kein allgemeines sein, versteht sich noch in anderer Bedeutung. Jede Gesellschaft enthält, wie wir nachweisen, verschiedene, ihrer Herkunft nach heterogene, sogar unter gewissen Umständen nicht zu vereinbarende Verhaltensnormen, weil der ethische Pluralismus tatsächlich besteht. Es gibt eben in der Wurzel verschiedene Ethosformen. Als jene eudaimonistisch-naturalistische Einstellung zur Zeit der Aufklärung im Interesse des Bürgertums entworfen wurde, hatte diese Klasse in weitem Umfang noch Zuflüsse aus ganz anderen Quellen aufgenommen, z.B. Haltungen und Normen des damals politisch noch maßgebenden Adels. Ideale wie Ehre, Großmut und Tapferkeit sind kriegerischer Herkunft, sie wurden in den maßgebenden Kreisen des Berufskriegertums hochgehalten, und die Bourgeoisie hatte sie adoptiert; so duellierten sich vor dem ersten Weltkrieg gelegentlich noch die Führer der plutokratischen Demokratie, wie Caillaux. Auch hatte das Christentum den Idealen der Entsagung und Askese noch nicht in der Tendenz, die Sozialdemokratie zu überbieten, den Rücken gekehrt. Die Mehrheit lebte also, wie immer, auf verschiedenen moralischen Ebenen und innerhalb der dann notwendigen Kompromisse und Unschärfen, während die Wortführer des Proletariats das Ethos des Massenlebenswertes um so vorbehaltloser übernahmen, als es im Klassenkampf polemisch damals noch gegen das Militär und die Kirchen zu verwenden war; zudem schien die oft sichtbare Begrenzung der Lebensbedürfnisse, die Not, der Mangel an Sicherheit und sozialem Status die Expropriation der Ausbeuter zur Forderung der Gerechtigkeit zu machen. Auch darf man nicht vergessen, daß die Bewertung des Lebens als der Güter höchstes die Dramatik der frühzeitigen Sterblichkeit um sich sah, aber schon seit der französischen Revolution die Aussicht auf die Güter der Reichen vor sich. Auch bei der Expropriation (zuerst des Adels) ging das Bürgertum voraus, nach 1789 bildete die Okkupation der Reichtümer der Adligen und des Klerus einen besonders reizvollen Teil der Tugend: »Niemals hat sich eine reichere Beute für den Sieger dargeboten, sagte Desmoulins, 40 000 Paläste und zwei Fünftel aller Güter Frankreichs werden der Lohn der Tapferkeit sein.« »Wie, und Sie leben noch?« sagte der Deputierte Laurençot zu dem Besitzer, als er die Schönheit des Schlosses Cheverny gewahrte. Nach Napoleon (Mém. de St. Hélène, 3.9.1816) hat die Revolution darin bestanden, »den Inhabern aller Stellen, den Eigentümern aller Chargen und den Besitzern aller Vermögen zu sagen: entfernt euch«.

Hier ist Raum für eine Erinnerung an die wohlbekannte Grausamkeit der reinen Tugend – ein Sonderfall der steigenden Aggressivität bei Alleinherrschaft eines der ethischen Impulse: Es gibt nicht nur den blutigen Staatsmann, es gibt auch die borniert egoistische Kleinfamilie und den giftigen Pazifisten. Wer die »Realisierung« einer Idee anstrebt, wird leicht die realen Widerstände als unmoralisch empfinden, als Unebenheiten der Wirklichkeit, die man mit der Guillotine abschleifen muß. Weniger drastisch tritt die sanfte, nachdrängende Inständigkeit in Erscheinung, mit der die Guten den ihnen im Wege Stehenden die Wurzeln abgraben. So sagte der Theologieprofessor Joh. B. Metz aus Münster: »Wenn christliche Liebe sich gesellschaftlich mobilisiert als unbedingter Wille zur Gerechtigkeit und Freiheit für die anderen, dann kann unter Umständen gerade diese Liebe selbst revolutionäre Gewalt gebieten« (Der Spiegel 8.5.1967). Das ist die Argumentation Arnold Ruges (Zwei Jahre in Paris, 1848, 167f.) gegen die Luzerner Bauern, die ihre Jesuiten behalten wollten, wozu Ruge sagte, man habe kein Recht, sich gegen die Wissenschaft und Bildung unserer Zeit aufzulehnen. »Ein Gesetz aber, welches diese Bildung von allen Bürgern forderte, wäre nichts als der Ausdruck der Freiheit. Wo die Welt vernünftig organisiert ist, da darf niemand sein Kind weder zur Roheit noch zur Opposition gegen die Aufklärung erziehen lassen ... die Gewalt ist nicht roh, welche die Roheit aufhebt.« Noch kürzer drückte es Robespierre aus: »Der Schrecken ist kein besonderes Prinzip für sich, sondern nur der Ausfluß der Tugend.« Als man in London Hochhuths Stück »Die Soldaten« spielen wollte, in dem Churchill den polnischen Exilchef Sikorski umbringen läßt, bemühte sich der Chefdramaturg des National Theatre, Tynan, um eine Beruhigung der Gemüter mit den Worten: »Das Stück sagt aus, daß es im Namen der Menschheit oft notwendig ist, Aktionen zuzustimmen, die manchen Leuten unmenschlich vorkommen.«

Solche Erscheinungen sind kleine, beleuchtende Blitze. Die Geschichte stellt immer wieder die extremen Situationen her, in denen das Richtbeil mit unermüdlichem Pflichteifer hinter der reinen Gesinnung herwandelt, denn dann polarisieren sich die Ethosformen, und die dadurch enthemmte Aggressivität erweist sich oft als die einzige Möglichkeit, aus verwickelten und verketteten Umständen Anfangszustände zu machen. Der einstweilige Nutznießer des Ideals, das zum Versuch der Realisierung sich noch nicht stark genug fühlt, heißt der »Kritiker«; die Kritik ist die unterste Eskalationsstufe der Aggression. Im übrigen ist sie, wie Hebbel (Tageb. 6295, 27.1.1863) sagte, »oft die Frucht und stets die Ursache einer niedrigen Denkweise in jedem Gemüt, welches sich dauernd damit beschäftigt«.

Daß das bürgerliche Ethos oder das proletarisiert bürgerliche kein allgemeines sein könne, wie G. Briefs behauptete, läßt sich noch in einer dritten Anwendung bejahen. Wenn man die Klassenschichtung ansieht, dann findet man oft die Erscheinung einer moralischen Spannungs-Symbiose, indem jede Klasse kraft des Vorhandenseins der anderen und unbeschadet des meist artikulierten Gegensatzes zu ihnen ihre Lebensweise und ihr Ethos voll ausgestalten kann. So hatte die mittelalterliche Trennung der ritterlichen, mönchischen, bürgerlichen und bäuerlichen Daseinsform trotz aller gegenseitigen Störungen doch den Effekt einer sozusagen ethischen Arbeitsteilung, ja man kann fragen, ob nicht der Nutzen akuter Klassengegensätze in der Erhaltung eines Spannungspotentials und damit der moralischen Energien bestand. Ähnlich dachte anscheinend Sorel (Über die Gewalt, dt. 1928, 256): »Die hohen moralischen Überzeugungen stehen in Abhängigkeit von einem Kriegszustand, an dem die Massen willig teilnehmen«. So wird Schumpeters Ansicht doppelt plausibel, nach der die »schützenden Schichten« des Adels das Bürgertum bedrückt, aber auch abgestützt hätten. Das aristokratische Element habe (Kapitalismus, Sozialismus und Demokratie, 1950, 222) genau bis zum Ende der Periode des intakten und lebenskräftigen Kapitalismus das Regiment geführt, als das stählerne Gerüst einer arbeitsteiligen Struktur wirkend, in der sich das Bürgertum umgekehrt seinen wirtschaftlichen und wissenschaftlichen Interessen zuwenden konnte. Man kann sagen, daß es sich in seinen liberalen Flügeln während der Zeit des kaiserlichen Deutschland sogar den Luxus leisten konnte, dieses Gerüst selbst anzubohren – »aber ohne Schutz irgendeiner nichtbourgeoisen Gruppe ist die Bourgeoisie politisch hilflos und unfähig, nicht nur die Nation zu führen, sondern auch nur für ihre besonderen Klasseninteressen zu sorgen« (225). Man erstaunt über so klare Formulierungen, findet sie aber schon früher bei Lorenz v. Stein an derselben Sache: »Denn der Bürgerstand, der Stand des herrschenden Einzelinteresses, ist ebendadurch stets in sich zersplittert und zerfahren; er ist eine ungeheure Macht, wenn er ein Organ als seinen Führer hat (v. Stein denkt hier an den König), eine geringe, wenn er sich selbst überlassen ist. Er hat nicht die Fähigkeit, aus sich selbst heraus jene Unterwerfung unter ein Organ zu erzeugen, weil seine auseinandergehenden Interessen auch die Persönlichkeiten auseinandergehen lassen ... wird ihm daher sein altes Organ genommen, so ist er als Ganzes wehrlos ...« (Geschichte der sozialen Bewegung in Frankreich, 1850, Neudr. 1959, 287). Die Bourgeoisie, könnte man sagen, hatte ihre beste Zeit kurz vor ihrem vollständigen Siege, sie folgte hierin dem Geschichtsgesetz »Es ist später, als du denkst«: die gegnerischen Kräfte standen zwar noch, aber an der Gegnerschaft hielt es sich selbst hoch. Damals konnten die bürgerlichen Berufstugenden, die aus der Handwerkertradition stammten, mit höchstem Erfolg in Wissenschaft, Technik und Industrie umgesetzt werden, in die Genauigkeit und Sorgfalt der Arbeit, in die Gediegenheit der Lebensführung und Leistung; noch waren die bürgerliche Parkettschwere, Pedanterie und Empfindlichkeit im öffentlichen Leben wenig merkbar. Vielleicht wird man auch von der Arbeiterschaft einmal sagen, daß sie moralisch am besten in Form war, als sie noch nicht Partner hatte, sondern Gegner.

In den letzten Überlegungen berührten wir Fragen der schichtenspezifischen Ethik und der sozialmoralischen Klassenunterschiede.

Sofern Klassen objektiv scharf getrennt sind, kann man sie als »Institutionen« ansehen, sie unterscheiden sich dann auch moralisch im Zusammenhang ihrer objektiven Lebensbedingungen und wären insofern im Kapitel 7 zu behandeln. Dagegen hat das Nivellement zu einem großen, in Lebenshaltung, Einstellung und Erwartungen annähernd gleichartigen Mittelstand, ein Erzeugnis der Industriekultur, im Westen die naheliegende Folge, daß ethische Gegensätze unter die Äußerungsschwelle gedrückt und damit subjektiviert, zu privaten Vorbehalten gemacht werden; folglich verlieren sie an Artikulation, aber nicht an stummer Penetranz. Den Raum der Öffentlichkeit besetzt dagegen die Ethik der Publizisten mit ihrer Intellektuellen-Moral, die zwar selbst gruppenspezifisch ist, sich aber als die allgemeine Wahrheit ausgibt. Ein aggressiver Humanitarismus ist, wie bereits in den ersten Kapiteln gezeigt wurde, hierbei ein wesentlicher Bestandteil, er kommt im nächsten Kapitel zur Sprache.

Der ganze Gedankengang dieses Kapitels bliebe aber ohne die Einsicht in die Wirksamkeit gegenläufiger Antriebe allzu fragmentarisch. Dann muß die Sprache auf die immer noch rätselhafte Askese kommen, die zu allen Zeiten Bewunderung erregt hat und die zuletzt doch nur als eine Bewegung in der »Gegenrichtung« aufgefaßt werden kann. Wir haben in einem Vortrag in St. Gallen im Jahre 1952 (in: Anthropologische Forschung, ^{6}1968, 55ff.) über die Askese in dreifacher Bedeutung gesprochen, als Stimulans, Disciplina und Sacrificium, und glauben, daß für eine Grobeinteilung diese Begriffe immer noch praktisch sind, wobei das innere Band vielleicht nur darin besteht, daß die jeweils früher behandelte Stufe in der nächsten aufgehen kann. Auch mag man die Unfertigkeit des Gedankengangs mit dem Dunkel entschuldigen, das auch in der Physiologie über dem ganzen Gebiet der Hemmungsprozesse und Hemmungsregulationen noch schwebt.

1. Askese als Stimulans

»Was die Glücksgüter betrifft, wenn die Gesellschaft einmal die Verpflichtung erfüllt hat, ihren Mitgliedern das Notwendige und die Existenz durch die Arbeit zu gewähren, so begehren die Freunde der Freiheit danach nicht. Aristides würde Crassus nicht um die Schätze beneidet haben, es gibt für reine und erhabene Seelen kostbarere Güter.« Man tut Robespierre, der dies sagte (zit. H. Delbrück, Erinnerungen, Aufsätze, Reden 1902, 288f.) mit der Annahme nicht Unrecht, daß sich bei ihm der Verzicht auf ablenkende Reize in eine Steigerung des politischen Fanatismus umsetzte, die ihn befriedigte. Der Asketismus ist dann instrumentell, die Hemmungsleistung bringt eine Konzentration und Intensitätssteigerung des Gefühls der Präsenz und Selbstmacht mit sich. Die kulturgeschichtlich sehr frühen Praktiken der Asketeübungen von Schamanen passen hierher, sofern in ihnen eine »magisch« auszuwertende Steigerung des Allmachtsgefühls erreichbar schien. Max Weber verbreitete sich in seinen bekannten Studien über Hinduismus und Buddhismus (1921) ausführlich in demselben Sinne: »Der Ursprung der klassischen Askese war hier wie überall die alte Praxis der Magier-Ekstase in deren verschiedenen Funktionen, und ihr Zweck dementsprechend ursprünglich durchweg: die Erlangung magischer Kräfte. Der Asket weiß sich im Besitz von Macht über die Götter. Er kann sie zwingen, sie fürchten ihn und müssen seinen Willen tun ... durch hinlängliche Grade außeralltäglicher asketischer Leistungen kann man schlechthin jede Wirkung erzielen.« Diese sehr primitiven Gewißheiten liegen doch wohl noch auf einer Linie mit den viel späteren sublimierten Okkupationen von »Ideen« und den beglückenden Erweiterungen des Ichgefühls, die dennoch konzentriert sind, von denen die »reinen und erhabenen Seelen« befallen werden. Die gemeinsame Erfahrung, welche die Askese empfiehlt, läge darin, daß die »Gewinnung höherer Macht durch hemmungslose Hingabe an die Fülle der Lebensgüter verhindert wird« (Art. Askese in »Religion in Geschichte u. Gegenwart«, 1957, 1/639). Die Bedürfnislosigkeit eines Kant oder Descartes, sagten wir an anderer Stelle, war sicher eine Bedingung ihrer inneren Freiheit, und von hier aus verallgemeinernd kann gesagt werden, daß zu den Stabilisierungsbedingungen einer geistigen Produktivität stets irgendein Grad der Enthaltung gehört, und bestünde sie nur in der Konzentration der Lebensführung, in dem Verzicht auf facilités, in der Ablehnung distrahierender Reize oder in der Flucht vor zwecklosen Bekanntschaften, Gesprächen und Öffentlichkeiten.

Es ist nicht zu verkennen, daß mit dieser Konzentration auf wenige Motive eine beachtliche innere Entlastung einhergeht, deren freigesetzte Energien zum Glücksgefühl beitragen.»Das Irrationale in den gesellschaftlichen Zuständen wird dem zur Qual und Pein, der verzweifelt, zu ihrer Besserung beitragen zu können. In solchen Zeiten tritt die Erscheinung auf, der wir bei Dion (Chrysostomos, gest. um 117) begegnen, daß Declassierung, d. h. Herabsinken in eine tiefere Schicht der Gesellschaft als Befreiung begrüßt wird«. So v. Arnim (Leben und Werke des Dio von Prusa, 1898) über diesen Rhetor, der gelegentlich aus der Öffentlichkeit verschwand, um als Gärtnerbursche, Badediener oder gar als Bettler eine Weile unterzutauchen.

Der Sinn dieses Verhaltens bestand wohl in der gelegentlichen Abstoßung von widerspruchsvollen psychomoralischen Beanspruchungen und Reizmassen, um damit eine Steigerung der persönlichen Intensität in der Konzentration auf einfache Pflichten zu erreichen. Hier wird sozusagen die eigene Identität stimuliert, wohl im Sinne der sehr alten Erfahrung, daß durch Einschnürung der Angriffsfläche für Außenreize spirituelle und intuitive Kräfte freigesetzt werden. Stellt man nun diese zugleich erhöhte und vereinfachte, damit auch zur Radikalisierung bereite Präsenz in den Dienst gesellschaftlicher Zwecke, so wird die

2. Askese als Disciplina

erreicht. Benedetto Croce äußerte einmal (Italia nostra, 27. Dez. 1914) die Hoffnung, daß Deutschland den übrigen Völkern ein Beispiel und Vorbild geben werde; er glaube, daß die deutschen Sozialisten, die sich mit dem Staat und mit seiner eisernen Manneszucht (!) völlig eins fühlten, die wahren Bahnbrecher der Zukunft ihrer Klasse sein würden. Croce konnte das zu jenem Zeitpunkt ohne Absurdität sagen, weil in der Tat dasselbe Dienst- und Pflichtethos, dem Preußen seinen Ruhm verdankte, in die Fundamente des Deutschen Reiches und damit ebenso in die einer Partei eingegangen war, die damals das von allen Sozialisten der Welt bewunderte Vorbild von Organisation, Disziplin und Geschlossenheit hergab. Wir können uns auf dieses Beispiel beschränken, denn man weiß, daß zu allen Zeiten der Dienst an einer *organisierten* Gemeinschaft einen unvergleichbaren Erfüllungswert auch für die Sinnfrage hatte, über das Sollen hinaus. Sich von den Institutionen konsumieren zu lassen gibt einen Weg zur Würde für jedermann frei, und wer seine Pflicht tut, hat ein Motiv, das von jedem anderen her unbestreitbar ist. Es ist nicht »jede Moral Entsagung und nichts anderes«, wie Oswald Spengler meinte (Jahre der Entscheidung, 1933, 94.), denn hier zeigen wir ja die Vielheit letzter Instanzen auf, aber die Institutionen dürfen Forderungen stellen, weil sie uns aufrecht halten; die Menschen nach ihrer Natürlichkeit können sich bloß gegenseitig ins Endlose relativieren. Und wenn der Zeitgeist eine Emulsion aufgelöster Einrichtungen zusammenbrauen will, dann hat man ihm zu widerstehen. Im Zeitalter des Im-Stich-lassens gibt es kaum eine Schuld, die nicht schon durch Treue versöhnt würde. Im übrigen vermöchte ein asketisches Klima gerade auf den Höhen des Staates den hinfälligen Regierungen ein Ansehen zu vermitteln, das die Image-Fabriken vergeblich herzustellen suchen würden, an dieser Stelle übrigens auch gar nicht wollen. Mit dem Zitat von Goethe: »Es gibt im Menschen ein Dienenwollendes« muß man bereits befürchten, sich lächerlich zu machen, wenn man in einer Welt lebt, in der die »Kritik« die Treuepflicht zu übersubjektiven Werten grundsätzlich anräsonniert. Wenn man sagt, der Dienst an den Institutionen sei die »Entfremdung«, so ist das ganz richtig, aber diese Entfremdung ist die Freiheit, nämlich die Distanz zu sich selbst und zu dem, was sich so zufällig im Kopf und Herzen abgelagert hat, wenn diese lange genug den Meinungsmachern ausgeliefert waren. Man mag verpflichtet sein, Meinungen Anderer zu achten, aber selbst welche zu haben ist ein Laster, denn sie sind es, mit denen angebbare Kreise die Auflösung der Institutionen legitimieren, um die Gesellschaft in eine Masse von Particüliers zu verwandeln.

3. Askese als Sacrificium

Emile Durkheim betonte mit Recht, daß der Asketismus nicht eine seltene und fast anormale Frucht des religiösen Lebens sei, sondern im Gegenteil ein wesentliches Element. Wenn man seine primitiveren Formen ausschließt, in denen es zuerst um die Steigerung des Gefühls außeralltäglicher Macht und um die Erreichung magischer Kompetenzen ging, dann imponieren besonders die Mitleidsreligionen als askesegeneigt, so die indischen und das Christentum, das letztere vor allem in der Zeit noch ungebrochener religiöser Vitalität. Der Unterschied zwischen dem, was Aufsichnehmen des Kreuzes hieß (Markus 8, 34.35, wiederholt bei Matth. 16, 24.25 und Luk. 9, 23.24.), und den »virtuosenhaften Kasteiungen der weltflüchtigen Anachoreten« (Max Weber) ist immerhin, der großen Verschiedenheit der Dogmen usw. ungeachtet, in einem zentralen Punkt aufgehoben, denn in beiden Fällen ist die gesamte Lebensorientierung darauf abgestellt, die Berührung mit dem Leiden festzuhalten, und zwar in der Überzeugung, damit zum »Ganzen« des Daseins in Dekkung zu kommen. Anthropologisch und in erster Annäherung liegt der Gedanke nahe, daß die mit der Abwendung von diesseitiger Geschäftigkeit notwendige Radikalisierung und Konzentration des Ethos auf das eigene Heil und das der Anderen eine latente Aggressivität hohen Grades freisetzen muß, die sich den Ausweg in die Wendung gegen den Propheten selbst erzwingt, weil die humanitäre oder mitleidsethische Orientierung ihre direkte Anwendung nach außen schlechthin ausschließt. Die religiöse Askese wäre dann nicht, wie Pareto meinte, aus einer Hypertrophie der Sozialmoral zu verstehen, sondern es handelte sich um ein Selbstopfer als Verarbeitung von Aggressionsmassen, die diese wie jede ethische Absolutheit freisetzte, weil der Inhalt der Offenbarung, anders als im antiken Judentum und im Islam, jeden Gewaltgebrauch ausschließt. Wo von »mortificatio«, vom »Absterben der Wirklichkeit« die Rede ist, bringt sich also in der Tat jemand den Anderen aus liebes- oder mitleidsethischen Motiven zum Opfer dar, und der Gedanke liegt nahe, daß die Hinrichtung Christi nicht ganz ohne sein letztes Einverständnis erfolgte.

Allerdings ergibt sich eine Umdrehung weiter noch ein anderer Aspekt. Geistig gesehen haben die großen Erlösungsreligionen eine »Gesamtschau« vorausgesetzt, in der das Negative als wesentlicher, wenn nicht zentraler Bestandteil nicht fehlte. So wie es im Auge an der Eintrittsstelle des Sehnervs einen blinden Fleck gibt, der nicht sieht, so gibt es auch im Geiste einen blinden Fleck: aber hier sieht er das Nichts. Die hochreligiöse Evidenz scheint eine Vorstellung vom Leben selbst vorausgesetzt zu haben, die rein anschaulich, als Integral der Lebenserfahrung, gewonnen wurde und die die Berührung eines leidensfähigen Herzens mit dem unmittelbaren Eindruck vom Charakter dieses Lebens in seiner Nichtigkeit wiedergab. Da nun Schopenhauer der letzte bedeutende Philosoph ist, der eine solche Gesamtwahrnehmung zu zergliedern und zu vermitteln suchte, so findet sich auch in den Schlußkapiteln seines Hauptwerkes in der Lehre von der Verneinung des Willens dieser Begriff einer dogmenlosen, historisch unvermittelten, asketischen Religion. Der Drehpunkt der Umkehr des Willens wird mit den folgenden Worten umschrieben: »Er erkennt das Ganze (!), faßt das Wesen desselben auf und sieht, wohin er auch blickt, die leidende Menschheit, die leidende Tierheit, und eine hinschwindende Welt.« Diese Erkenntnis nannte er ausdrücklich »intuitiv« und lehrte, daß erst ein solcher Blick auf das Ganze der Erfahrung das Motiv zur Umkehr hergäbe. Die Realität, die von der Askese als Sacrificium festgehalten wurde, und mit der sie in dauernder schmerzlicher Berührung zu bleiben suchte, war natürlich im Kern der rückwärts gewendeten Aggression der Tod. Kein Mann, meinte noch William James, ist wahrhaft erzogen, der nicht mit dem Gedanken an Selbstmord gespielt hat. Der sehr deutliche Eindruck, daß die gegenwärtige Religiosität diese todesbezogene Verschärfung hinter sich hat, läßt die Vermutung aufkommen, der Blick auf das »Ganze« sei nicht mehr möglich. Das zivilisierte Bewußtsein ist aufgeteilt in Sachgebiete wie Gesellschaft, Beruf, Kunst, Politik, Sport usw., wobei die Religion als Kulturzweig neben anderen erscheint, und der laute Kulturbetrieb höhlt die Glaubensfähigkeit aus: »In das Hirn des armen Mannes die Erzeugnisse einer dekadenten aristokratischen Kultur auszuleeren, wird vielleicht deren Auflösung beschleunigen, aber nicht der Same für Besseres sein« (G. Santayana). Bald wird man nicht mehr verstehen, wie der alte Clémenceau sagen konnte: »Von Zeit zu Zeit muß man sich über den Abgrund beugen, um den Atem des Todes einzuatmen, dann kommt alles wieder ins Gleichgewicht« (Martet, Clémenceau spricht, dt. 1930, 122).

6. HUMANITARISMUS

Unter dem Titel »Physiologische Tugenden« haben wir im vorigen Kapitel einige Auslöser-Regulationen von mehr oder weniger zuverlässiger Leistung versammelt; dann aber auch das »Lebensgefühl« (Max Scheler) behandelt, ein mitgehendes Einstimmen in die Wohlgeratenheit und Gesundheit. Erst der neuere Zusammenhang der massenhaften Gütererzeugung mit medizinischen Fortschritten hat im Bunde mit einer lebensbejahenden Hochschätzung der Vitalität überhaupt ein solches Lebensgefühl zur Sollforderung und endlich die Steigerbarkeit des Wohlstandes zu einer öffentlichen Forderung gemacht. Diese Ethisierung des Massenlebenswertes konnte nur in der neuen Industriekultur zu einer Selbstverständlichkeit werden, nicht vorher in den endlosen Perioden mehr oder weniger chronischer Notlagen und Volkskrankheiten. So sind die »vitalen Werte« (in der Sprache Schelers) zu ethischen Forderungen geworden, sie »sollen« verbreitet werden, und wegen ihrer Lenkbarkeit erlauben sie erfolgreiche, an den Staat gerichtete Ansprüche.

Daß der *Humanitarismus* oder die zur ethischen Pflicht gemachte unterschiedslose Menschenliebe von dem Masseneudaimonismus zu unterscheiden ist, auch wenn beide sich heute aufs engste verbunden haben, geht schon aus seiner antiken Herkunft hervor. Dagegen kam der Masseneudaimonismus als Idee, noch nicht als lebensfähige Realität, erst in der Aufklärungszeit zutage und fand damals schon die Amalgamierung mit Vorstellungen von allgemeiner Gleichheit. Der Humanitarismus kann mit und ohne Begleitung religiöser Motive auftreten, er ist, wie wir auch schon sahen, auf Weltverkehr und Großimperien bezogen und durchaus politisch, wenn seine Demut als Herrschaftsmittel kluger Minderheiten brauchbar ist, die vorhandene Exklusivrechte unterlaufen, die Oberklassen moralisch entwaffnen oder dem präsumtiven Weltherrn sich andienen wollen. Für großimperiale Ambitionen ist er deshalb bis zu einem gewissen Grade bündnisfähig. Da dem Christentum von vornherein ein humanitäres Ethos eingelagert war, nahm es auf dieser Brücke in neuerer Zeit die Wohlstandsethik in sich hinein, sobald die materiellen Bedingungen deren Realisierung erlaubten, und am entschiedensten natürlich im Protestantismus, der dringend nach Haltegriffen im

Strom der Zeit sucht. Daher sehen wir heute überall die alten, vorhin besprochenen asketischen Motive sich verflüchtigen, wie auch andere nicht sozialisierbare Themen, zumal das der Prädestination und der Gnade. Hebbels Satz »Religion ist erweiterte Freundschaft« (Tageb. 492, Dez. 1836) bezieht sich auf den ethischen, nicht den dogmatischen Gehalt und wird immer richtiger, je mehr der letztere in den Hintergrund tritt.

Das Aufkommen des Humanitarismus läßt sich in der Spätantike gut beobachten. Nach endlosen, mit äußerster Grausamkeit geführten Kämpfen und Ausrottungen, nach dem Aufstieg und Niederbruch immer neuer Reiche und Herrschaften, nach wechselseitigen Abschlachtungen, bei denen Staaten- und Bürgerkriege ununterscheidbar wurden, hatte sich im 4. Jahrhundert die Friedenssehnsucht ausgebreitet, den großen Handelsräumen folgend. Das Alexanderreich setzte die An- und Ausgleichung von Hellenen und Barbaren im Lösungsmittel der griechischen Kultur ins Werk, den neuen Gottkönigen und Weltherrschern konnte eine zugleich apolitische, pazifistische und überall kursfähige Ideologie nur genehm sein; derselbe Vorgang wiederholte sich später noch einmal, als es darum ging, das römische Imperium mit dem gleichen Geist zu imprägnieren. Arnold A. T. Ehrhardt (Polit. Metaphysik von Solon bis Augustin, 1959) sagt deshalb, die mittlere Stoa zur römischen Zeit habe den politischen Führern der damaligen zivilisierten Welt die Aufgabe zugewiesen, das Licht der hellenischen Zivilisation über die ganze Erde zu verbreiten. Licht der hellenischen Zivilisation bedeutet natürlich: die Ethik und Ideologie ihrer Wortführer. Diese aber hätten sich kaum so durchdringend zur Geltung gebracht, wäre ihnen nicht die Mentalität großer Teile der Bevölkerung entgegengekommen. Das brachte die Realität in die Theorie. Schon im eigentlich griechischen Raum wurde im 4. Jahrhundert die Kriegführung humaner, Städtezerstörungen und Massaker seltener, man ließ Gefangene auch ohne Lösegeld frei. Parallel mit dieser Änderung stieg der Einfluß der Frauen, in Athen konnten sie ohne Anwalt vor Gericht plädieren, die Schuldhaft wurde abgebaut. Das Alexanderreich sah wachsenden Reichtum, Banken, Mietshäuser, Theater breiteten sich bis in die kleinsten Städte aus, der Hafenzoll zu Rhodos warf eine Million Drachmen ab.

Der nach Alexandrien geflüchtete Kleomenes von Sparta erhielt eine Pension von 144 000 Drachmen – zweihundertfünfzig Jahre vorher hatte man den Pausanias noch im Tempel eingemauert und verhungern lassen. Alle denkbaren Wissenschaften wurden betrieben, die Emanzipation begann: Damen ließen ihre Wagen in Olympia laufen, in Ägypten wie in Sparta waren sie Grundbesitzerinnen, sie schrieben Bücher und gründeten Clubs. So hält sich im Umkreis erst der hellenistischen Kultur, dann des römischen Reiches das Ideal der Menschenfreundlichkeit als öffentliche Meinung, zur Zeit Domitians ist Dion Chrysostomos »ganz durchdrungen von dem Humanitätsgedanken, wie die Kyniker und Stoiker hält er die Unterschiede der Menschen mit Ausnahme der sittlichen für nichtig: das ganze Menschengeschlecht ist achtenswert und gleich vornehm« (v. Arnim). Unter dem Einfluß der stoischen Ethik drangen philanthropische Tendenzen vor, das Leben des Sklaven, die Ehre der Sklavin wurden durch immer neue Gesetze geschützt; der Staat begann sich sozial zu betätigen, indem er arme Kinder verpflegte, bei Bankrotten und Konfiskationen schonte man das Existenzminimum der Angehörigen, ein ungemeiner Fortschritt im Vergleich zu der eisernen Härte des alten Schuldrechts. Trajan wünschte, daß man den Christen nicht besonders nachspüren solle, so verdächtig sie seien, und keinen unterschriftslosen Anzeigen nachgehen. Ulrich Kahrstedt (Geschichte des griech.-röm. Altertums, ²1952) beschreibt uns, wie vom Philosophenkaiser Marc Aurel abwärts aus allen Schichten derselbe Ton klingt: Milde, Mäßigung und Frömmigkeit tun not, niemand ist frei von Sünde, niemand werfe einen Stein auf den Nächsten. Die Eroberer und Feldherren waren Verirrungen auf dem Wege zum wahrhaft Guten – hundert Jahre später allerdings mußte Aurelian gegen die Barbaren schon die Hauptstadt selber ummauern, und von geordneten Finanzen war keine Rede mehr, der einfache Zugriff auf Sachwerte ersetzte sie. Aber die Liebe zur stummen Kreatur klang auf, die Tempelverwaltungen verlegten Prozessionsstraßen, deren Steilheit für die Zugtiere eine Qual war. Im Jahre 1961 wurde ein Taxifahrer in Köln wegen Tierquälerei zu 70 DM Geldstrafe verurteilt, weil er mit seinem Wagen in einen Taubenschwarm geraten war und drei getötet hatte. Auf ihr Verhalten hätte er sich einstellen müssen, sagte der Richter (Der Spiegel 7/1961).

Schon Georges Sorel fand, daß die Grundideen der modernen Moralisten aus der griechischen Verfallszeit stammten, man befände sich hier auf dem Felde der Konsumentenmoral. Allerdings einer geistig abgestützten, der Einfluß der hellenistischen Philosophen und Rhetoren, die als Hauskapläne der Magnaten oder auf dem Markt die Macht des Wortes wirken ließen, ist nicht zu unterschätzen, und vielleicht ahnten manche Machthaber, daß sie in sanfter Form entwaffnet würden, wenn man ihnen die Interessen der Unterworfenen als die der Menschheit ans Herz legte. Jedenfalls fand sich unter dem Einfluß der Stoa auch Cicero zu umwegigen Begründungen genötigt, die in jenes Vokabular paßten, wenn er sagte, man habe sich schon durch die Verteidigungskriege für die Verbündeten die ganze Welt angeeignet (Rep. 3,35).

Die politischen Autoren wie Sorel sind daher geneigt, das humanitäre Ethos unter die Merkmale der Dekadenz zu zählen, wobei das schwer definierbare, aber unentbehrliche Wort Dekadenz etwas wie den inneren und äußeren Kontaktverlust mit der Geschichte bezeichnen würde, wobei sich biologische Kategorien, meist incognito, im Bewußtsein durchsetzen. Die ideologischen Autoren wie Arnold Toynbee strahlen dann einen Optimismus aus, den sie im Grunde gar nicht aus geistigen Quellen beziehen: »Ich glaube immer noch, daß nicht allein bei uns (!) sich der moralische Standard während der letzten zweihundert Jahre gewaltig verbessert hat ... tatsächlich glaube ich, ganz entgegen der Mode, an moralischen Fortschritt, das ist eine zunehmende und aktive Anerkennung der Tatsache, daß andere menschliche Wesen genauso menschlich sind, wie man selbst« (Frankf. Allg. Ztg. 28.12.1962). Diese Anerkennung vollzieht sich jenseits von Phrasen und allein überzeugend im biologischen Bereich.

Wenn Toynbee übrigens seine Überzeugungen als gegen die Mode gerichtet empfand, dann täuschte er sich, sie blieb ganz auf seiner Seite, denn diese Ethik ächtet im Herrschaftsbereich der Massenmedien, zumal in der Bundesrepublik, und im Zusammenhang mit dem Sozialeudaimonismus so erfolgreich jede andere Auffassung menschlicher Beziehungen, daß man mit Don Quichote rivalisieren muß, um auch nur Einschränkungen anzumelden. »Es gibt heute, sagte Pareto, eine humanitäre Religion, die den Gedankenausdruck der Menschen reguliert, und wenn sich zufällig einer dem entzieht, dann erscheint er als Ungeheuer, wie jemand im Mittelalter als Ungeheuer erschienen wäre, der die Göttlichkeit Jesu geleugnet hätte« (dazu Traité de Soc. Gén. § 1172, 1). Es ist allerdings auch diesem großen

Geist nicht gelungen, den Humanitarismus abzuleiten, so daß er in den Interpretationen wechselte. Im § 1139 des Hauptwerks begriff er ihn als entstanden aus dem sozialen Ressentiment, in § 2471 aus der Abschwächung haltender Instinkte, dann § 2474 als eine Krankheit der Energielosen, in § 1143 aus der instinktiven Abwehr des Leidens, die sich als Symptom bei den Eliten in Dekadenz finde. Aber das alles ist zu psychologisch gedacht, es handelt sich im Grunde um eine »Erweiterung«, wie wir sie schon am Anfang des Kap. 5 feststellten, als von der *Erweiterung* ursprünglich instinktnaher Regulationen die Rede war. Jetzt haben wir einen neuen Fall dieses anthropologisch sehr bedeutenden Prozesses der Elargierung von Instinktresiduen, die sich wie Gummi ausdehnen können und dann sehr große Bereiche einbeziehen. Hier handelt es sich nämlich um die Ausdehnung und Entdifferenzierung des ursprünglichen Sippen-Ethos oder von Verhaltensregulationen innerhalb der Großfamilie. Dies sind von Grund aus antistaatliche, pazifistische und generative Einstellungen. Im Bunde mit dem Massenudaimonismus wird die Unwiderstehlichkeit dieses Ethos verständlich, das mit der Hebung des Lebensstandards aller Menschen und mit ihrer gegenseitigen friedlichen Anerkennung zugleich auf eine globale Endogamie zusteuert, so daß man zu der Überzeugung kommt, wir hätten hier den Ausdruck oder die Ideologie der steilen Zunahme der Weltbevölkerung vor uns – die rasende Multiplikation des Vermehrungsprozesses gibt sich damit moralisch selbst grünes Licht. »Eine Menschheit«, sagt Fr. Jonas (Die Institutionslehre A. G. s, 1966, 104) »die sich nicht mehr steigern kann, weil sie sich selbst zum Thema gemacht hat und entschlossen ist, nur noch auf ihre eigene Bedürftigkeit loszugehen, eine solche Menschheit hat sich in das Fatum verwandelt, das zu übersteigen bislang ihr Thema war.«

Eine Begrenzung wird, wenn sie überhaupt gewollt wird, der pharmazeutischen Industrie zugeschoben, ein Beispiel dafür, wie die technische Produktion ethische Skrupel überflüssig macht, indem sie das Problem der Enthaltsamkeit, früher unendlich konfliktsbelastet, in einen vergnüglichen und einen chemischen Vorgang aufteilt. Damit wird unterstrichen, daß die Entscheidungen im biologischen Bereich fallen und daß sich »letzten Endes das Gattungsleben der Menschheit als das einzige Absolute durchsetzen könnte« (Hannah Arendt, Vita activa, 1960, 313). Dies ist eine Ansicht, die sich nur aushalten läßt, wenn man mit dem Humanitarismus und gegen jede vernünftige Erfahrung an die Güte des Menschen glaubt, wie der sonst so ausgiebig propagierte Sigm. Freud gerade nicht – der hielt die Sätze »Liebe deinen Nächsten, wie dein Nächster dich liebt«, und »Liebe deine Feinde« für gleichbedeutend, und er sprach von der »primären Feindseligkeit der Menschen gegeneinander« (Das Unbehagen in der Kultur, 1930). Auch Max Scheler fand in seiner Ethik, daß durchaus nicht derjenige Mensch gut ist, der sich von dem menschlichen Gattungsbewußtsein bewegen läßt, denn die Menschheit könnte sich ja ganz beliebig verschlechtern, ohne daß sie es vermöge der Mitveränderung ihres Gattungsbewußtseins selbst je merken könnte (Der Formalismus in d. Ethik, ⁴1954, 284f.).

Der Bund von Humanitarismus und Eudaimonismus war von den Intellektuellen der Aufklärungszeit, wie schon gesagt wurde, vorentworfen worden, doch konnte er zu einer massiven, einverleibten Selbstverständlichkeit erst werden, als die Industrialisierung in Westeuropa und Amerika den Lebensstandard hoch heraufgedrückt hatte, und als der umfassende, auch nachrichtentechnisch umfassende Weltverkehr den Kontrast zu der großen Zahl der noch Notleidenden unübersehbar heraushob, denen zu helfen sowohl die Menschlichkeit wie das Interesse an künftigen Warenkunden gleichermaßen empfahl. In keiner früheren kulturellen Konstellation wäre dieses Ethos lebensfähig gewesen. Die ethischen Regulationen sind folglich von objektiven Außenbedingungen nicht unabhängig, und einen der Mechanismen der Anpassung an größere Räume und Gesellschaften haben wir in der Kategorie »Erweiterung ursprünglich instinktnaher Regulationen« schon kennen gelernt.

Der Humanitarismus als solcher tritt unter historisch-soziologischen Voraussetzungen zutage, die wir auch schon berührten: Seine im Nahbereich immer segensreiche Gegenwart wird übermächtig, wenn die Großreiche sich über niedergebrochenem Nationaldasein, über durcheinandergeschobenen Bevölkerungen und weiten Verkehrsflächen erheben. In neuerer Zeit war zuerst das Bürgertum Wortführer gewesen, und G. Lukács (Dt. Literatur in zwei Jahrhunderten, 1963, 93) beschreibt einmal, wie es »als die Führerin aller vom Feudalismus unterdrückten Gesellschaftsklassen« seinerzeit die Fragen »vom allgemein menschlichen Standpunkt aus« gestellt habe. Allerdings vertrat das Bürgertum diese Moral selten exklusiv, meist war es auch Träger des modernen Nationalismus und tief von aristokratischen Injektionen beeinflußt. Später argumentierten dann Sozialrevolutionäre in ähnlicher Weise, so auch die Anarchisten im Bewußtsein der enormen Erosionskraft des Humanitarismus: »Jede kollektive und individuelle Moral ruht wesentlich auf dem menschlichen Respekt. Was ist das? Die Anerkennung der Menschheit, des Menschenrechts und der menschlichen Würde in jedem Menschen, welches auch seine Rasse, Farbe, der Grad seiner Intelligenzentwicklung und sogar seine Moral sei« (zit. Hugo Ball, Die Flucht aus der Zeit, 1927, 201). Das war die Stimme Bakunins. Der *Allein*herrschaft dieses Ethos sehen wir solange mit Besorgnis entgegen, als es keine Weltgesellschaft in einem Weltstaat gibt und es daher noch offenbleibt, welcher Kontinent einmal seine Eigeninteressen als die der Menschheit ausgeben wird.

Der deutsche Sozialismus hatte im vorigen Jahrhundert aus der gemischten bürgerlichen Ethik die aristokratisierenden Elemente ausgeschieden, die humanitär-eudaimonistischen aber übernommen, und Friedr. Naumann (gest. 1919) behält wohl recht mit der Meinung, die Aktivierung einer sozialen Volksgesinnung sei eine eigentlich deutsche Leistung gewesen; so hielt uns auch Max Scheler für das »sozial- und gefühlsdemokratischste Volk der Erde« (Die Ursachen des Deutschenhasses, 1918, 128). Dennoch herrschte dieses humanitär-eudaimonistische Sozialethos nach dem ersten Weltkrieg noch nicht gegensatzlos, und derselbe Scheler konnte im Jahre 1923 von der »Stilidentität der disziplinierten Sozialdemokratie mit dem Militarismus« sprechen. Über den damit gemeinten staatlichen Einschuß hinaus kann man sich überhaupt die Frage stellen, ob ohne Gegner, d.h. ohne den gewaltigen, erdumstürzenden Kapitalismus der Großmächte des 19. Jahrhunderts, der Sozialismus nicht ähnlich auflösende und quietistische Tendenzen entwickelt hätte wie das frühe Christentum des 3. Jahrhunderts im römischen Reich. Seit der Kapitalismus selbst seine Gewinnchancen im Abbau aller Instanzen steigen sieht, die den Vorrang des Massenkonsums einschränken könnten, werden jene quietistischen Folgen wieder fühlbar.

In diesem Zusammenhang ist einer Verwechslung des westeuropäisch-amerikanischen Humanitarismus mit dem Humanismus der kommunistischen Großmächte vorzubeugen. Dazu sagt M. I. Petrossjan (Essay über den Humanismus, 1964, dt. Ost-Berlin 1966): »Der historische Materialismus führte das Problem des Humanismus aus dem engen Rahmen idealistisch-religiöser, abstrakt-ethischer Auffassungen heraus und verband es mit der Erforschung der materialistisch verstandenen gesellschaftlichen Verhältnisse, der objektiven Gesetzmäßigkeiten der gesellschaftlichen Entwicklung und der Errichtung kommunistischer Verhältnisse« (162). »Aber auch im Sozialismus, so heißt es weiter, noch dazu bei Existenz der kapitalistischen Welt, ist echte Menschenliebe nicht mit abstraktem Humanismus und abstrakt aufgefaßten Werten zu vereinbaren. Sie bildet eine organische Einheit mit der Unversöhnlichkeit gegenüber den Feinden des Kommunismus, der Menschheit, der Menschlichkeit« (212).

In ähnlichem Sinne hat sich Mao Tse-tung in den »Reden an die Schriftsteller und Künstler im neuen China« (Ost-Berlin 1952) geäußert: »Manche Genossen sagen, daß alles aus ›Liebe‹ hervorgehen muß. Nehmen wir diese sogenannte Liebe als Beispiel – da müssen wir doch erkennen, daß es in der Klassengesellschaft nur die klassenbedingte Liebe gibt. Diese Genossen fordern eine über den Klassen stehende allgemeine Menschenliebe, eine abstrakte ›Liebe‹ sowie eine abstrakte ›Freiheit‹, eine abstrakte ›Wahrheit‹, eine abstrakte ›menschliche Natur‹ usw. (16). »Die sogenannte ›Liebe zur Menschheit‹, eine allumfassende Menschenliebe hat es seit der Spaltung der Menschheit in Klassen nicht mehr gegeben. Die herrschenden Klassen haben sich wohl dafür eingesetzt, Konfuzius und Tolstoi haben sie gefordert, aber sie ist nie verwirklicht worden, denn in einer klassenbedingten Gesellschaft ist sie eben nicht zu verwirklichen. Die wahre Liebe zur Menschheit wird sicher einmal kommen, aber erst nach der Beseitigung der Klassen auf der Welt« (59).

Diese Zitate geben den Unterschied zwischen dem westlichen Humanitarismus und dem östlichen Humanismus an, und wir haben gezeigt, daß auch der erstere einen politischen Gehalt hat. Nur mit ihm beschäftigen wir uns weiterhin in diesem Buche.

Wenn man jetzt versucht, bis zu seinen Wurzeln vorzudringen und den vorideologischen Bestand freizulegen, dann faßt man am besten die Erscheinung in ihrem weitesten, anthropologisch deshalb wegen der Plastizität der menschlichen Natur auch unscharfem Umfang. In der Konstitution des Menschen ist eine »gregariousness« angelegt, die wohl in diesem Falle mit der diffusen und nichtpausierenden geschlechtlichen Dauererregbarkeit zusammenhängt und sich als eine

Kontaktbereitschaft oder Ansprechbarkeit jedes Menschen durch jeden anderen äußert – Robinson und Freitag. Noch vor jeder Politik, und noch nicht als Forderung bereitgestellt, kann der Gedanke an das gemeinsame menschliche Schicksal auch durch harte Gegnerschaft durchstoßen, so wie Homer, wenn Glaukos und Diodemes sich entgegentreten, dem einen die berühmten Worte in den Mund legt:

»Siehe, wie Blätter des Waldes, so sind der Menschen Geschlechter,
diese schüttelt herunter der Wind, und wieder entsprießen
Andere grünenden Zweigen in lieblichen Tagen des Lenzes.«

Das ist die Sprache einer vorpolitischen Solidarität in einem überlegenen Bewußtsein, während Cicero bereits politisch und imperativisch denkt, wenn er meint, wir seien zur Verbindung und Vereinigung der Menschen und zur natürlichen Gemeinschaft (communitatem) geboren (De fin. III, 65) – eine schon naturrechtliche Vorstellung. Von Mensch zu Mensch gibt es gattungsspezifisch eine Kontaktchance, die man sich jedoch als ambivalent und umschlagsbereit denken muß.

Diese Instinktresiduen muß unsere Untersuchung wieder in die Tatsachenwelt zurückführen, und dann ist der Ort zu suchen, der das Organisationszentrum dieser Bindungen ausmacht. Sofort wird klar, daß hier nur die *Großfamilie* oder Sippe (Clan usw.) in Frage kommen kann, wie immer man die Verbände mittlerer Größe von Bluts- und Heiratsverwandten nennen mag. Die Sippe ist, wie Max Weber schon erkannte, nicht so primitiv wie die Hausgemeinschaft oder die Aufzuchtfamilie, sie setzt den Bestand anderer Sippen neben sich voraus und ist keine dezentralisierte, vergrößerte Hausgemeinschaft. Vielmehr besteht ihre Besonderheit in einer Kombination abstrakter und naturaler Elemente, und die Ethnologie glaubt heute zeigen zu können, daß die Normierung von Heiratszuordnungen und -verboten nach Verwandtschaftsgraden (realer oder fiktiver Art) und die Zurechnung der Kinder zu stetigen Linien eine Aufgabe ganz elementarer Aufmerksamkeit war, wobei man nach den uns schon bekannten Grundsätzen der Gegenseitigkeit und des Tausches verfuhr (Literatur dazu: Harrison C. White, Anatomy of kinship (1963); A. R. Radcliffe-Brown, Structure and function in primitive society (1952);

Cl. Lévi-Strauss, Les structures élémentaires de la parenté (1949); Joh. Lang, Die australischen Terminsysteme (Budapest 1968)).

Der Sippenverband ist (M. Weber, Wirtschaft u. Ges. 1922, 201) der urwüchsige Träger aller »Treue«, die Freundesbeziehungen sind ursprünglich künstliche Blutsbrüderschaften. »Die Sippe schafft mittelst der Blutrachepflicht eine persönliche Solidarität ihrer Angehörigen gegen Dritte und begründet so, auf ihrem Gebiet, eine der Hausautorität gegenüber unter Umständen stärkere Pietätspflicht«. Gemeinsame Erkennungszeichen, der Glaube an die Abstammung von einem mythischen Ahnen (meist ein Tier: Totemismus), das Verbot des Kampfes gegeneinander, Solidarität und Nothilfepflichten ergeben einen Komplex archaischer Sozialkonstruktionen, die im einzelnen stark variieren, stets aber aus der Kombination fiktiver und naturaler Elemente bestehen. Auch wird nicht ausgeschlossen, daß Spannungen und Rivalitäten vorkommen, die sogar institutionalisiert sein können. Für unseren Gedankengang ist wichtig, daß die Sippe gegenüber der Aufzuchtfamilie eine abstraktere Figur darstellt, die Angehörigen können lokalzerstreut leben; die Sippen schnitten in der Regel die Hausgemeinschaften, die gemeinsame Abstammung mochte in hohem Grade fiktiv sein. Der Verband entstand immer auf der Basis von Heirats- und Zurechnungsregulationen der Kinder, von Inzestverboten und Exogamiegesetzen. Eine solche Überformung der naturalen biologischen Daten kann als eine der ganz frühen und hohen Kulturleistungen der Menschheit aufgefaßt werden, und die durch Inzestverbot, Ausheirat (Exogamie) auf Gegenseitigkeit und durch normierte Zurechnungsregeln der Kinder herausgearbeiteten zeitstabilen Strukturen sind »nature artificielle«, es sind vereinseitigte, stilisierte, überwachte Gebilde, aus dem Material der Menschen selbst durch ordnungsstiftende Eingriffe herausgehoben. Gerade weil diese Verbände sowohl artifiziellen als auch naturalen Gehalt haben, sind sie in hohem Grade elargierbar, und die auf ihren Kraftlinien sich ausbreitenden Gesinnungen können sich als eine Art abstrakter Familiarität endlich über jeden organisierbaren Bestand hinausschwingen. Hier liegt nach unserer Auffassung ein außerordentlich frühes und über alle Kontinente verbreitetes Beispiel für die Elastizität von Sollgefühlen vor, bei denen die engsten Blutsanhänglichkeiten in diejenigen rationalen Strukturen hineinaddiert wurden, die man erfinden mußte, um aus der Auf-

6. Humanitarismus

zuchtfamilie größere Einheiten zu machen, die sich in der Zeit fortsetzten und auch durch Lokalzerstreuung nicht gesprengt wurden. Mehrere Sippen bildeten einen »Stamm«, ebenfalls mit realer oder fiktiver Abstammungsgemeinschaft, und dessen Grenze war auf die physische Lebensmöglichkeit abgestimmt; doch konnten schon einzelne Sippen eine beachtliche Größe haben; die römische Überlieferung sprach bei der Gens Claudia, die um 500 v. Chr. aus dem Sabinischen einwanderte, von 3000 Mitgliedern.

Die Sippe und der Stamm, der Sippenverband waren zweifellos die ursprünglichen Orte der Friedlichkeit und der darauf gegründeten Verpflichtungen, wenn auch durchaus Rivalitäten mitkanalisiert werden konnten. Über die altarabische Stammesmoral sagte Julius Wellhausen schon im Jahre 1900 (Ein Gemeinwesen ohne Obrigkeit, zit. B. Rehfeldt in der Nipperdey-Festschrift, 1965, 96): »Der Stamm ist die Quelle und die Grenze der politischen Verpflichtungen, jenseits des Stammes beginnt das Ausland ... insofern, als der Begriff der allgemeinen Menschenpflicht nicht existiert und es eine Moral außerhalb des Stammes nicht gibt, ist von vornherein jeder Stammesfremde Feind.« »Als ich mit meinen Leuten von Hunger geplagt war, erzählte ein alter Beduine, da bescherte mir Gott einen Mann, der allein mit seinem Weibe und seiner Kamelherde des Weges zog; ich schlug ihn tot und nahm mir die Kamele und das Weib.«

Es gibt keine Möglichkeit, den Solidaritätskomplex, die Keimzelle des Humanitarismus, an anderer Stelle zu lokalisieren, als innerhalb der Familienorganisationen. Dafür spricht die schon urtümliche Ausdehnbarkeit des Sippenethos über die anschauliche, unmittelbar symbiotische Nähe hinaus, und selbst sehr primitiv lebende Gesellschaften fanden hier die Möglichkeit zu uferlos komplizierten Architekturen im eigenen Material, so wie sich z.B. das Heiratssystem der Murngin (Australien) in 8 Klassen und 7 Linien komplettierte mit der Folge, daß es 71 Ausdrücke für Verwandtschaftsrelationen gab (Lévi-Strauss, Les formes élém. 221). Erst nach fünf Generationen war die Ausgangslage wiederhergestellt, und der Zyklus begann von neuem. Das bedeutet doch eine allgemeine Verpflichtung Aller an eine abstrakte, nicht mehr im Anschaulichen aufgehende Struktur, und sogar eine Verbindlichkeit von Solidaritätspflichten über eine erstaunliche Zeitstrecke hinweg.

Die sympathisierenden Impulse können, wie sich zeigt, den ursprünglichen, dem Kinde schon eingedrückten Prägungsbestand überschreiten und sich an Partnern orientieren, die in immer größeren Kreisen sich aus der Anschaulichkeit entfernen, bis endlich die bloß schematische Vorstellung »Mensch« genügt. Dann allerdings wird der Verpflichtungsgehalt mit zunehmendem Umfang der Adressaten immer blasser und tritt schließlich in eine bloße Hemmung zurück: Man darf den beliebigen anderen Menschen nicht verletzen, muß in ihm den »Bruder« sehen usw. Unterscheidende, differenzierende Rechte gegenüber anderen Gruppen werden damit gehemmt, und endlich langt man bei der Ideologie von der substanziellen Gleichheit aller Menschen an. Der nächste Schritt besteht dann in der Vorherrschaft des zahlenstärksten Volkes kraft seiner biologischen Mächtigkeit.

Wir haben zur Analyse des Sippenethos in sehr frühe Zeiten zurückgegriffen, legitimiert durch ethnologische Befunde. Als dann unter ganz anderen kulturellen Bedingungen, die in die Periode der Agrarwirtschaft fallen, das Königtum zu einer festen Einrichtung wurde, erwies sich das Sippenethos als elastisch genug, um auch diese Konstellation einzubeziehen, umsomehr als in zahllosen Fällen das Königtum über die Position des Sippenchefs hinweg eingerichtet wurde. Wenn Thukydides sagt, jeder attische Ort habe vor Theseus seine eigenen Archonten gehabt, oder wenn im Buche Josua die Könige von Jarmuth, Lachisch, Eglon usw. genannt werden, so dürfte es sich um die Häupter mächtiger Clans gehandelt haben, die auch noch die Position des Lokalherren ausgebaut hatten, wobei sich also das Lokalprinzip, auf Abgrenzung und Territorium gerichtet, und das genealogische Sippenprinzip mit seiner lokalindifferenten Erweiterbarkeit in derselben Person trafen, und in primitiven Zeiten auch noch treffen konnten. Wenn sich später herausstellte, daß das Ethos des Staates aus militärischen Gründen der exklusiven Zwangsbeanspruchung den Bruch konkurrierender Loyalitäten, also zumal des Sippenethos, zwingend verlangte, dann entstand um den König herum die Tragödie, von Sophokles in der Antigone überdeutlich auseinandergesetzt.

So versteht sich die große Bedeutung des archaischen Königtums. Über die Vaterfigur des Königs hin konnte die Erweiterung der Tugenden der Solidarität, Pietät, der Friedlichkeit usw. vor sich gehen; andererseits war er der Kriegsherr und Lokalmachthaber, der Garant des Territoriums, und jene durchaus vorstaatlichen Tugenden konnten an diesem »Aufhänger« (wie man heute sagt) elargiert und in den Staat eingebracht werden. Ursprünglich an den Fortpflanzungs-, Heirats- und Verwandtschaftsbeziehungen entlang laufend, ließ sich das Ethos der Friedlichkeit und Gefahrlosigkeit des Nahverhältnisses in fast beliebige Erweiterung erstrecken, bis es seine harte Grenze an der Notwendigkeit fand, zum Zwecke der Kriegsbereitschaft die Gesellschaft rational zu organisieren und die Kampfesverpflichtung ausschließlich an dieses staatliche Gebilde zu knüpfen. Dann werden andere Tugenden gefordert: die Wachsamkeit, die Disziplin und die Entschlossenheit, dem Tode schon im Lebensplan in den Rachen zu sehen. Diese Einstellung ist in letzter Instanz mit der genealogischen Lebensprotektion der Familienethik unverträglich.

Wenn wir jetzt ein näherliegendes Beispiel für die Erweiterbarkeit des Ethos der Großfamilie suchen, dann finden sich die interessantesten Belege in dem französischen Königtum. F. Funck-Brentano hat in dem Buche »Ce qu'était un Roi de France« (1940) sehr schön gezeigt, wie bis zu den letzten Zeiten des Königtums die patriarchalische Vorstellung des »Vaters des Volkes« durchgehalten wurde. Die Gesandten wundern sich über die Scharen des Volkes, ja der Bettler, die durch den Palast strömen, die Türen des Arbeitszimmers Ludwigs XIV. standen immer offen: »Es genügt, daran zu kratzen, und man führt Sie sofort ein, der König will, daß alle seine Untertanen sofort eintreten« (112). Theoretisch mußte der König jede Ehe im Lande genehmigen, wirksam blieb das Zustimmungsrecht bis zum Amtsadel, den Familles de Robe. Aus den Rechnungsbüchern des 14. und 15. Jahrhunderts geht hervor, daß zahlreiche Witwen an den König eine Amende zahlten, um von erneuter Verheiratung verschont zu bleiben. Philipp August (gest. 1223) verbot dem Grafen von Nevers, seine Tochter mit einem Sohne des Johann ohne Land, oder mit Thibaut de Champagne, oder mit einem Sohne des Herzogs von Burgund oder mit dem Sire de Coucy zu verheiraten. Und 500 Jahre später sagte Ludwig XIV. zu dem Duc de Chaulnes: »Ich habe die Ehe des Herrn von Chevreux mit der älteren Tochter des Herrn Colbert beschlossen.« Das sind Zustände des großen, aber immer noch patriarchalischen Königtums, die den Herzog von Tavannes im 16. Jahrhundert sagen ließen: »Ein Königreich oder sein Haus zu regieren, das ist nur ein Unterschied der Größe.« Auch im Einzelfall besann sich der König jedem Untertan gegenüber und ohne Unterschied des Standes auf seine hausväterlichen Pflichten: Ludwig XIV. kam nach Ribeauvillé, eine junge verwaiste Bäuerin bat ihn um eine Aussteuer – da ließ er ihr einen Beutel mit Goldstücken geben, sich entschuldigend, daß er nicht mehr habe. Zahlreiche familiäre Züge trug das Zeremoniell. Die Frauen aus den Markthallen hatten das Recht, jederzeit beim König oder der Königin vorgelassen zu werden, das Motiv erscheint noch in Zolas »Le Ventre de Paris«. Bei den großen Festlichkeiten der königlichen Familie war das Volk unterschiedslos zugelassen; als der Dauphin im Februar 1745 die Infantin von Spanien heiratete, nahm die Masse am Maskenball in Versailles teil, keine Eintrittskarte wurde verlangt, man zirkulierte frei durch die Galerien und Säle. Die Kinder des Königshauses mußten vor den Augen der Familie, d.h. des Volkes geboren werden, man holte bei plötzlichen Geburten die Sänftenträger und Wachsoldaten aus den Vorzimmern, um zuzusehen, so geschehen bei der Geburt des Herzogs von Bourgogne, Sohnes des Dauphin; schon Maria von Medici mußte sich diesem Zeremoniell fügen, bei der Geburt Ludwigs XIII. waren 200 Personen im Zimmer, man konnte sich nicht rühren. Die »Lettres de cachet« waren in ihrem wichtigsten und größten Teil hausväterliche Eingriffe des Königs im Sinne von Ordnungsmaßnahmen, Tausende sind erhalten: Der Polizeigeneral erhält am 14.12.1701 Befehl, bei »Sieur Martin« die Dienerin fortzuschicken, die Unfrieden in der Familie stiftet, oder der König will am 24.7.1702 die Namen der Offiziere wissen, die die Versöhnung des Jean Jouha mit seiner Frau verhindern, oder einem Provinzbarbier wird verboten, daß seine Tochter die Kunden rasiert.

Natürlich fand diese Ausweitung familiärer Attitüden ihre Grenze schon damals dort, wo der Verwaltungs- und Finanzapparat des Königtums arbeitete, geleitet vom Generalkontrolleur der Finanzen und regional von 31 Intendanten wahrgenommen, Kommissaren des Königs, die auf alles zu achten hatten, was die Administration der Justiz, der Polizei und Finanzen betraf, und sich überhaupt der Aufrechterhaltung der öffentlichen Ordnung annahmen. Das Kriegswesen, die Wirtschaft und die Finanzen sind bekanntlich die Nährböden der Rationalität, hier regiert die necessitas, der Sachzwang. Die konsequente Anwendung der Rationalität fordert und erzeugt ihr eigenes Ethos, und dieses kann mit den Geboten des Familienkomplexes und der friedlichen Menschlichkeit kollidieren, ja diese Kollision ist unvermeidlich, wenn eine der Seiten sich radikalisiert. Dann entstehen die eigentlich unlösbaren Konflikte, vielleicht in demselben Herzen, und die Rhetoren und Politologen müssen ihren Meinungs-Slalom beginnen.

Deswegen haben umgekehrt politisch Denkende der Einmischung des familiären Ethos in die großen, rationalen Geschäfte oft widersprochen. »Güte kann im Öffentlichen nur einen korrumpierenden Einfluß haben« (Hannah Arendt, Vita activa, 74). Ähnlich sagte Napoleon zu Frau v. Rémusat, die Milde sei, wenn sie nicht auf Politik gegründet sei, ein ärmliches Stückchen Tugend, und La Rochefoucauld meinte, das Mitleid habe in einer anständigen Seele (âme bien faite) keinen Platz, es diene nur zur Schwächung des Herzens. Im bürgerlichen Zeitalter verstand man so etwas nicht, und Schumpeter sah ganz richtig, die kapitalistische Bourgeoisie sei geneigt, auf der Anwendung der sittlichen Gebote des Privatlebens in den internationalen Beziehungen zu bestehen (209), so wie der Kellogg-Pakt (1928) den Krieg wie eine Wegelagerei zum Verbrechen erklärte. Auch dieses bürgerliche Ethos hat sich als sozialisierbar erwiesen, es ist von den Intellektuellen seit langem über die Welt hin verbreitet worden. Die Menschheit entsteht durch Propaganda, sagte G. Benn (Der Ptolemäer, Lotosland). Und zwar entstand sie im 18. Jahrhundert. Bei Holbach, der im Jahre 1789 starb, bevor er seine Saat reifen sah, hieß es: »Die Menschlichkeit ist ein Knoten, um den Bürger von Paris mit dem von Peking zu verbinden«; so sollte eine scheinbar unpolitische Binnenmoral der »Menschheit« von einer überdehnten Hausmoral geliefert werden, im Wunschbild waren die Bürger von Paris und Peking Flurnachbarn. Da wird doch der verdeckt politische Inhalt erkennbar, denn mit dieser Priorität würde man den Staatstugenden die Wurzeln abgraben, dem Behauptungswillen, der Treue zur eigenen Gründung, der wachsamen Sorgfalt und dem Willen, Grenze und Identität zu behaupten – mit einem Wort: dem Patriotismus. Auch wird klar, wer das Wort führt: der Intellektuelle der Großstadt, der Konformist der Negation, dessen ganze Geltungschance von einer Kritik abhängt, die schmerzend trifft.

Ungeachtet des hohen Wertes des familiären Ethos und der Stabilität der Institution Familie muß doch gesagt werden, daß sie niemals der Ort eines bedeutenden Fortschritts gewesen ist. Jede große, neue Weltbewegung hat sich gegen den Familiengeist durchsetzen müssen, so der ägyptische Regiestaat, die griechische Polis, das ursprüngliche Christentum, so wie Jakobus und Johannes ihren Vater im Schiff ließen, und auch der Kommunismus mit seiner wissenschaftlichen Diktatur. Die Familie brachte eine edle, ausweitungsfähige Binnenmoral hervor, sie ist unentbehrlich für eine lebenslange seelische Gesundheit; aber alles, was Größe hat: Staat, Religion, Künste, Wissenschaften wurde außerhalb ihres Bereiches hochgezogen, und selbst die Wirtschaft nahm erst große Dimensionen an, als sie sich aus ihrem Verbande gelöst hatte.

7. INSTITUTIONEN

Der im Kap. 4 entworfenen Disposition folgend, haben wir unser Thema des ethischen Pluralismus in Teile zerlegt, und bisher das Ethos der Gegenseitigkeit, auf Sprache und Sprachfähigkeit bezogen, sowie gewisse instinktive, physiologisch verständlich zu machende Regulationen behandelt; hierbei kam auch der Eudaimonismus zur Sprache. Drittens behandelten wir das Ethos der Großfamilie mit der Erweiterung zum Humanitarismus. Damit haben wir eigentlich schon in den jetzt fälligen Abschnitt übergegriffen, in dem es um das Ethos der Institutionen gehen wird, denn die Sippe ist schon eine solche; doch konnten wir beobachten, wie sich die dort entstehenden und ursprünglich dort beheimateten Tugenden sozusagen frei flottierend ausweiten und ihren ursprünglichen Bereich mit der Tendenz auf Allgemeingültigkeit schlechthin überfluten. Jetzt haben wir uns dem Thema in seiner Allgemeinheit zuzuwenden.

Das Zusammenleben der Menschen stabilisiert sich zu Ordnungen und Regeln, die wie von selbst gerinnen, und deren Steuerungs-Mechanismus man im instinktnahen Bereich zu suchen hat, aber keineswegs zuerst in Überlegungen von rationaler Zweckberechnung. Die Verhaltensforschung kennt bei Tieren und Menschen aus diesem Bereich Faktoren, die Ordnung und Regelhaftigkeit stiften, z. B. bei der Neutralisierung der gegenseitigen individuellen Aggression durch Ausbildung einer Rangordnung, oder bei der Ausstoß-Reaktion gegen Mitglieder der Gruppe, deren Verhalten auffallend abweicht (Eibl-Eibesfeldt, Grundr. d. vgl. Verhaltensforschung, 1967, 340ff., 331, 434). Wenn man sich Menschen vorstellt, wie sie in Beziehungen zueinander treten, wie sie gegeneinander und auf die Umstände handeln, dann muß man annehmen, daß sich aus ihrem Verhalten heraus bestimmte Figuren niederschlagen und verfestigen, sozusagen stereotype Strukturen, und man kann Rechtsordnungen, Familien- und Herrschaftsformen, Eigentumsregeln usw. als Modellmuster abheben und vergleichen, ein Geschäft zumal der Ethnologen.

In primitiveren Verhältnissen der vorindustriellen Epoche können Institutionen mit einer solchen Wucht, Farbigkeit und Prägnanz in Erscheinung treten, daß man mit Eibl-Eibesfeldt geradezu sagen kann, die Ritenbildung sichere den Abschluß einer Menschengruppe derart, daß das Bild einer »Pseudospecies« entstehe (190). Man muß darüber hinaus sehen, daß die Institutionen eine Verhaltenssicherheit und gegenseitige Einregelung möglich machen, wie sie von den verunsicherten Instinktresiduen gerade nicht geleistet wird, so daß man in stabilen Gefügen lebt, wie das Tier in seiner Umwelt. Dieser Zusammenhang zwischen den Institutionen und der biologischen Verfassung des Menschen hat uns früher zu den Untersuchungen in dem Buche »Urmensch und Spätkultur« (^{2}1964) geführt, und um ihn klarzumachen, zitieren wir am besten die kurze Formel, die Ilse Schwidetzki in dem Fischer-Lexikon »Anthropologie« verwendet: »Die Instinkte bestimmen beim Menschen nicht, wie beim Tier, einzelne festgelegte Verhaltensabläufe. Statt dessen nimmt jede Kultur aus der Vielheit der möglichen menschlichen Verhaltensweisen bestimmte Varianten heraus und erhebt sie zu gesellschaftlich sanktionierten Verhaltensmustern, die für alle Glieder der Gruppe verbindlich sind. Solche kulturellen Verhaltensmuster oder Institutionen bedeuten für das Individuum eine Entlastung von allzu vielen Entscheidungen, einen Wegweiser durch die Fülle von Eindrücken und Reizen, von denen der weltoffene Mensch überflutet wird.« Das ist, könnte man sagen, unser Lebensgesetz: Verengung der Möglichkeiten, aber gemeinsamer Halt und gemeinsame Abstützung; Entlastung zu beweglicher Freiheit, aber innerhalb begrenzter Gefüge. Angesichts der virtuell widersprüchlichen und schwankenden Bedürfnisse der Menschen und der Tatsache, daß ihnen montierte Instinkte so gut wie ganz fehlen, wird die Frage dringend, wie eigentlich eine hinreichende Zuverlässigkeit und Konstanz des gegenseitigen Handelns erreicht wird. Man bemerkt, wie an dieser Stelle die Ethik ein eigenes Problemgebiet findet, denn die Verbindlichkeit des geordneten Zusammenhangs und seiner Leitideen, in dem die Menschen einigermaßen die Außenwelt und sich in ihr stabilisieren, hat ihr eigenes Recht, und so werden die Institutionen selbst als Sollgeltungen gelebt. Man braucht dabei die Harmonie früherer Zeiten nicht zu idealisieren, wenn auch Durchgriff und Tempo der zur Zeit laufenden Umwälzungen unvergleichlich sind; die Kriege, als normale Alltagsbegleitung seit unvordenklichen Zeiten, vor allem auch religiöse Konflikte haben dafür gesorgt, daß die Veränderungsrate stets beachtlich blieb.

Mit dem Thema dieses Kapitels bewegen wir uns innerhalb des

Bereiches der Geschichte, ohne aber die anthropo-biologische Rückbindung zu verlassen. Es gibt und gab viele Modelle, wie man die Familie strukturieren konnte, und jedes jemals realisierte Modell hat seine kulturgeschichtlichen Bestimmungsgründe, so wie wir jetzt sehen, daß zur Familie der Industriegesellschaft die kontrollierte Kinderzahl gehört. Dasselbe gilt für Eigentumsordnungen, für Art und Verfassung der Kriegführung, der Verwaltung usw. Unter diesen Gesichtspunkten erscheinen die Institutionen einmal als »Betriebe«, als geschichtlich bedingte Weisen der Bewältigung lebenswichtiger Aufgaben und Umstände, so wie die Ernährung, die Fortpflanzung, die Sicherheit ein geregeltes und dauerndes Zusammenwirken erfordern; sie erscheinen von der anderen Seite als stabilisierende Gewalten und als die Formen, die ein seiner Natur nach riskiertes und unstabiles, affektüberlastetes Wesen findet, um sich selbst und um sich gegenseitig zu ertragen, etwas, worauf man in sich und anderen einigermaßen zählen kann. Denn »wenn jemand voll Welterneuerungslust sich ans Erneuern macht, wird leicht augenfällig, daß ein Ende da nicht abzusehen ist« (Laotse).

Auf der einen Seite werden in diesen Institutionen die Zwecke des Lebens gemeinsam angefaßt und betrieben, auf der anderen orientieren sich die Menschen zu genauen und abgestimmten Gefühlen und Handlungen, mit dem unschätzbaren Gewinn einer Stabilisierung auch des Innenlebens, so daß sie nicht bei jeder Gelegenheit sich affektiv verwickeln oder sich Grundsatzentscheidungen abzwingen müssen. Diese Entlastung wirkt sich produktiv aus, denn die wohltätige Fraglosigkeit, die dann entsteht, wenn der Einzelne innen und außen von einem Regelgefüge getragen wird, macht geistige Energien nach oben hin frei. Sie werden damit aufgefangen und in der Richtung der bestehenden Verhältnisse freigegeben, um sich dort zu entfalten. Andererseits verstärkt die Entlastung den Antriebsüberschuß, und beim Zusammenbruch der gründenden Einrichtungen verlieren die geistigen Synthesen ihren Halt, sie zersetzen sich und werden als Narrheiten und Farcen des »inneren Gewoges« (Benn) abgefackelt. Der Geist springt dann aus der realen Notwendigkeit, ein Leben zu führen, heraus und wird als »unwirklicher Geist« zu einer Ersatzform seiner selbst. Er begibt sich auf die Suche nach neuen Elementen und Anfängen, und so kommt es zu der »beobachteten Tendenz der populären Künste, sich auf immer tieferen Niveaus der allgemeinen Intelligenz und emotionalen Reife festzusetzen« (Rosenberg/White, Mass Culture, ⁵1960, 537) – eine auch für andere geistige Disziplinen gültige Feststellung.

Das Institutionen-Problem hat daher verschiedene Ebenen. Erstens ist die Regel, die Regel als solche, die bei einer gelingenden kollektiven Problemlösung sofort in die Norm umschlägt, das anthropologisch elementare Verfahren, die verschiedenen Subjekte sich überhaupt treffen zu lassen und eine gemeinsame Beziehung herzustellen. So sagt F. Keiter (Verhaltensbiologie des Menschen, 1966, 33) »daß die Regel der gemeinsame Nenner ist, auf den sich mehrere Menschen mit der geringsten Beeinträchtigung ihrer Freiheit zusammenfinden können«, er spricht von dem »alle Beteiligten entlastenden Charakter der Geregeltheit«, woraus sich erkläre, warum die Menschen dazu neigen, alles irgendwie geregelt zu tun, was sie in Gemeinschaft tun. In diesen Fällen könnte der Charakter des Sollens oder der Norm einfach der Index davon sein, daß sich zwei oder mehr Subjekte über irgendein gemeinsames Thema in einer dauerfähigen Weise getroffen haben – ähnlich wie für ein Kind, das sprechen lernt, jedes Wort einen Normakzent trägt, der die Eindeutigkeit und Dauer des Kontaktes über dieselbe Sache hin ausweist. Wir haben oben, Kap. 5, einen anderen Begriff des Sollens entwickelt, im Sinne eines bewußten »Nachdrucks« hinter der Unsicherheit eines arterhaltenden Instinktimpulses; so könnte es durchaus mehrere, voneinander unabhängige Quellen des Imperativs geben.

Weiterhin erfordert die *Objektivität* der Institutionen Beachtung. Der Einzelne erlebt z.B. die Ehe wie ein überpersönliches, vorgefundenes Muster, in das er sich einordnet, wozu spätestens die Geburt eines Kindes auch Freigeister nötigt, denn die Freigeisterei endet zuerst bei der jungen Mutter. In anderen Fällen tritt er in eine Institution seines Berufes, eine Behörde oder Fabrik ein, dort wird das Mitmachen ihn künftig zum großen Teil ausmachen. Man kann das Verhalten, die Überzeugungen des Einzelnen mit guter Annäherung vorhersagen, wenn man seine Stellung im gesellschaftlichen System kennt, dessen Forderungen in unsere Entschlüsse und Meinungen schließlich durchgreifen, so daß Gegenvorstellungen am Ende flügellahm bleiben. So entsteht die »bienfaisante certitude«, die wohltuende Fraglosigkeit in den Elementardaten, eine lebenswichtige Entlastung, weil von diesem Unterbau innerer und äußerer Gewohnheiten her die geistigen Energien nach oben abgegeben werden können, und das ist, was »Freiheit« auch bedeuten kann.

Hier ist eine bemerkenswerte Überlegung einzuführen, die G. Greiffenhagen in einem Aufsatz über den Prozeß des Ödipus (Ztschr. Hermes, Bd. 94, Heft 2, 1966) anstellt: Wenn man von dem Verpflichtungscharakter der Institutionen ausgeht, wird es zumutbar, für objektive, institutionswidrige Verfehlungen auch dann einzustehen, wenn sie subjektiv unverschuldet sind. Dieses Einstehen nennt Greiffenhagen »Haftung« (167). Wenn ein Vater den Tod seines Kindes verursacht, ohne daß ihm auch nur Fahrlässigkeit vorgeworfen werden könnte, so trifft ihn keine juristische Schuld; aber diese Wahrheit rettet ihn nicht vor Selbstvorwürfen, denn als Vater hat er für das Leben seines Kindes einzustehen, er haftet objektiv und wird das Schuldgefühl nicht los. »Es gibt keine Instanz, bei der er sich von seiner institutionellen Haftung befreien könnte.« (171) Wir würden sagen, er habe die Integrität einer Institution ohne Verschulden, aber objektiv verletzt und hafte nun; daher man sich früher in solchen Fällen rituellen »Reinigungen« zu unterziehen hatte. Nach Greiffenhagen kann Verantwortlichkeit auch dort bestehen, wo der Mensch unschuldig handelt, weil der Verpflichtungscharakter zuletzt anthropologisch begründet ist. Der Autor weist nach, daß dieses Thema im König Ödipus von Sophokles durchgeführt wurde: Der König hat seinen Vater in Unkenntnis der Identität und zudem noch in Notwehr erschlagen (801ff.) – dennoch fühlt er die Haftung, denn er hat, obzwar schuldlos, gegen die Familienordnung verstoßen; so steht er ein, indem er im Sinne des delphischen Orakels (100) für sich selbst die Verbannung fordert:

»Sende mich unverzüglich fort, dahin,
Wo keines Menschen Gruß mich mehr erreicht« (1436/7).

Die Frage der Haftung ohne Schuld, sagt Greiffenhagen, ist nur im Rahmen eines Institutionsverständnisses zu begreifen, und wir glauben daher, daß hier auch eine politische Anwendung einleuchtet. Nach dem Jahre 1933 ist die Integrität der Institution »Das deutsche Reich« nicht nur verletzt, das Reich selbst ist von innen und außen her zerstört worden, sowohl von den Nationalsozialisten wie von ihren Gegnern. Folglich können sich diejenigen, die dabei aktiv mitwirkten, von dieser Folge nicht entlasten, auch wenn ihnen das Unrechtsbewußtsein fehlte oder sie sogar im Bewußtsein eines höheren, etwa humanitären Rechts handelten. Die Verantwortlichkeit ist anthropologisch begründet, es geht um Institutionsmoral, und diese ist gegen andere Götter gleichgültig. Bei so hohen Graden der Polarisierung wie heute gibt es keine zweifellos präeminente Moral mehr, und dann bleibt für ein helles Bewußtsein nichts übrig, als den Konflikt in das eigene Herz hineinzuziehen, unlösbar und unaustragbar, wie er ist.

Zurückkehrend zu dem Thema der Produktivität des Entlastungseffekts zeigt sich ein Vergleich mit der Sprache lohnend, denn die Institutionen wie Ehe, Familie, Arbeit, Recht, Wissenschaft usw. mit allen ihren Einrichtungen ähneln der Sprache insofern, als sie ein automatisches Schonverständigtsein bewirken, und als innerhalb ihrer Grenzen und Regeln eine beliebige Verfeinerung, Anreicherung und Vertiefung des jeweils eingegossenen Themas möglich ist. Taine schrieb in einem Brief an Guizot (de Jouvenel, De la souveraineté, 1955, 295): »Die Geschichte zeigt, daß die Regierungen, die Religionen und Kirchen, alle die großen Institutionen die einzigen Mittel sind, durch die der tierische und wilde Mensch (l'homme animal et sauvage) seinen kleinen Teil an Vernunft und Gerechtigkeit erwirbt.« Allein an dieser Stelle kann man den Gemeinplatz festmachen, der von der Freiheit als einem Ertrag der Selbstbegrenzung spricht, denn anderswo gibt es keine, geschweige eine »edle« Natur unterhalb des Überbaus der Institutionen; sondern Zwänge, Aggressionen, »Erlebnisse« und ein wahrhaft unentschuldbares Sichgehenlassen. Der Mensch weiß nicht, was er ist, daher kann er sich nicht direkt verwirklichen, er muß sich mit sich durch die Institutionen vermitteln lassen. Gegensätze und Spannungen bedürfen nicht der Versöhnung, sondern der Institutionalisierung, um sie geregelt auszutragen, und gegen den gewaltigen Anprall der Gleichheitsregie, die herrschen will, findet man nur Schutz in Einrichtungen, die sich verteidigen lassen. »Denn in der Gegenwart gewinnt die Erkenntnis Boden, daß die Gefährdung der individuellen Freiheit von der Gesellschaft ausgeht und daß der Staat dazu berufen ist, die Freiheit zu schützen.« (E. Forsthoff, in: Merkur 241, Mai 1968.)

Das dritte Thema in unserem Sachverhalt besteht dann in der grandiosen Frage, was eigentlich vor sich geht, wenn Institutionen gesprengt oder erschüttert werden. Hierbei kommt viel auf das Tempo an, denn die langfristige Massierung von Kausalitäten heißt »Entwicklung«. Dagegen dann die geschichtlichen Katastrophen, die großen Liquidationen und Abrechnungen, die in wenigen Jahren eine Gesellschaft umdrehen, die früher einverseelten Haltungen, die als selbstverständlich, d.h. natürlich galten, zerbrechen und die älteren Menschen als lebende, stumme Fragezeichen zurücklassen. Die Verunsicherung greift dann durch, sie erreicht die nervösen Zentren, weil die ungesiebten und drohenden Eindrücke sich als belastender Bestand sammeln, während die freien Vollzüge auflaufen. So entsteht etwas wie eine nach außen verlegte Atemnot. Die affektive Verarbeitung erfolgt als Angst oder Trotz oder Reizbarkeit, auch als freundliche Zerstreutheit, die schlechthin alles hinzunehmen bereit ist, und die Reaktionen werden vergröbert und vulgär, weil sie affektnahe bleiben. Robert Musil hatte die Gabe, in wenigen Worten solche Dinge zu kennzeichnen: »Es hat (= es gibt) heute kulturell keine Bindung, und auch davon kommen die hemmungslosen Grausamkeiten« (Tagebücher, Aphorismen, Essays und Reden, 1955, 361). Die Menschenwelt verlange, so meinte er, nach gedrungener Festigkeit, weil sie bei jeder Unregelmäßigkeit fürchten muß, gleich ganz aus den Fugen zu geraten, eine Ansicht, die übrigens die schon rein biologische Beobachtung trifft, »daß soziale Unordnung Aggression gegen Gruppenmitglieder freimacht« (Eibl-Eibesfeldt, Grdr. der vergl. Verhaltensforschung, 1967, 340).

Wenn man daher den Begriff Sicherheit so weit zieht, daß er die institutionelle Stabilität einschließt, dann kann man Montesquieu zustimmen, der meinte, die politische Freiheit bestehe in der Sicherheit oder wenigstens in dem Glauben, daß man sie hat. In demselben Sinne sagte der Oberste Richter Hale, einer der Kritiker des Hobbes: »Es ist nicht nötig, daß die Motive (reasons) der Institutionen uns deutlich sind, es genügt, daß sie »instituted laws« sind, die uns eine gewisse Sicherheit geben« (zit. F. Jonas, Die Institutionslehre A. G. s., 1966, 51). Ob nun die Geschichte langen oder kurzen Prozeß macht, die Kultur in einem menschenwürdigen Sinne erhält sich dadurch, daß junge Menschen in vernünftige Einrichtungen hineinwachsen, die von langen Erfolgen legitimiert sind; sonst werden unersetzbare Erbschaften verschlissen: die Disziplin, die Geduld, die Selbstverständlichkeit und die Hemmungen, die man nie logisch begründen, nur zerstören und dann nur gewaltsam wieder aufrichten kann. Oft haben die gebildeten Staatsmänner von einst ihre Zeit besser verstanden als die Ideologen und Literaten. So sagte der Graf Persigny im Jahre 1851, kurz vor dem Staatsstreich Napoleons III. zu dem General v. Radowitz: »Alle idealen Begriffe, alles Ansehen von Recht und Gesetz ist bei uns durch eine fünfzigjährige Revolution pulverisiert; es gilt nur noch die materielle Macht. Mächtig ist aber nur, wer organisiert ist, organisiert ist bei uns nur die Armee und das Proletariat.« Nach fünfzig Jahren des Durcheinanders bleibt auf der einen Seite die Festigkeit von Institutionen übrig, die überlebten, auf der andern sammeln sich die aufgestöberten Reflexionsmassen, die Zustände der Gereiztheit mit angestrengtem Gestikulieren und die Bewegungen des inneren Zurückweichens, um eine Position nach der anderen stillschweigend zu räumen. So kann die Verfassung frei sein, aber das Volk nicht.

Die Aufklärung ist, kurz gesagt, die Emanzipation des Geistes von den Institutionen (Mme. de Staël, zit. F. Jonas in: Der Staat 4./1965, 280). Sie löst die Treuepflicht zu außerrationalen Werten auf, hebt die Bindungen durch Kritik ins Bewußtsein, wo sie zerarbeitet und verdampft werden, und stellt Formeln bereit, die Angriffspotential, aber keine konstruktive Kraft haben, wie in der Rede vom »neuen Menschen« oder von der Unmenschlichkeit der Herrschaft. Da Ideen als solche selten auf die soziale Gleichgewichtslage einwirken und im ganzen wenig Einfluß auf die großen Strukturveränderungen oder gar auf deren Konsolidierungen haben, so suchen sie wie von selbst eine kritische Form, um wenigstens als Störungsfaktor zu wirken. Schließlich kommt es zu extremen Polarisierungen, die mit den lebbaren Kompromissen, Halbheiten und Routineformeln des Alltags aufräumen, und am Ende erscheint die Aggression, die schon incognito im Ideal steckte. Die Taube ist ein Symbol der Liebe und des Friedens, aber die Biologen wissen, daß sie nicht die kleinste Tötungshemmung gegen Artgenossen hat.

8. DER STAAT

In weiterer Fortsetzung wollen wir unter den zahllosen Institutionen eine auswählen, an der sich die ethische Selbstgesetzlichkeit mit den daraus folgenden Möglichkeiten, zumal der Übersteigerung und Kollision mit anderen Moralen, besonders einleuchtend zeigen läßt, und dazu bietet sich der Staat an. Seit der Antike bezeichnet das Wort ein Gebilde, dessen Sinn letzten Endes nur als rational organisierte Selbsterhaltung eines geschichtlich irgendwie zustande gekommenen Zusammenhangs von Territorium und Bevölkerung bestimmt werden kann. Souverän sind nur solche Staaten, die für sich selbst einstehen können, denn die Sicherheit eines Staates und seiner Bevölkerung wird nicht etwa erst durch feindliche Absichten anderer bedroht, sondern bereits durch mögliche feindliche Absichten, ja nicht etwa nur durch etwas so Psychologisches wie Absichten, sondern durch objektive Entwicklungen verschiedenster, meist unvorhersehbarer Art. Wenn diese nur der Dimension oder Auswirkung nach potentiell gefährlich sind, dann berühren sie schon den empfindlichen Saum der Sicherheit, mag es sich um Bevölkerungskurven oder Industriepotentiale handeln, um geographische oder kosmographische Raumerweiterungen, um Neuerfindungen technischer oder wissenschaftlicher Art oder was immer. Es ist die bedeutendste geschichtliche Leistung einer Nation, sich überhaupt als eine so verfaßte geschichtliche Einheit zu halten, und den Deutschen ist sie nicht geglückt. Die Selbsterhaltung schließt die geistige Behauptung und das Bekenntnis einer Nation zu sich selbst vor aller Welt ebenso ein, wie die Sicherheit im großpolitischen Sinne, und diese besteht in der Macht eines Volkes, den physischen wie den moralischen Angriff auf sich unmöglich zu machen.

Das Bedürfnis nach Sicherheit ist vorpolitischer, ja vormenschlicher Art, bei gesellig lebenden höheren Tieren gibt es eine arterhaltend zweckmäßige Verteidigungsreaktion der wehrhaften Exemplare zum Schutz der Jungen und der tragenden Weibchen, ähnlich wie sehr primitive menschliche Gruppen für ihr Überleben noch ohne besondere ausgegliederte Einrichtungen sorgen müssen, die wahrscheinlich zuerst als »Männerhaus« für den Bund junger Krieger in Erscheinung traten (M. Weber, Wirtschaft und Ges. 616). Die »Souveränität« bewaffneter Sippen hielt sich bekanntlich als Tatsache oder Anspruch noch lange bis in den schon etablierten Staat hinein, so bildete ihre Entwaffnung und Domestizierung einen wichtigen Teil der Feudalgeschichte und des aufsteigenden Königtums, das den potentiellen Gewaltgebrauch monopolisierte. Infolge der Erweiterbarkeit des Sippenethos gelang es diesem in der Tat, in hohem Grade die Loyalität, Solidarität und Pietät der Bevölkerung an sich zu binden. Da die Familien seither wehrlos sind, haben sie sich in der Frage der Sicherheit gänzlich dem Staat ausgeliefert, der nunmehr in der Sicherheit seiner selbst und der Lebensansprüche der Nation die privaten Schutzbedürfnisse mitgarantieren muß. Das dazugehörige Ethos ist allerdings von dem familiär-humanitären wie dem eudaimonistischen nicht nur wesensverschieden, sondern dann unverträglich, wenn die kalte Sprache des Sachzwangs Gehorsam fordert; denn auf den Wegen jener Formen des Ethos trifft man viele gute Dinge, nur nicht die Sicherheit, weder die äußere noch die innere, deren letzter Halt Ehrgefühl heißt. Um unter den Risiken der Sicherheit auf die Dauer zu bestehen, bedarf die Nation gewisser Tugenden, die alle auf Distanzierung gehen: Der Disziplin und Nüchternheit, der Wachsamkeit und Ausdauer, der Fähigkeit zur Konzentration und des rationalen Gefahrensinns – also, mit einem Wort, der politischen Tugenden. Und sie bedarf auch des Gefühls dafür, welche Gesinnungen und Parolen solchen Tugenden auf die Dauer gefährlich werden. Dies sind alles trockene und pathoslose Dinge, und entsprechend hat sich auch Hobbes geäußert (De Cive 13, 6): »Die Vorteile der Untertanen lassen sich, nur in Bezug auf das diesseitige Leben, in vier Arten einteilen: 1. daß man gegen äußere Feinde verteidigt wird; 2. daß der innere Friede erhalten wird; 3. daß man sein Vermögen, soweit es sich mit der öffentlichen Sicherheit verträgt, vermehren kann; 4. daß man seine Freiheit so weit genießt, daß daraus kein Schaden entsteht.«

Das Eigenethos des Staates, in der Antike schon in Reinheit erreicht, war in späterer Zeit mühsam in Auseinandersetzung mit der Kirche herauszuarbeiten, ein umso schwierigeres Problem, als die Fürsten selber Christen und die Päpste selber politische Machthaber waren. In Erörterungen wie diesen muß das Christentum unter dreifachem Gesichtspunkt erscheinen, nämlich als Erlösungsreligion im Sinne eines kosmisch-dramatischen Verflochtenseins, als Großinstitution oder staatsanaloges Gebilde und drittens als humanitärgesamtmenschliches Ethos. Da hier der dritte Gesichtspunkt in erster Linie interessiert, gibt es Nahtstellen, und für jetzt ist nur zu sagen, daß den mittelalterlichen Fürsten eine solche Trennung sehr lange keineswegs nahelag. Die definitive Unterscheidung von »geistlich« und »weltlich« wurde, wie Böckenförde ausführt (Die Entstehung des Staates als Vorgang der Säkularisation, in: Säkularisation und Utopie, 1967, 75ff.), anläßlich des Investiturstreites geboren. Damals hat sich die Ecclesia als eigene, sich juristisch verfassende, sakramental-hierarchische Institution aus der umfassenden Einheit des orbis christianus losgelöst, der Kaiser wurde in die Weltlichkeit entlassen (79), und gerade dies war das Mittel, um nunmehr die Vorherrschaft des Papstes zu behaupten: Die Voraussetzung für das Geltendmachen dieser Vorherrschaft war die Anerkennung der Weltlichkeit, die prinzipielle Säkularisation der Politik.

Von da an mußte, wie man begreift, der Kaiser als Christ eine theologische und als Herrscher eine diesseitige Legitimation suchen. So hat Friedrich II. in seinem Kampf gegen den Papst in der Einleitung zu den sizilianischen Konstitutionen den Ursprung der weltlichen Herrschaft einerseits aus der göttlichen Vorsehung, andererseits aus der Zwangsgewalt der Wirklichkeit abgeleitet: ipsa rerum necessitate cogente nec minus divinae provisionis instinctu principes gentium sunt creati – die Fürsten der Völker sind geschaffen worden aus der zwingenden Notwendigkeit der Umstände selbst, wie nicht weniger aus der Neigung der göttlichen Vorsehung (Wieruszowski, Vom Imperium zum nationalen Königtum, 1933 und 1965, 50). Diese »Notwendigkeit der Dinge« hatte schon Gregor VII. (gest. 1085) als übergesetzliche Legitimation in Anspruch genommen, allerdings nur für den Papst allein (pro temporis necessitate novas leges condere, Wieruszowski 170) und gedeckt durch das Wort des Thomas »necessitas non habet legem« – Not kennt kein Gebot. Der Sachzwang setzt die je dringenden Staatszwecke, und dieselbe Zwangsgewalt der Tatsachen erklärt den Staat selbst, legitimiert ihn. Aber auch Friedrich II. setzte sich nicht durch, das gelang erst dem französischen König Philipp IV. in der Auseinandersetzung mit Bonifaz VIII. Dieser hatte unter Berufung auf Jerem. 1, 10 die Oberherrschaft der Kurie über alle Könige in der Welt verkündet: »Siehe, ich stelle dich heute über Königreiche, daß du ausreißen, zerbrechen, verstören und verderben sollst und bauen und pflanzen« – ähnlich dem Anspruch unserer evangelischen Politiko-Theologen, die »Königsherrschaft Christi« auszulegen. Als Philipp die Residenz des Papstes Klemens V. nach Avignon verlegt hatte, war die Interpretation klargestellt, und im Jahre 1338 konnte ein Reichsgesetz »Licet juris« nachziehen und die Trennung der geistlichen und weltlichen Herrschaft auch für das Imperium behaupten – quoniam imperator in temporalibus superiorem non habet in terris, da der Kaiser in weltlichen Hoheitsrechten auf Erden keinen Herren hat. Der französische König besaß sogar noch eine geistliche Sonderstellung; schon Innozenz III. (gest. 1216) hatte dem französischen Königtum Gottunmittelbarkeit zugestanden, während er für den Kaiser an der päpstlichen Übertragung festhielt (143). Renan konnte daher von der Königsweihe als dem 8. Sakrament der Franzosen sprechen. Aus dieser Lage stammt die lange Tradition nationalkirchlicher Selbständigkeit gegenüber dem Papst in Frankreich, gipfelnd noch 1682 in der Erklärung der gallikanischen Freiheiten unter Ludwig XIV., und erst mit dem Vatikanischen Konzil 1870 endend.

Diese Dinge wurden kurz in Erinnerung gebracht um zu zeigen, daß es unter christlichen Königen zu einer wirklich durchgreifenden Säkularisation des Staates nicht kommen konnte, denn ob man die Kirche von der Überweltlichkeit einer Erlösungsreligion, von der humanitären Moral oder von der Seite der Institution aus betrachtet, sie kann die necessitas rerum im Staate als letzte, auch ethische Berufungsinstanz, als Sichbeugen unter den Sachzwang in Ehre und Disziplin, nicht annehmen, so daß es bei der Unvereinbarkeit der sozialethischen Fundamente von Staat und Kirche, wenn man sie in sozusagen chemischer Reinheit ansieht, nur zu einem stillschweigenden Nichtangriffspakt kommen konnte, zu einer praktischen Symbiose mit temperierter Grundsätzlichkeit in dem Streifen, wo sich beide Instanzen in weltlichen Angelegenheiten treffen.

Inzwischen waren dem Staat im europäischen Sinne aber neue Aufgaben zugewachsen, so daß die im Mittelalter erreichte größere Bewegungsfreiheit sehr nötig gebraucht wurde, und diese Aufgaben bestanden und bestehen in seiner Leistung als »Neutralisationsebene«. Carl Schmitt (Die Formung des franz. Geistes durch den Legisten, in: Ztschr. Deutschland – Frankreich, 1942) und Roman Schnur (Die franz. Juristen im konfessionellen Bürgerkrieg des 16. Jahrhunderts, 1962) haben gezeigt, daß die Unerträglichkeit des konfessionellen Bürgerkrieges den Absolutismus eines sich politisch als autonom verstehenden Königtums entscheidend gefördert hat, diese Autoren haben die maßgebende Rolle der rein politisch denkenden Kronjuristen in diesen Ereignissen dargestellt. Man war aus der unmenschlichen Notlage heraus zu Überzeugungen gekommen, wie sie später Hobbes zur Grundlage nahm. Schon im Jahre 1589 sagte François Le Jay (Schnur 21): »Es ist besser, hundert Jahre der Tyrannei zu dulden, als einen Tag die Leiden des Bürgerkriegs erleben zu müssen.«

Damals trat zum ersten Male der Staat als Neutralisationsebene gesellschaftlicher Konflikte in Erscheinung, ein bedeutendes Verhältnis, denn er nährt seine rationale Größe dann von der virtuellen Dynamik der Spannungen, die er zu sich heraufzieht und in sich ausgleicht, er transformiert revolutionäre Energien in sein eigenes Potential hinein. Das hatten zuerst die Römer dargetan, denn man kann aus der frühen Geschichte dieses Modellstaates bei Livius ablesen, wie die periodischen Waffenstillstände zwischen Patriziern und Plebejern sich jeweils in der Erfindung neuer staatsrechtlicher Einrichtungen niederschlagen, die für eine Weile den chronischen Kampf zum Einstand brachten, so daß jeweils neue Ämter als Spannungskompromisse in institutioneller Umformung entstanden: Die Zehnmänner, die Volkstribunen, die Militärtribunen mit konsularischer Gewalt. Das Institutions-Ethos des Staates vermag Aggressionen zu bändigen, ja zu verwerten.

Ein weiteres Beispiel für diese Leistung gibt die imperialistische Kolonialpolitik der 2. Hälfte des 19. Jahrhunderts, auch hier muß der Begriff Neutralisation zusammengedacht werden mit einer Verstärkung und Sinnänderung der staatlichen Aktivität in rein sachbezogener Logik. In die Motive gibt Cecil Rhodes Einblick (Bertrand Russell, Freiheit und Organisation, dt. 1948, 478ff.). Ihn hatte die Antrittsrede Ruskins (1872) in Oxford beeindruckt, in der dieser darlegte, England müsse, wenn es nicht untergehen wolle, mit seinen tüchtigsten und würdigsten Männern Kolonien gründen, so schnell und so weit es dazu nur fähig sei; es müsse sich jeden Stückes freien, fruchtbaren Bodens bemächtigen, den es zu besetzen vermöge, um dort seine Kolonisten zu lehren, daß ihre Haupttugend die Treue zu ihrem Vaterland sein müsse, und ihr vornehmstes Bestreben, Englands Macht zu Lande und zur See zu stärken.

Diese Ansprache inspirierte den jungen Rhodes, der kurz darauf nach Oxford kam und dann mit einigen Klassikerbänden und einem griechischen Lexikon versehen zwischen seinen Diamantfeldern und Oxford pendelte. Er sagte im Jahre 1894 zu einem Journalisten Stead folgendes: »Ich war gestern im Ostende von London und besuchte eine Arbeitslosen-Versammlung, und als ich nach den dort gehörten wilden Reden, die nur ein Schrei nach Brot waren, nach Hause ging, war ich von der Wichtigkeit des Imperialismus mehr denn je überzeugt. Meine große Idee ist die Lösung des sozialen Problems, d. h. um die 40 Millionen des Vereinigten Königreichs vor einem mörderischen Bürgerkrieg zu schützen, müssen wir Kolonialpolitiker neue Ländereien erschließen, um den Überschuß der Bevölkerung aufzunehmen und neue Absatzgebiete zu schaffen für die Waren, die sie in ihren Fabriken und Minen erzeugen. Das Empire, das habe ich stets gesagt, ist eine Magenfrage, und wenn Sie den Bürgerkrieg nicht wollen, müssen Sie Imperialist werden.« Damit hatte Cecil Rhodes die Erfahrungen der alten Großmächte Rom und Athen übernommen. Wir möchten auch glauben, daß der rasante französische Revanche-Nationalismus der 3. Republik eine Veranstaltung war, um die inneren Gegensätze in eine Dynamik nach außen zu konvertieren, Gegensätze, die ebenso aus den Klassenlagen wie aus der laizistischen, ja freimaurerischen Konstruktion des Staates und den opponierenden, noch bedeutenden katholischen Bindungen der Bevölkerung sich ergaben. So verspottete Clémenceau die Leute, »die die internationalen Kriege unterdrücken wollen, um uns in Frieden den Annehmlichkeiten des Bürgerkrieges auszuliefern«. (Sorel, Über d. Gewalt, 1928, 59)

Den Imperialismus treibt der biologische Druck wachsender Massen, so drückt er die furchtbare Wahrheit aus, daß Leben von Leben zehrt. Das geschah im 19. Jahrhundert auf neuem Niveau, denn der weltweite Wirtschaftsverkehr, die nachrichtentechnisch erzeugte Nervosität gegenüber täglichen Ereignissen, die drängende soziale Frage und die Wucht der Kriegsmittel wirkten zusammen. Dies beschrieb treffend T. Iwakura, später Chefinformator der japanischen Regierung, im Jahre 1869: »Alle Länder in Übersee sind schließlich öffentliche Feinde unseres Kaiserreiches, wenn wir auch mit ihnen Verkehr pflegen müssen. Alle diese Länder streben mit ihren beständigen Fortschritten in Wissenschaft und Technik nach Macht und

Reichtum und wollen andere unter ihre Herrschaft bringen ... da gibt es keine Ausnahme. Alle Länder in Übersee sind daher als öffentliche Feinde unseres Kaiserreiches anzusehen.« (zit. Kennosuke Ezawa in: Menschl. Existenz und moderne Welt, 1967, II/315). Folglich kam S. Tokutomi im Jahre 1895 (!) zu der bemerkenswerten Folgerung, daß »eine Macht, die barbarische Lebenskraft und zivilisatorischen Verstand in sich vereinigt, die stärkste Macht der Welt« sei (316).

Im übrigen hatte der Imperialismus noch die Folge des Herausschiebens der Entscheidung. Man darf nicht vergessen, daß seit langem, seit der Dänenfrage 1848 oder spätestens seit dem Krimkrieg sich die große europäische Auseinandersetzung vorbereitete, die durch die freie Expansion in Übersee immerhin um einige Jahrzehnte vertagt wurde; so entstand die Periode einer unwahrscheinlich langen Waffenruhe von 1871 bis 1914.

Zuletzt haben die inneren, nicht mehr zu neutralisierenden Spannungen in Rußland wie in England, wo es 1912/13 im Zusammenhang mit der Home-Rule-Bewegung in Irland zum Bürgerkrieg gekommen war und die Selbstregierung der irischen Nationalisten im Sommer 1914 in Kraft treten sollte, und haben endlich die deutschen Wahlergebnisse von 1912 mit dem großen Zuwachs der Sozialdemokratie zweifellos die Regierungen veranlaßt, dem Kriegsausbruch nicht mehr um jeden Preis aus dem Wege zu gehen. Die großen Landnahmen waren beendet, man überlegte sich schon die Teilung des portugiesischen Kolonialbesitzes, und der Ausgleich der Konflikte im Inneren gelang nicht mehr.

Der Zeitpunkt, von dem an der Staat unter den Anprall der Gesellschaft geriet, fällt in England etwa mit der Wirksamkeit Lockes zusammen, in Frankreich mit der Erklärung der Menschen- und Bürgerrechte 1789, die vom Staat als »corps social« spricht, und die Lorenz v. Stein das erste Grundgesetz der neuen Gesellschaft nannte. Der Staat wird jetzt als demokratisches Gebilde oder monarchischdemokratisches Mischgebilde die Neutralisierungsebene gesellschaftlicher Konflikte, und da die Armut nachdrängte, machte er zu seiner wesentlichen inneren Aufgabe die »Sozialpolitik«, d.h. die gesetzgeberische Temperierung des Gegensatzes von arm und reich. Die führende Figur war hier Napoleon III., dessen Bedeutung immer noch unterschätzt wird. Ein zeitgenössischer Beobachter, der sich auf das Jahr 1869 bezieht, sagte (G. Schneider, Pariser Briefe, 1872): »Es ist kein Zweifel, sein Ziel ist die revolutionäre Monarchie: gewählt durch das souveräne Volk, sorgsam für die kleinen Leute. Klar erkennt er die Bedeutung des vierten Standes und der socialen Frage. Der Prinz macht Ernst mit dem Wort: Die napoleonische Idee geht in die Hütten, nicht um den Armen die Erklärung der Menschenrechte zu bringen, sondern um den Hunger zu stillen und die Schmerzen zu lindern ... die Bedeutung des vierten Standes war niemals in der modernen Welt so gewaltig als unter dem zweiten Kaiserreiche ... es ist doch nichts Geringes, daß unter Anderem die Sparcassen binnen sieben Jahren von 2000 auf 4.118 mit 534.233 Mitgliedern anwuchsen, daß eine Menge Krippen für die Arbeiterkinder, neue Hospitäler und Anstalten zur Verpflegung der Kranken im Hause, Asyle für die verstümmelten und genesenden Arbeiter, Handwerkercassen, unentgeltliche Bäder, wohlfeile Markthallen, Arbeiterwohnungen durch die Fürsorge der Regierung überall entstanden.« (9ff.)

Mit der ungemeinen Steigerung der Produktion seit der Mitte des 20. Jahrhunderts und der Gewöhnung an einen dauernd steigenden Lebensstandard wird allerdings der Staat zum Vollstreckungsorgan dieser rein gesellschaftlichen Tendenzen, er hat in der Bundesrepublik, kurz gesagt, für die Konjunktur zu sorgen, und dies umso ausschließlicher, als eigentlich politische Zielsetzungen plausibler Art nicht möglich sind. Damit weicht die Autorität des Staates auf. Sie war in ihrem Kerngehalt politisch derart, daß Anweisungsbefugnisse entweder vom Staat hergeleitet wurden oder von ihm doch kontrolliert, so daß Einzelinteressen einer übergeordneten Bestimmung nachgeordnet waren – so jedenfalls in Europa. Doch ist hier aus objektiven Gründen das Staatsgebilde überall in Lockerung, soweit es dem westlichen Bereich zugehört, und zwar auch bei den Nationen, die zwei Weltkriege siegreich überstanden hatten. Denn seit Jahrzehnten sind Staat und Gesellschaft in einen Prozeß gegenseitiger Vermischung verwickelt, wobei die gesellschaftlichen Partikularinteressen, die immer organisiert sind, eine enorme Auswirkung auf das Ganze bekommen, wenn sie über die Gesetzgebung hinweg operieren und es verstehen, die Parlamentarier unter Druck zu setzen. Nach Forsthoff (Verfassung und Verfassungswirklichkeit der Bundesrepublik, Merkur 241, Mai 1968) trat bei uns die entscheidende Wende ein, »als unter der Herrschaft des Grundgesetzes nicht mehr das finanzielle Leistungsvermögen des Staates, sondern das Volumen des Bruttosozialproduktes zum Maßstab der sozialen Umverteilung – alles soziale Handeln des Staates ist Umverteilung – genommen wurde. Das bedeutete die Auslieferung der staatlichen Entschließungen an die Bedingungen des Wirtschaftens schlechthin. Und damit hat die Bundesrepublik nach der äußeren auch die innere Souveränität verloren: In welchem Sinne man sie noch als Staat bezeichnen will, ist eine Frage der Benennung.«

So nimmt der Leviathan mehr und mehr die Züge einer Milchkuh an, die Funktionen als Produktionshelfer, Sozialgesetzgeber und Auszahlungskasse treten in den Vordergrund, und man hat dem humanitär-eudaimonistischen Ethos die Tore so weit geöffnet, daß das eigentlich der Institution angemessene Dienst- und Pflichtethos aus der öffentlichen Sprache und aus den Kategorien der Massenmedien vollständig verschwunden ist und dort nur noch Gelächter auslöst. Vielmehr machen Beamte, um Weihnachtszuwendung zu bekommen, ohne Rücksicht auf die Interessen des Ganzen Bummelstreik. Wenn ein Staat zusammenbricht, verlieren Männer ihren Wert – auch diesen Zustand kann man Freiheit nennen. »Die weder dienen noch herrschen können, sind Bürger«, sagte Stefan George (E. Landmann, Gespräche mit St. G., 1963, 184.) – Bourgeois sind also gerade diejenigen, die sich nicht dafür halten.

Das überwältigend hypertrophe humanitär-eudaimonistische Ethos würde riskante politische Zielsetzungen auch sofort moralisch denunzieren, wenn sie sichtbar würden, schon um »der Beschränkung auf das Wirtschaftliche eine Art moralischen Unterbaus zu geben« – von Werner Jaeger (Demosthenes, 1963, 54.) gesagt unter Bezugnahme auf eine unter Xenophons Namen überlieferte Schrift »Über die Einkünfte«, die im Umkreis des politischen Resignationsprogramms des Isokrates entstand. So ist bei uns vom Staate in seiner alten Mission als Hüter der Sicherheit wenig übrig geblieben: manebat quaedam imago rei publicae (Tacitus). Es besteht eben eine zuletzt unschlichtbare Gegensätzlichkeit zwischen Familie und Staat und daher zwischen dem humanitären und dem politischen Ethos, denn die Kategorien des letzteren sind Sicherheit und Ehre, die es anderswo nicht gibt, was an guten Gaben man auch finden möge. Im § 185 der Grundlinien der Philosophie des Rechts beschreibt Hegel die selbständige Besonderheit des Subjekts, die Befriedigung der Bedürfnisse, Willkür und subjektives Belieben als gegründet in Privateigentum und Familie und erwähnt, daß Plato dem seinen substanziellen Staat entgegengestellt habe.

Zu der Schwächung der Staatsautorität, zumal in den westlichen Ländern, trug der Umstand bei, daß sie als Neutralisationskraft entbehrlich schien, zumal wenn man den steigenden Lebensstandard selber als ein solches Mittel ansah; dann würden, wie manche glaubten, die gesellschaftlichen Gegensätze im Wohlstand ertränkt werden. Diese rein materielle Ansicht erwies sich als falsch, denn nicht nur der Hunger macht aufsässig; auch Statusfragen, auch der Mangel an sinnvollen Zielsetzungen oder das Gefühl, man sei ein Opfer moralisch argumentierender Feindseligkeit, schaffen Unruhe. Außerdem bildete sich eine neue Opposition, die sog. Intelligenz, deren Machtbedürfnisse in keiner Weise abgesättigt sind, eine Quasi-Aristokratie, die den Ansturm auf die schon unstabile Staatsautorität führt: Theologen, Soziologen, Philosophen, Redakteure und Studenten bilden den Kern. »Von allen Aristokratien die perfideste und härteste ist die Talent-Aristokratie« sagte schon Sorel (La ruine du monde antique, 88), und da diese Gruppen sämtlich, von den vordringlichen Bedürfnissen der Wirtschaft aus gesehen, produktionsunwichtig sind, können sie gar nicht befriedigt werden, außer durch Herrschaft, und so wird die Ungeduld und Aggressivität immer drängender. Unter diesen Voraussetzungen geben wir auch der bisweilen geäußerten Hoffnung, der »Mensch der wissenschaftlichen Zivilisation« (H. Schelsky) werde nicht nur die Technik, sondern auch sich selbst als Gesellschaft und Seele in vernünftiger Weise produzieren, fürs erste wenig Chancen.

Zur Einleitung der folgenden Gedanken bringen wir noch einmal die Leitlinien unseres Themas in Erinnerung. Eine ursprünglich auf die Großfamilie bezogene Ethosform der Brüderlichkeit und Sympathiebereitschaft läßt sich aus ihrer Begrenzung heraus erweitern, und dies geschah in mehreren Schritten – als stoisches Weltreichsethos, oder im Gewande vorderasiatischer Erlösungsgläubigkeit oder endlich als sozialhumanitäre Einstellung der Industrieperiode hat sich doch immer derselbe Gefühlsstrom durchgezogen. Zweitens besteht ein Spannungsverhältnis dieses Ethos zum staatlich-politischen, also zum Ethos einer rational organisierten Gefahrengemeinschaft, und darüber hinaus sogar ein virtueller Gegensatz, der in extremen Situationen zutage tritt. So muß Robespierre die von Anacharsis Cloots (»l'orateur du genre humain«) verkündete grenzenlose Gemeinschaft mit der Rede »die Völker sind notwendig böse, das Menschengeschlecht notwendig gut« zur Zeit des 1. Koalitionskrieges als Sicherheitsrisiko empfunden haben; er ließ ihn hinrichten. Vielleicht fand er, wie Roscher, die unpatriotische Menschenliebe so verdächtig, daß er »das völlige Verschwinden auch der unbegründeten Volkseifersucht nur mit Besorgnis« wahrgenommen hätte (Grundlag. d. Nat. Ökonomie, Bd. I, ¹³1877, 207).

Es ist bedeutsam, daß die humanitäre Gesinnungsmoral (mit oder ohne religiöse Motivierung) zwar mit der necessitas rerum der großen Politik im Spannungsfall unverträglich ist, aber selbst politisiert. »Diese Politisierung der Moral ist nach Hegel die zwangsläufige Folge des Versuchs, den Willen des Staates mit dem allgemeinen Willen der Gesellschaft vermittlungslos zu identifizieren« (Lübbe, Hegels Kritik der politisierten Gesellschaft, in: Schweizer Monatshefte 3/1967, 247). Die mehrfach wiederholte Situation, in der jenes Ethos dominant wurde, erklärt die Politisierung: Widerlegte Völker, die sich einer übermächtig-fremdbestimmten Zukunft gegenübersehen, versuchen doch in weiten Verkehrs- und Mitteilungsräumen zu missionieren, um eine Atmosphäre der Schonung zu verbreiten. Wir Deutschen sind in der besonderen Lage, nach zwei verlorenen Kriegen um die Hegemonie in Europa von der großen Politik für immer ausgeschlossen zu sein, unsere Sicherheit erhoffen wir von außen. Diese beispiellose Situation hat nur für sehr kleine Interessentenkreise Vorteile, so für Intellektuelle, Fabrikanten und den kleinen Kreis der Erkennenden. Denn nach dem Verlust des Reiches, das Montesquieu noch im Jahre 1748 als Staatswesen von ewiger Dauer bezeichnet hatte, ist es sinnvoll, den damit verbundenen Zustand, nicht zuletzt den moralischen, zu studieren, und zu diesem Zustand ist zu sagen, »daß mit dem National-Sozialismus und der Kriegskatastrophe der Staat als nationale Lebensform eine Diskreditierung erfahren hat, die von bleibender Dauer zu sein scheint« (Forsthoff, Technisch bedingte Strukturwandlungen des mod. Staates, in: Die Technik im techn. Zeitalter, 1965, 227). In dieser Welt ist, wie schon gesagt, nur eines endgültig, die Niederlage, und dort ist man selbst von den Kirchen verlassen, die die Wahrheit nicht mehr auf der Rückseite des Lebens suchen, sondern vorne mitspielen wollen.

Nur muß man, wie gleich zu zeigen sein wird, wissen, daß wir damit auch in Moralfragen von den eigentlich großen Entscheidungslagen ausgeschlossen sind, mit Ausnahme der Loyalität im Unglück. So wird der Denkende bei uns leicht in eine Stimmung zurückgelenkt, der schon Goethe Ausdruck gab, als er im November 1813 zu Heinrich Luden sagte: Nur die Wissenschaft biete ihm Trost für das entgangene stolze Bewußtsein, einem großen, starken, geachteten und gefürchteten Volk anzugehören.

Wir gehen nun noch ein paar Schritte als solche, die ein gutes theoretisches Gewissen haben dürfen, weil sie nichts verpassen, den Problemen der großen staatlichen Macht nach. Bei der um sich greifenden Neigung zur Verharmlosung ist zu bemerken, daß schon die Verwendung psychologischer Begriffe eine solche Verharmlosung anzeigt, denn dann kann man in einem zweiten Schritt der Assoziation sofort moralisieren — wer von »Machtwille« spricht, kann das Wort »Machtmißbrauch« nicht mehr verschlucken. Da ist der alte Spruch weit klüger: Wer auf dem Tiger reitet, kann nicht absteigen. Denn er fragt nicht, wie dieser Jemand auf den Tiger hinaufkam, sondern zeigt nur, wie der Mächtige so weit in die Exponiertheit geraten kann, daß das Risiko nach rückwärts größer sein kann, als das nach vorwärts. So pflegen Kriege zu entstehen, und nicht aus Motiven einzelner Personen, und deswegen können sie bisweilen auch erst mit einer totalen Niederlage enden. Als sich in einer bedenklichen Kriegslage eine defaitistische Stimmung ausbreitete, sagte Perikles (Thukyd. II, 64.): »Und diese Herrschaft könnt ihr nicht einmal aufgeben, wenn auch die Furcht jemand auf den Gedanken bringen sollte, er wolle gern in Ruhe für sich leben ... bei dergleichen Untätigkeit ist keine Sicherheit vorhanden.«

Wir bestreiten nicht, daß die Herrschaft die Seelen verbiegen kann, und etwas wie ein Höhenschwindel mag den befallen, der unvorbereitet in die kalte Luft des großen Palastes gerät, auch benutzte Herodot diese sehr alte Erfahrung zur Polemik gegen den Tyrannen (III, 80): »Denn selbst den besten Mann von Allen, wenn er in eine solche Herrschaft einträte, würde sie außerhalb des Kreises seiner gewohnten Anschauungen versetzen.« Racine wählte sich bei der großen Diatribe gegen den Machtrausch des absoluten Herrschers dasselbe Thema in »Athalie«:

»De l'absolu pouvoir vous ignorez l'ivresse ...« (1691), und schließlich gehört in denselben, heute vulgärpolitisch so geläufigen Zusammenhang des Raisonnements auch Lord Actons berühmtes Bonmot »Power tends to corrupt and absolute power corrupts absolutely« (die Briefstelle zit. bei Hermens, Ethik, Politik und Macht, 1961). Doch ist dieser Satz unvollständig, denn bekanntlich korrumpiert Machtlosigkeit auch, und absolute Machtlosigkeit korrumpiert absolut.

Jacob Burckhardt scheint übrigens zu seinem oft angestrengten Ausspruch, nach dem die Macht »an sich böse« sei, aus lokalem Grunde gekommen zu sein, erschreckt durch die Brutalitäten der schweizerischen demokratischen Entwicklung seiner Zeit. Harry Graf Kessler erwähnt in seinen Tagebüchern die sehr überzeugende Ansicht des schweizerischen Historikers Emil Dürr, der einleuchtend entwickelt habe, daß J. Burckhardt, C. F. Meyer, Gottfried Keller, Bachofen, Nietzsche und Gobineau (der Gesandtschaftssekretär in Bern gewesen war) zu ihrem abseitigen Aristokratismus durch das Schauspiel gedrängt wurden, das ihnen der Sieg der dortigen Demokratie bot. Im Jahre 1831 habe ein kulturfeindlicher Nivellierungsprozeß eingesetzt, der bis etwa 1875 fortdauerte und bei allen diesen Männern in verschiedenen Mischungen Abscheu, Furcht, Haß und Verachtung hervorgerufen habe.

Aus dem Umkreis von Erlebnissen dieser Art ist Burckhardts berühmter Spruch zu verstehen, aber man kann die großen ethischen Paradoxien nicht auf der psychologischen Ebene abhandeln, die heutzutage von privatisierten Empfindlichkeiten besiedelt ist. Daß das Humanitärethos und das Machtethos sich zuletzt widersprechen, läßt sich zeigen; wie aber sich beide Imperative in derselben Seele zusammenfinden, ist rätselhaft und geschieht doch, denn schon zu Cromwells Zeiten fand Baxter heraus, daß in ihm Frömmigkeit und Ehrgeiz ein und dasselbe seien.

Damit verkörperte er die sehr spezifische angelsächsische, puritanische Synthese von verschärfter Religiosität und aggressiver Weltdurchdringung auf politischen und wirtschaftlichen Wegen. Wahrscheinlich kann man die von dem reinen Ethos freigesetzte Aggression auch als »Angriffsenergie« in Arbeit und Kampf gegen die »Feinde Gottes« (der »Zivilisation« usw.) umsetzen, weil den Protestanten die Wendung der Aggression gegen sich selbst, als Askese im Sinne der mortificatio, versperrt ist.

Die Kapazität psychologischer Kategorien ist dem Thema Staat nicht angemessen; Ranke wußte das noch: »In der Macht an sich erscheint ein geistiges Wesen, ein ursprünglicher Genius, der sein eigenes Leben hat« (zit. v. Schrenck-Notzing, Charakterwäsche, 1956). In einem eleganten Wortspiel sagte Lassalle: »Ohne höchste Macht läßt sich nichts machen« (Bernstein, L's Reden und Schriften I, 1892, 179). Weil der Staat die Gesamtwohlfahrt eines Volkes nach außen und innen, zuletzt mit sich dessen Existenz zu sichern hat, steht er unter dem Zwang zum Erfolg, und so begründet sich der Vorrang der Rationalität. Die zwei oder drei Völker, in denen so etwas heute vor sich geht, werden frei sein, d. h. ihr Schicksal selbst bestimmen.

In der Welt der Nahziele müssen daher diese souveränen Staaten ihre geographische Umwelt aus Gründen ihrer Sicherheit ordnen und einen cordon sanitaire um sich ziehen, in dem sie sich die letzten Entscheidungen vorbehalten – so bestimmen sie die Rolle der Satelliten- und Vorfeldstaaten. In dauernd sich drängenden Kraftfeststellungen, Präventivgriffen, Überraschungen und Zugzwängen geht das Manövrieren und Aufmarschieren vor sich, nur gesteuert von der größten erreichbaren Rationalität, und allerdings belastet durch das Gewicht der Vergangenheit, das die Wahlfreiheit einengt. Wenn kein anderer Weg mehr offen steht, wird die Alles-oder-Nichts-Wahl erzwungen, die katastrophal ausfallen kann; so endete die Sizilische Expedition der Athener (415–413 v. Chr.) in den Steinbrüchen, so mußte Karthago in den dritten Punischen Krieg gehen, den es nicht mehr führen wollte, und so endete Preußen, der ruhmvolle deutsche Staat, vergeblich gegen die Geographie anrennend.

Es ist kindlich zu glauben, man könne hier mit den Gefühlen der Familienmoral auskommen, und sollte es wirklich Politiker und Theologen geben, die das nicht behaupten, um ihre Gegner zu diskreditieren, dann reden sie »ut ignaros, quanta belua esset imperium« – als ob sie nicht wüßten, was für ein Untier die Herrschaft ist. Um in Sentenzen zu sprechen: Das Schwert, das man aus der Hand legt, ergreift ein anderer; so wie der Satz Christi »Wer das Schwert ergreift, wird durch das Schwert umkommen« der Ergänzung bedarf: Auch der, der es niederlegen mußte.

Das Bedürfnis großer Völker nach einem höchsten Maß von Macht läßt sich durchaus von der Sache her begreifen, denn oberhalb des Überlebens gibt es für sie keinen Imperativ. Ein Maximum müs-

8. Der Staat

sen sie schon deswegen erstreben, weil unerwartete Chancen durchaus von dem erreichten Grade der Macht abhängen, denn es gibt einen latenten Wirkungsüberschuß über den artikulierten Wirkungsbereich hinaus, ein undefiniertes Potential, das sich nach improvisierten Richtungen hin verwenden läßt. So gab Henry Ford II zur Zeit Kennedys einmal der Furcht Ausdruck, daß die enorme Macht, die von einem entschlossenen und begabten Präsidenten der USA aufgebracht werden kann, in steigendem Grade dazu verwendet werden könne, um eine »informelle und dennoch direkte Kontrolle über die Wirtschaft auszuüben«. H. Ford dachte hier an den Mehrwert, der jeder organisierten Macht zukommt, etwa aus der Ausnützung ihres psychologischen Eindrucks, oder weil ein Informations-Vorsprung oder ein Monopol ergiebiger Voraussicht erreichbar ist, oder weil ein Plus an Initiative mit der Chance entsteht, Ereignisse aufscheuchen zu können, oder weil hier der Vorteil der Vorausbefriedigung von Ansprüchen brauchbarer Partner liegt usw.

Auf solche Möglichkeiten geht ein Teil des Prestiges zurück, Prestige ist die Umwandlung der Zustandserhöhung in psychologische Guthaben bei Anderen.

Zu der hier unternommenen, in deutscher Sprache reichlich paradoxen und unzeitgemäßen Apologie der Macht gehört nun vor allem die Erkenntnis, daß dieses Mehr an Leben und Mehr an Bewirkenkönnen seine eigene ethische Seite hat, von deren Fülle der Machtlose ausgeschlossen bleibt. Dazu sagte Max Scheler in seiner Schrift »Nation und Weltanschauung« (1923): »Nur der je herrschende vorbildliche Menschentypus kann seinem eigenen Ethos praktisch-moralisch auch Genüge tun.« Hinter diesem Satz steckt eine pluralistische Soziologie der Tugenden, es gibt solche, die man besser aus der privaten Entlastung heraus lebt und andere, die man überzeugend nur von oben her, aus der Herrschaftslage darstellen kann. Deshalb wird die Erinnerung an die Königszeit aus den Hintergründen der Seelen nicht so bald verschwinden, denn damals war eine Daseinsfülle im Obensein erreichbar, die besondere Tugenden voraussetzte und anforderte. Sie stammten alle, wie Mut, Großmut und Ehrgefühl, zuletzt aus einer Welt, in der Kriege und Siege häufig und zudem individuelle Leistungen waren. Mit dem Sieg konnte man sich in den Besitz aller Mittel zur Daseinsverklärung setzen, und dann mochten wohl Tugend, Macht und Reichtum zusammenfallen, wozu die Kirche noch das gute Gewissen beisteuerte, indem sie irgendeinen Kompromiß von Gewaltgebrauch und Religion fand.

Mit diesen einzigartigen Daseinsprämien hat das kapitalistische Bürgertum bereits aufgeräumt, es kam die Zeit der persönlichen Prüfung, des Leistungsgewissens und Geständniszwangs, der englischen Melancholie und des ewigen Fraternisierens, dazu das trostlose Einsehenmüssen. Ob nicht die ganze hohe Moral der Denker der Gegenwart, fragte G. Sorel, auf einem Verfall des Ehrgefühls beruhen könnte; nicht so sehr Verfall, würden wir meinen, als auf der Einsicht in die Nutzlosigkeit einer Tugend, die im Grunde aus dem Haß gegen die Feigheit stammt – Institutionstugend individualkriegerischer Zeitalter. Die Könige selbst haben dann den bürgerlichen Kodex adoptiert und so die Untertanen um »das gleichsam Heilige gefallenen Königtums« gebracht (quoddam sacrum regni iacentis, Seneca Troades 53) – mit welchen Gefühlen wohl Wilhelm II. aus seinem Refugium heraus an Nikolaus II. dachte?

Nach dem Ende des aggressiven Kapitalismus wird die Erinnerung auch an diese Zeiten von ethischen Stimmen übertönt, die in der von Gustav Landauer angegebenen Richtung denken (Sein Lebensgang in Briefen, Hg. M. Buber, 1929, II/278): »Alle Welt sucht nach dem Sozialismus, der sich verwirklichen läßt, ohne die Freiheit anzutasten, nach dem Kultursozialismus, der nicht vom Klassenkampf, sondern von der Menschheit ausgeht.« Dazu ist mehreres zu sagen. Auch ein solcher »Kultursozialismus« wäre nicht unpolitisch, in den zitierten Worten finden wir schon vor vierzig Jahren das Programm der heute über die halbe Welt realisierten abgehobenen linken Fortschrittskultur. Sie ist das Werk der Intellektuellen, die so gern die Freiheit und den Globuseinfluß für sich und die sozialistische Gleichheit bei den Anderen hätten. Dies ist aber doch in neuen Worten dem alten stoischen Anspruch sehr nahe, den wir in den ersten zwei Kapiteln darstellten, hier wird Herrschaft erstrebt, und für die Massen die Lämmerweide. Deshalb war es so einschneidend, als die Russen im August 1968 in der Tschechoslowakei diese Art Freiheit, nämlich eine von der Kultur her aufgebaute Nebenregierung ausschlossen, noch weit entfernt von dem kaum nachvollziehbaren chinesischen Entschluß, die Intellektuellen periodisch in Landarbeiter zu verwandeln. Bei der Diskussion dieser Vorgänge zeigt sich nun doch, wie wenig moralische Eroberungen die westliche Fortschrittskultur außerhalb ihres Bereichs gemacht hat, und das wird wohl daran liegen, daß man dort das Bündnis der äußersten kulturellen und überhaupt geistigen Libertinage mit enormen Unternehmergewinnen nicht für einleuchtend hält, zumal sich auch noch anarchische Krawalle von Kulturaspiranten als kassengünstig erwiesen und bevorschußt wurden.

Für uns ist heute der Staat im magnetischen Sinne, derselbe, dem Friedrich der Große in seinem Testament von 1752 Majestät zusprach, eine Erinnerung, die schnell verblaßt. Von der dort herrschenden Moral, die eigenen Rechtes ist, sind wir daher ausgeschlossen. Der Reststaat und die gruppenegoistisch organisierte, am Ethos des Massenlebenswertes interessierte Gesellschaft durchdringen sich zu einem noch namenlosen Gebilde.

Forsthoff (Festschrift für C. Schmitt Epirrhosis, 1968, 203) kann daher sagen, »daß die sozialstaatlichen Elemente der Umverteilung und die Implikationen der Daseinsvorsorge ein eindeutiges Übergewicht über die politische Herrschaftsstruktur des Staates haben, liegt offen am Tage. Sie binden den Staat in toto an das Sozialprodukt und damit an die wirtschaftliche Prosperität. Diese Bindung steht aller staatlichen Politik nach außen wie nach innen voran. Sie schlägt durch als Zwang zur Vermeidung von Risiken und ist damit ein wesentlicher Grund für den fortschreitenden politischen Immobilismus.«

Hier wird in der Sprache des Staatsrechtlers ein Gegensatz von Staatszwecken aufgedeckt, der dem von uns beschriebenen Antagonismus von Ethosformen parallel läuft. Der Immobilismus wird den aufgeweckten jungen Leuten mit ihrem zeitungshaften Bewußtsein, in dem sie täglich die Weltprobleme der Anderen registrieren, immer unerträglicher. Sie merken schon, daß die verbreitete Mundwerksburschen-Frivolität nicht weiterhilft, aber nichts hilft weiter. Sie werden lernen, sich davon zu überzeugen, daß bei sich regender Unabhängigkeit oder Initiative urplötzlich herauskommt, wie die alten Koalitionen, die sich seit 1848 immer wieder fanden, noch auf Wartestellung liegen.

In Abwandlung eines Wortes von Kant (Der Streit der Fakultäten 2), daß es doch »süß ist, sich Staatsverfassungen auszudenken«, hängt man Plänen zur Gesellschaftsreform nach und verliert den Sinn für die Eigenqualität des Ethos der Macht. Sie ist nicht zum Gebrauch für uns von Interesse, sondern zur Einschätzung der Lage. Im »Spiegel« (18.11.1961) hieß es:

»Man muß wissen, was im Kopf eines kommunistischen Politikers wie Chruschtschow vorgeht. Für Chruschtschow ist es geradezu unmoralisch, von der Macht, die man hat, keinen Gebrauch zu machen.« Nun weiß man zwar nicht, woher der »Spiegel« weiß, was in diesem Kopf vorging, aber er fand eine Wahrheit, die in diesen Bereichen gilt, und die Irene Coltman in ihrem unvergleichlichen Buch (Private Men and Public Causes, 1962) aus Hobbes herausholt: Man muß Macht haben, um überhaupt handeln zu können, zumal in der moralischen Sphäre. Man hat gewaltig zu sein, um Gutes zu tun, und stark, um Schutz zu bieten. Das Gute zu suchen und dabei die Macht zu verwerfen kommt auf die seichte und eigensinnige Vorstellung heraus, daß das Leben keine Bedingungen haben sollte (178).

Von einem anderen, privaten Ethos her erscheint dies als böse, aber schließlich hat schon die Antike dieses Problem begriffen, mit dem man nicht fertig wird, ohne zuzugeben, daß Mars der Gott der Zerstörung, aber auch der Fruchtbarkeit, ja der ethischen Fruchtbarkeit ist: »Fateor in ipsa ista potestate inesse quiddam mali; sed bonum quod est quaesitum in ea sine isto malo non haberemus«, so äußerte sich Cicero (De leg. III, 10) über das Konsulat: Er gäbe zu, daß in jener Machtfülle als solcher ein Übel stecke, aber ohne dieses würde man das Gute nicht bekommen, das man von ihr erwarte.

Im Bewußtsem der Deutschen dieser Jahre werden diese Dinge von dem Trauma überschattet, das mit Hitlers Namen gegeben ist. Wir halten ihn für einen Jünger Nietzsches. Dieser, der von der großen Schlüsselattitüde und dem welthistorischen Stifterwahn nicht loskam, wollte alles opfern, was der abstrakten Selbststeigerung der gleichgewichtslosen und sogar konfliktslosen Macht entgegenstand. Hitler hat das durchgeführt, und Hannah Arendt hat doch wohl richtig gesehen, »daß es sich hier wirklich um die Herstellung einer rein fiktiven Welt in einer unabsehbaren Zukunft handelt und nicht ... um das rücksichtslose Durchsetzen irgendwelcher Interessen« (Elemente und Ursprünge, 605). Abgesetzt von solchen paranoiden Verselbständigungen, die eine damals enorme deutsche Kampfkraft der Welt ins Gedächtnis drückte, gilt Ciceros »inesse quiddam mali« schon allein deswegen, weil die Zweckmäßigkeit der Politik nur dann rational ist, wenn sie außer sich selbst keine Instanzen als handlungsbestimmend anerkennt: »Im Staat befreit sich der rationale Wille von den Zwecken der Endlichkeit (d. h. von einzelnen Zwecken) und besinnt sich darauf, daß er auch sich selbst wollen muß, um dauern zu können« (F. Jonas, Gesch. d. Soziologie I, 1968, 155). Denn für ganze Nationen gibt es oberhalb der Selbsterhaltung kein Gebot. Werte und Ideale müssen dann nicht ausscheiden, aber sie werden nachgewogen. Dieser Zwang zum Überleben fordert ungestehbare Praktiken, und dies nicht nur wegen der Unentbehrlichkeit des Erfolges, sondern weil man auf dem Lebensgrund blindgieriger Interessen operiert, wo Hegels Wort gilt, daß der Mensch sowohl an sich oder von Natur, als auch durch seine Reflexion in sich böse ist. Deswegen hängt an jeder Krone Blut und Schmutz und Lüge, und das unvermeidbar, denn die im Palast des Staates residierenden Tugenden sind nicht die des Eigenheims, sie zehren offen vom Leben, und nicht versteckt. Wenn man am 14. Juli in Frankreich den Sturm auf die Bastille feiert, das Signal des ungeheueren Freiheitsvorgangs, dann feiert man auch mit, was folgte, so die Abschlachtung der Schweizergarde des Königs, man kennt von den Tätern 120 mit Berufsbezeichnungen, davon 95 Kleinhändler und Handwerker, 9 Dienstboten, 7 Hafenarbeiter, Hilfsarbeiter und Fuhrleute, 3 Vertreter freier Berufe, je 2 Schreiber, Musiker und Glasbläser (F. Jonas, Zur Soziologie der franz. Revolution, Der Staat 1/1966).

Es gibt wohl ein Martyrium der Herrschaft und ein Leidenmüssen an der Menschlichkeit, aber nur hier in der Welt der Geschäfte kann der Mensch eine metamoralische Ebene erreichen, die man im Altertum mit Symbolen der Göttlichkeit beschrieb, dann mit dem Wort Ruhm, und endlich als »Geschichte«. In der Meinung Ludwigs XIV. hatte die Regierung drei Zwecke; sie sollte den Ruhm des Herrschers mehren, seinen Staat vergrößern und seinen Untertanen Gutes tun. In der zweiten und dritten Regel erkennt man die Ziele der Sicherheit und des Wohles des Volkes. Aber was bedeutet Ruhm? Wenn wir bei Taine die Charakteristik Napoleons nachlesen, im Eindruck seiner unvergleichlichen geistigen Potenz, so begreifen wir wohl, daß er weit kommen mußte, zumal wenn wir die urwüchsigkorsische Kälte und Wildheit seiner Daseinsansicht einrechnen. Aber sein Mythos geht ja weit über solche Begriffe hinaus, da ist etwas Fabelhaftes in den Kriegszügen von Madrid bis Moskau, alles allein im Kopf, nur ein paar untergeordnete Helfer, dann die karthagische

Niederlage in Rußland, das immer wiederholte Sicherheben nach Toulon, nach Ägypten, nach Leipzig, nach Elba, und endlich der einsame kranke Held auf der Insel, ein Philoktet, Erbe des Bogens des Herakles, auf Lemnos ausgesetzt. An diesen Schauer der Größe reicht das Wort nicht, man spürt ihn im Invalidendom. Verdun und Stalingrad sind solche Symbole, eben doch Siegeszeichen, und zur Zeit des Augustus war das Forum Augustum mit den Statuen aller großen Römer in ihren Triumphornaten geschmückt. Napoleon, der Europa mit Gräbern, Asche, Tränen und Weltruhm bedeckte, wird unvergessen bleiben, aber Preußen wurde aus der Geschichte gestrichen. Die endgültig Geschlagenen müssen teuer bezahlen, ihnen wird moralische Krankenkost verordnet, das verkürzte Bewußtsein künftig von Redakteuren verwaltet. Umgekehrt auf der anderen Seite: Für den Sieg bedarf es keiner Rechenschaft (Tacitus Hist. IV, 14).

9. RELIGION UND ETHIK, NEUER STIL

Die letzten, keineswegs harmonisierenden Triebfedern der Moral sind nur in Durchschnittszuständen und Alltagskompromissen störungsfrei unterzubringen, in verschärften Situationen können sie bis zum Gegensatz, bis zur Unvereinbarkeit auseinandertreten, auch in demselben Herzen. In der Bewegung zu den extremen reinen Moralen hin wird Aggressivität freigesetzt, und es sieht aus, als ob sogar die Rationalisierung des Bewußtseins im Industriesystem genügte, um mit der Entwicklung abstrakter Alternativen diesen Effekt zu erzielen: Die zunehmende physische Sättigung wird von Kritik und moralisierender Querulanz begleitet.

Das Ethos der Nächstenliebe ist das familiäre, es ist zuerst innerhalb der Großfamilie lebendig, aber der Erweiterung fähig, bis es der Idee nach die ganze Menschheit umfaßt. Dies geschieht in bestimmten historisch-politischen Situationen, wie solche in den ersten Abschnitten beschrieben wurden, und dieses »elargierte Sippenethos« kann sowohl von Laienintellektuellen formuliert werden, wie in der antiken Stoa oder der neueren Aufklärung, aber auch von Propheten und Stiftern, dann also verschmolzen mit eigentlich religiösen Impulsen, denn Religion und Moral sind keineswegs dasselbe, sondern zwei von Grund aus verschiedene Lebensmächte. Hier soll uns nur die »Erlösungsreligion« interessieren, sie ist erst seit der Aufrichtung des persischen Universalreiches im 6. Jahrh. v. Chr. zu einer selbständigen Macht geworden. Ed. Meyer hat dieses Ereignis für einen »entscheidenden Wendepunkt für die gesamte Religionsgeschichte überhaupt« erklärt (Urspr. u. Anfänge d. Christentums II, 17f.), denn die ganze bunte Welt der daseienden politischen Stadt- und Kleinstaatsgötter war jetzt kompromittiert und als machtlos erwiesen, folglich mußte sich die Religion von Staat und Politik abwenden, selbst universalistisch werden und damit ins Innere rücken, so wenigstens innerhalb dieses ersten Weltreiches, während in den Gebieten des nördlichen Mittelmeerrandes sich ein magisch-kultischer Staatsgötterbetrieb noch lange hielt. Schließlich ist nicht zu vergessen, daß das Christentum als Kirche selbst wieder ein staatsanaloges Gebilde wurde, mit weiten Zielsetzungen, so daß es einer dreifachen Betrachtungsweise unterliegen muß – als Ethos, als Erlösungsthema und als Institution.

Der erwähnte latente Gegensatz gilt zunächst für die Ethosformen des Staats und der Familie. Herbert Spencer hat in den »Principles of Ethics« eben diesen Sachverhalt entwicklungsgeschichtlich ausgedrückt; »Sowohl primitive Stämme wie zivilisierte Gesellschaften sind gezwungen, sich nach außen zu verteidigen und im Innern Freundschaft zu halten. Daher haben sich bei ihren Mitgliedern zwei verschiedene Gruppen von Gefühlen und Gedanken herausgebildet, die diesen beiden verschiedenen Aktivitäten angepaßt sind ... Da sowohl die Ethik der Feindschaft wie die Ethik der Freundschaft im Zusammenhang mit den äußeren wie inneren Zuständen ihre Forderungen stellen und beide nebeneinander bestehen müssen, ist ein Konglomerat äußerst widersprüchlicher (!) Gefühle und Gedanken zustande gekommen.« Der große Denker hat hier das Gegenspiel der beiden Ethosformen in wenigen Worten beschrieben, und es ist plausibel, wenn wir als ursprünglichen Ort der »Freundschaft« Spencers die Sippe oder Großfamilie annehmen. Die biologischen Einschüsse reichen tief, nach K. Lorenz entsteht das »persönliche Band« gerade vorzugsweise bei aggressiven Tieren, die ihre Gesellschaften nach außen abschließen und nach innen eine Rangordnung ausbilden (Das sog. Böse, 1963, 69, 327). Wenn der Staat eine Ordnung ist, die sowohl auf die Erzwingung des inneren Friedens gegenüber dem Rechtsbrecher wie auf die Sicherheit nach außen hin abgestellt ist, dann muß er mit der Welt der Familie in einen virtuellen Konflikt geraten, denn sie ist auf Fortpflanzung, Friedlichkeit, Pflege und Einstehen füreinander angelegt, vorbehaltlich der Spannungen und Konflikte auch in diesem Bereich. Es gehört zu den sehr alten, in Ägypten schon in vordynastischer Zeit gemachten Erfahrungen, daß der Staat schließlich das Eigengewicht der Sippen zu brechen hat, um deren Lebensbedürfnisse und Normen sich selbst unterzuordnen, auch wieder im Interesse der Sicherheit des Ganzen. In richtiger Erkenntnis sprach Freud von dem »Konflikt zwischen der Familie und der größeren Gemeinschaft, der der Einzelne angehört. Wir haben bereits erraten, daß es eine der Hauptbestrebungen der Kultur ist, die Menschen zu größeren Einheiten zusammenzuballen. Die Familie aber will das Individuum nicht freigeben« (Das Unbehagen in der Kultur, 1930, 68). Die »Kollision der gleichberechtigten Mächte« hat Hegel bekanntlich in der Ästhetik beschrieben, wenn er sagt: »Der Hauptgegensatz, den besonders Sophokles nach Äschylos' Vorgang aufs schärfste behandelt hat, ist der des *Staates*, des sittlichen Lebens in seiner geistigen Allgemeinheit, und der *Familie* als der natürlichen Sittlichkeit.« In dieser Weise deutet er auch die Sage vom Muttermord des Orestes: »Agamemnon opfert als König und Führer des Heeres seine Tochter dem Interesse der Griechen und des trojanischen Zuges und zerreißt dadurch das Band der Liebe zur Tochter und Gattin, das Klytemnästra, als Mutter, im tiefsten Herzen bewahrt und rächend dem heimkehrenden Gatten schmählichen Untergang bereitet. Orest, der Sohn und Königssohn, ehrt die Mutter, aber er hat das Recht des Vaters, des Königs zu vertreten und schlägt den Schoß, der ihn geboren.« Da er zugleich Sohn und Königssohn ist, fällt der Konflikt in dasselbe Herz, das die streitenden Moralen zerreißen und sowohl freisprechen als schuldig sprechen müssen. Daß Hegel dann noch einen Zustand kannte, »welcher allen Göttern ungetrübt die gleiche Ehre gibt«, hängt an seiner Verliebtheit in den großen Zusammenhang und interessiert hier nicht.

Parallel zu der unmeßbaren Verbreitung des Verkehrs über die Welt hin, und unter Ausnutzung der weiten Friedensräume innerhalb der Imperien hat sich auch das Familienethos symbiotischer Friedlichkeit erweitert, wobei es in nachantiker Zeit zunächst durch das Tor religiöser Vorstellungen einzog, sich aber seit dem 18. Jahrhundert ablöste, um nun mit dem Masseneudaimonismus eine neue Legierung einzugehen. Robert Owen berichtete, wie er den alten Glauben verlor und fügte hinzu: »Doch wurden meine religiösen Gefühle augenblicklich ersetzt durch ein Gefühl weltumspannender Menschenliebe, nicht für eine Sekte oder Partei, noch für ein Land oder eine Hautfarbe, vielmehr für die gesamte Menschheit in dem aufrichtigen Wunsch, ihr Gutes zu tun« (zit. Bertrand Russell, Freiheit u. Organisation, dt. 1948, 176). Den jetzt neu eintretenden Spannungszustand in der Rivalität von zwei Diesseitigkeiten hat E. Renan in einem Briefe an D. F. Strauss im Jahre 1870 angedeutet: »Die Bewegung der zeitgenössischen Geschichte ist eine Art Schwanken zwischen den patriotischen Fragen einerseits und den demokratischen und sozialen Fragen andererseits ... es ist gewiß, daß die demokratische Partei, trotz ihrer Abirrungen, Probleme behandelt, die über das Vaterland hinausgehen.« Wir verstehen diesen Satz so, daß Renan die Spannung zwischen dem staatsbezogenen Ethos und dem humanitär-eudaimonistischen der demokratisch-sozialen Bewegung erkannt hat. Ein gutes Symbol bei uns ist der neu eingezogene Soldat, der mit dem Baby auf dem Arm am Kasernentor erscheint. Dieses Symbol beweist, um mit Forsthoff zu sprechen, daß »die Stunde des Staates geschlagen hat«. Allerdings nicht bei den Großmächten.

Religion überhaupt ist wohl ein Überwältigtwerden von dem unwiderstehlichen Eindruck eines »ganzen« Lebens, das sich in kosmischen und dramatischen Bildern begreift, in deren Mitte meist übermenschliche Wesen handeln. In den wichtigsten Erlösungsreligionen tritt das Thema »Rückseite des Lebens« als beherrschend heraus – im Buddhismus sogar unter Preisgabe von Göttern überhaupt in der Tendenz, mittelst einer Selbsterlösung aus dem Kreislauf der Geburten herauszutreten; während das Christentum die Gestalt des Gründers vergöttlichte, und nun ein nicht leicht verstehbarer Zusammenhang von Sünde und Tod verkündet wurde, als Entsühnung im Opfertod Christi, mit der Lehre von der Auferstehung der Toten, die durch seine eigene gewährleistet sei. Das ist metaphysisch eine Erweiterung des Adams-Mythos: Die Reihe Sündenfall und Tod wird durch Neugeburt und Wiederauferstehung fortgesetzt. Im Grunde geht es beiden Religionen um einen »todfreien« Zustand, sie halten die Berührung mit dem Leiden fest und gewinnen eine Gesamtschau, die bis an den Rand der Neuzeit in Bekehrungserlebnissen mit Eindringlichkeit zutage treten konnte, so statt vieler Beispiele in der Schilderung Tolstois (Aufzeichnungen eines Irrsinnigen, Frgm. von 1884.): »Und plötzlich ward mir klar, daß alles dies nicht sein dürfe und nicht ist, und daß, wenn es nicht ist, auch kein Tod und keine Furcht ist, und keine Zwiespältigkeit und Angst, wie ich sie früher empfunden ... Wenn das alles aber nicht ist, ist es vor allem auch nicht in mir« – Sünde und Tod sind behoben.

Das Liebesethos des Christentums trat zunächst im Zusammenhang mit der Überzeugung des Stifters auf, das »Königreich der Himmel«, die Umwandlung des Weltzustandes in ein Lichtreich, sei schon über die Schwelle der Zeit getreten. So ist die Indifferenz gegenüber allen weltlichen Sorgen verstehbar. Die ozeanische, ganz unsentimentale Gefühlskraft des Stifters führte ihm Anhänger zu, die offenbar das Charisma seiner gewaltigen Predigt und seiner mehrfach bewiesenen Dämonenherrschaft angezogen hatte. Das Gebot »Du sollst deinen Nächsten lieben wie dich selbst« hat er dem Gebot der Gottesliebe gleichgestellt und im Sinne auch anderer Erlösungsbünde bei sich selbst und seinen Jüngern die Familienbande gesprengt. »Den Verbänden der Sippe, der Blutsbrüder und des Stammes fügt die Gemeindereligiosität als Stätte der Nothilfepflicht den Gemeindegenossen hinzu. *Oder vielmehr, sie setzt ihn an die Stelle des Sippengenossen:* wer nicht Vater und Mutter verlassen kann, kann nicht Jünger Jesu sein ... Daraus erwächst dann das Gebot der ›Brüderlichkeit‹, welches der Gemeindereligiosität spezifisch ist, weil sie die Emanzipation vom politischen Verband am tiefsten vollzieht« (Max Weber, Wirtschaft u. Ges., 332). Diese Brüderlichkeit gilt innerhalb des mystischen Verbandes der Glaubensgenossen, der jedoch durch Mission ins Endlose erweitert werden kann und potentiell die ganze Menschheit umfaßt.

Max Weber hat hier die Erweiterung des Sippenethos über seine ursprünglichen Grenzen hinaus gesehen, und man begreift, daß diese Seite des Humanitarismus um so deutlicher sich verselbständigen muß, je schwerer es dem Zeitgenossen fällt, die Gedanken an Erlösung, Unsterblichkeit und stellvertretendes Opfer zu vollziehen, in die jene Ethik zunächst eingebettet war. Heute liegt die Dogmatik wie ein recht loser Schleier über rundweg humanitärer Propaganda, wobei man sich der Menschlichkeit Gottes doch wohl allzu sicher ist. Die abblassende Metaphysik räumt den Platz für mitleidsethische (oben Kap. 5) Zusätze und sozialpolitische Propaganda. Übrigens sah Max Weber auch schon die notwendigen Außenbedingungen für die Expansion einer humanitären Religion: »Erst eine starke Mischung der politischen und ethnischen Gemeinschaften, und die Loslösung der Götter als universeller Mächte vom politischen Verband führt zur Möglichkeit des Liebesuniversalismus« (333). Wir würden sagen, die Kompromittierung zahlloser Nationalgötter durch die aufeinander folgenden Weltreiche der Perser, der Alexandernachfolger und der Römer, verbunden mit einem schon vorhandenen weltweiten Verkehrs- und Ideenaustausch führte zu dieser Möglichkeit. Denn wenn die Götter machtlos geworden sind, die alten staatlichen Ordnungen bis in die Seelen hinein zerstört, dann gibt bloß noch die Überdehnung des Sippenethos die Chance, durch Friedlichkeit und Nächstenliebe zu überleben und dem Großsieger akzeptabel zu werden.

Die innere Spannung, in welcher der Genius oder Dämon der Politik mit dem der Liebe, »auch mit dem Christengott in seiner kirchlichen Ausprägung« lebt, und die jederzeit in einem unaustragbaren

Konflikt ausbrechen könnte, hat Max Weber natürlich ebenfalls bemerkt. Sie war offenkundig, seit Luthers Theologie die Verschiedenheit, ja den Gegensatz beider Reiche, des Liebesevangeliums und des Staates, scharf betont hatte: Magna ars discernere haec duo regna. »Ist der himel ein eigen ding und regiment, sic terra« hieß es bei ihm. Diese Zitate entnehmen wir dem Buch von Gustaf Törnvall, »Geistliches und weltliches Regiment bei Luther« (1947), denn ein schwedischer Theologe ist in diesen Dingen weniger parteiverdächtig als ein deutscher. Wenn auch zugegeben werden muß, daß Luthers Äußerungen nach Zeit und Umständen widerspruchsvoll sind, so kann doch kein Zweifel daran bestehen, daß er an zwei radikal verschiedene Stellungen dachte, die der Mensch innerhalb einer und derselben Welt der Schöpfung einzunehmen hat (Törnvall 73). Daß dieser Gegensatz letzten Endes metaphysisch irgendwie durch den Begriff der einen Schöpfung, der beide Regimente angehören, überhöht werden sollte, bedeutete, daß die innere Situation des Fürsten problematischer wurde, als die des Geistlichen, wenn dieser sich vom Hineinreden in die Politik zurückhielt. Der Prediger der Liebesethik kann ebenso wie der säkularisierte Humanitäre nur in Abtrennung von weltlichen Geschäften rein bleiben, nur in der Distanz zu Machtfragen überzeugt eine »weltlose« Liebe, die nicht kalkuliert. Deshalb hat Luther den Predigern die Intervention in die Herrschaft verboten: »Ist aber der Kaiser faul, so halte du die Faust stille und lass den Kaiser den Bauch regieren und regiere du, Prediger, die Seele« (84), und eben deshalb hat er mit Schärfe diejenigen verworfen, die »ex Ecclesia volunt weltlich herrschaft machen«.

Umgekehrt muß der Fürst gleichzeitig die Macht im Raume der diesseitigen Dinge (corporales res) ausüben, aber zugleich auch Diener an Gottes Oberhoheit sein, denn er ist ja christlicher Fürst. Für die Verwaltung der Dinge dieser Welt gab Gott die Vernunft, und es wird ausdrücklich gesagt, dazu bedürfe es nicht der Schrift, die der Fürst als Christ wiederum nötig hat. Folglich fällt die Dissonanz der zwei Regimente in die Seele des Staatsmanns und nicht in die des Pfarrers.

Selbst Troeltsch, der in seinem Idealismus eines ethisch harmonisierten »Kulturlebens« Luther passieren zu wollen schien, verwischte nicht die Härte der Lehre: »Der weltindifferente, nur am eigenen Seelenheil und an der Vereinigung der Brüder in Gott interessierte

Charakter der so begründeten Ethik ist von Luther an unzähligen Stellen aufs schärfste ausgesprochen worden; ebenso der Gegensatz dieser Heils- und Liebesethik gegen die aus dem Kampf ums Dasein entspringende Ethik des Rechtes, der Ehre, des Krieges, des Staates, der Vergeltung« (Die Soziallehren der christl. Kirchen und Gruppen 1912, 478). Er sah, daß Luthers Ethik »jedes Individuum einfach in die Duplizität der Moral hineingestellt« hat, sofern das Reich dieser Welt ja alle Berufs- und Rechtsgeschäfte samt den darin enthaltenen Machtproben einschließt, und dies Verhältnis ändert sich natürlich nicht damit, daß der Humanitarismus die christlichen Ausstattungen abstreift. Luthers Lehre wußte, daß der Mensch nicht »gut« ist und folglich die Liebe und Brüderlichkeit, unmittelbar in die Ordnungen der Welt eingemischt, eine blutige Demaskierung des guten Menschen ergeben würde. »Darum ein ganzes Land oder die Welt mit dem Evangelio zu regieren sich unterwinden, das ist eben, als wenn ein Hirt in einen Stall zusammentäte Wölfe, Löwen, Adler, Schafe und ließe jegliches frei unter den anderen gehen.«

Ohne intrigante Subtilitäten läßt sich Luthers Bekenntnis klar darstellen. Gunnar Hillerdal (aus Lund) hat das in der Schrift »Gehorsam gegen Gott und Menschen« (1955) bewiesen. Es gab da eine Abhandlung von Luther, deren Titel heute, da von der Kanzel für die Wehrdienstverweigerer gepredigt wird, erfunden sein könnte: »Ob Kriegsleute auch im seligen Stande sein können« (1526). Darin wird gesagt: »Er hat zweyerley regiment unter den menschen auffgericht. Eins geistlich, durchs wort und on (ohne) schwerd, da durch die menschen sollen frum und gerecht werden, also das sie mit der selbigen gerechtigkeit das ewige leben erlangen. Und solche gerechtigkeit handhabet er durchs wort, wilches er den predigern befolhen hat. Das ander ist in weltlich regiment durchs schwerd, auff das die ienigen, so durchs wort nicht wollen frum und gerecht werden zum ewigen leben, dennoch durch solch weltlich regiment gedrungen werden, frum und gerecht zu sein für die welt.«

Bei dieser Zweiteilung bleibt noch offen, was unter dem Begriff »Schwert« zu verstehen ist, auch darüber hat sich Luther klar ausgesprochen: »Durchs schwerd aber verstehe ich alles was zum weltlichen regiment gehört, als weltliche rechte und gesetze, sitten und gewohnheite, geberden, stende, unterscheidene empter, person, kleider etc« (Der Prophet Sacharja ausgelegt, 1527). »Schwert« ist der Inbegriff von Regierung, Verwaltung und Wirtschaft, der Inbegriff der res corporales.

Die entscheidende Frage nach den Konfliktsmöglichkeiten zwischen den beiden Regimenten hat er von der Gehorsamspflicht aus beantwortet: »In hac vita corporali subiicit nos legibus politiae in qua vivimus«, im diesseitigen Leben unterwirft uns das Evangelium den Gesetzen des Staatslebens, in dem wir leben (Galaterbriefkommentar 1535). Dies wird gesagt unter dem Vorbehalt der Clausula Petri (Apostelg. 5, 29: man muß Gott mehr gehorchen, als den Menschen), denn es heißt an anderer Stelle (Predigten ausgelegt 1537-40, Hillerdal 98): »Wohlan, lieber furst, liebe weltliche oberckeit, ich bin schuldig, dir gehorsam zu sein, so ferne das du nicht wider den Oberherrn, das ist: wider Gott bist, der mir sonst verbeutt (verbietet), was du mich heist thun.« An dem Unrecht der Obrigkeit, das gegen göttliche Gebote verstößt, darf man nicht teilnehmen, sondern soll das Martyrium vorziehen, wobei gesagt wird, eine Gehorsamspflicht liege auch dann vor, wenn »du nicht weist odder kanst nicht erfahren, ob dein herr ungerecht sey«. Damit hat Luther die Möglichkeit einer unlösbaren Kollision weit hinausgeschoben, mit vollem Recht, so als ob er die Erkenntnis des Hobbes vorgeahnt habe, nach welcher das Gewissen »die Kutte der Widerspenstigkeit« sein kann (Behemoth).

Diese Lehren sind heutzutage nicht recht brauchbar, sie rechneten mit grundsätzlich übersehbaren Situationen. Den zutraulichen kleinen Meinungsträger der Gegenwart sollte man in den Labyrinthen der Indoktrination, der Auf- und Zuklärung und des Imstichlassens nicht an sein Gewissen verweisen. A. Ascham, ein Machiavell von unten her (Irene Coltman 23ff. 197ff.), hielt es für selbstmörderisch, sich öffentliche Angelegenheiten zu Herzen zu nehmen, der Privatmann müsse lernen, gegenüber den ebenso eindringlichen wie interessierten Appellen der Politiker taub zu werden, denn einer der romantischen Wege zur Selbstzerstörung sei die Hingabe an politische Dinge. Politik sei, wie er in geistvollem, unübersetzbarem Wortspiel sagte, ein grandioses auto-da-fé, das heißt aber actus fidei. Die Allgegenwart der Politik heutzutage läßt diese Position bloß noch als Praxis, nicht als Theorie zu.

Die Reformation Luthers hatte für lange Zeit die Kirche als Machtfaktor der Politik und als politische Eigenpotenz staatsungefährlich gemacht. Erst neuerdings zeigen sich in einem von Luther abgekehrten Protestantismus andere Tendenzen, nur daß die Menschen nicht mehr wie damals vom Dasein Gottes und einer künftigen Welt bis zur Selbstverständlichkeit überzeugt sind. Nun ist bei jeder Ethosform immer die Frage wichtig, welchen sozialen Schichten jeweils die Chance der reinsten, der radikalsten Lösung zugespielt wird, und das war im Falle des Christentums seit alters und von Anfang an das niedere Volk, innerhalb der Kirche selbst natürlich das Mönchstum. Man kann es als einen Fehler des Protestantismus in seiner kontinentalen (nicht der englischen) Form bezeichnen, daß man das Mönchstum abschaffte, wo sozusagen chemisch rein das Erlösungspathos und das Liebesethos gelebt werden konnten. Nach Luthers Lehre jedenfalls wuchs vom Herrscher herunter mit abnehmender sozialer Verantwortung die Möglichkeit, ethisch einwandfrei zu leben, ein wichtiges Verbreitungsmotiv im beginnenden demokratischen Zeitalter, während die Fürsten, ihre Räte usw. vor den unaufhörlich praktizierten Abweichungen von der religiösen Sinnmitte und den Ansprüchen idealer Humanität oder Brüderlichkeit nicht zu retten waren, so daß Luther die Beichte (zwar nicht als Sakrament) und sogar die Absolution beibehielt. Als das abgeschafft wurde, rückten die großen Gewissenskonflikte in den Raum der Selbstverarbeitung, entlastungslos, und Selbstverarbeitung heißt Reflexions-Verdampfung und Unsicherheit, es kam zur Handlungs-Abtrennung und schließlich zu der Art der Verweltlichung des Glaubens, die Idealismus und Gesinnungsethos bedeutet.

Im übrigen hat Luther eine eigentliche Proletarisierung des Christentums, nämlich den Ausschluß der Oberklassen von der Begnadung oder gar von der »Tugend«, wie ihn später die Jakobiner vollzogen, nie vertreten, obzwar damals bereits Ansätze in dieser Richtung vorlagen. Der tschechische Bauernphilosoph Chelčický (1390–1460) lehrte, daß in der menschlichen Gesellschaft, wie sie sich seit Kaiser Konstantin ausgebildet habe, für wahre Christen kein Platz sei, es sei denn in den untersten Gesellschaftsschichten, die nur gehorchen, aber nicht herrschen: Jede Herrschaft überhaupt verstößt gegen das Gebot der Nächstenliebe, niemand kann König sein und zugleich wahrer Christ (W. E. Mühlmann, Chiliasmus und Nativismus, 1961, 287). Aber auch dieser Extremismus ist, wenn man nicht aus der Welt wie ein Mönch austritt, doppelsinnig, es kann sich durchaus um die »wunderbar geschickte und verführerische Verkleidung des plebejischen Imperialismus« handeln (Seillière, Der demokrat. Imperialismus, 1907).

Seit dem 18. Jahrhundert verschwand weniger der Glaube, als die Gewißheit, die certitudo salutis; so ergaben sich Ideale und Gesinnungen, und das ethische Moment trat in den Vordergrund zu Lasten des metaphysischen. Die Religion wurde, vor allem in den letzten Jahrzehnten, immer ausschließlicher bloß humanitär, und die Säkularisation neuen Stils verläuft heute nicht mehr über die Verführungen der Weltlichkeit und Macht, sondern über die Moral und das Soziale. Wenn Papst Paul VI. (Der Spiegel 37, 1967) sagte: »Ich fühle mich als Vater der gesamten Menschheitsfamilie. Selbst wenn die Kinder den Vater nicht kennen, ist er es trotzdem«, dann verkündete er das, was wir das erweiterte Familienethos nennen, und damit begeben sich die Kirchen in eine vielleicht folgenreiche Nähe zum optimistischen Humanitarismus. Noch deutlicher und bewußt politisierend traktierte Karl Barth den modernen Freiheits-Komplex in folgenden Worten: »Eine amerikanische Theologie der Freiheit würde Freiheit von jedem Minderwertigkeits-Komplex über oder gegen Asien und Afrika einschließen, auch Freiheit von Furcht vor dem Kommunismus, Rußland, vor unvermeidbarem Atomkrieg und, allgemein gesagt, von Furcht vor allen Herrschaften und Mächten ... diese Theologie der Freiheit würde eine Freiheit für die Menschheit (for humanity) sein« (TIME 4.5.1962). Dieses Raisonnement kommt dem ältesten Aufklärungs-Rationalismus, ja dem antiken Bilde von der friedlich weidenden Herde sehr nahe, nur kann man das alles einfacher auch ohne Christentum haben, oder umgekehrt: wenn das noch Christentum ist, dann hätte Jesus, indem er sich hellenisierte, leicht der erste Christ werden können. Natürlich steckt in diesen Idealen, wie bei den Stoikern und den französischen Literaten, ein verdeckter Machtanspruch, denn, wie Fontane in »Frau Jenny Treibel« mit trockenem Sarkasmus sagte: »Jede philanthropische Regung bedeutet die Mehrung eines gesunden und zugleich verfeinerten Appetits.« Der Übergang des alten, bei Luther noch vollkommen ausgeprägten Heilschristentums zu einer sozusagen aramäisch sprechenden Aufklärung läßt sich im 18. Jahrhundert und natürlich zuerst im protestantischen Bereich leicht aufzeigen. Im Jahre 1780 erschien ein von Diterich, Teller und Spalding humanisiertes Berliner Gesangbuch, in dem die alten Verse

9. Religion und Ethik, neuer Stil

Schleuß zu die Jammerpforten
Und lass an allen Orten
Auf soviel Blutvergiessen
Die Freudenströme fliessen

durch fortschrittlichere Vorstellungen ersetzt waren, nämlich

Herr wehre du den Kriegen
Lass Menschenliebe siegen
Und nach den Thränengüssen
Die Freudenströme fliessen.

In diesem Gesangbuch wurde die Lehre vom Teufel ausgemerzt, es brachte die Gottessohnschaft Jesu nicht dauernd vor, hielt sich überhaupt in der Lehre von seiner Göttlichkeit und von der Vereinigung göttlichen und menschlichen Wesens zurück und erwähnte die Dogmen vom rechtfertigenden Glauben und von der Verderbtheit der Menschennatur nicht. (Ludw. Geiger, Berlin 1688–1840, Bd. I, 1893, 332)

Im Zuge der Aufklärung und der Industriekultur hat sich bei den meisten Menschen an der Stelle, die früher ein transzendenter Glaube besetzte, ein emotionaler Hohlraum entwickelt, in den bei so verwandelter Lage Gefühle einströmen, die ihrer Natur nach unbegrenzt elargierbar sind und sich mit einem rationalistischen Nützlichkeitsdenken leicht verschmelzen, wie dies übrigens im Wesen des Familienethos liegt. Denselben Zustand meint der bedeutende Physikochemiker Michael Polanyi, wenn er (Jenseits des Nihilismus, Dordrecht 1961) sagt, daß zu Anfang der französischen Revolution die Säkularisation der meisten aktiven Geister in Europa und Amerika fast bis zu ihrer Vollendung fortgeschritten war, und daß der Strom christlicher Bestrebungen, der aus seinen zerstörten dogmatischen Grenzen heraustrat, begann, weithin wirksam zu werden; Voltaire habe nicht geahnt, daß der Rationalismus unter diesem Einfluß die emotionalen Schichten der menschlichen Persönlichkeit verändern könne. Der Humanitarismus ist seiner Natur nach nicht nur Menschenliebe, sondern eine praktische Art von Menschenliebe, und insofern rationalistisch – er vereinfacht, er baut geschichtlich gewachsene Probleme ab, ist gegen Polemik abgesichert und kann taktisch verwendet werden. Es ist überaus bemerkenswert, daß in weitesten Kreisen die unerbittlichen, schneidenden Begriffe aufgegeben wurden, die einstmals anzeigten, daß es in der Religion ernst wurde. Wenn die kosmisch-dramatischen Risiken entfallen, bleibt eine daran ausgebildete Sprechweise zurück, die sich nunmehr mit humanitären Inhalten erfüllen kann – die Theologie wird zu einer simplen Ethik in erhabener Verkleidung.

Dieser Prozeß scheint in Amerika besonders deutlich fortzuschreiten, und Russell Kirk veröffentlichte in »Fortune« (Febr. 1961) einen denkwürdigen Aufsatz »Can Protestantism hold its own in a modern America«, wo er diesen Protestantismus als den Transformator des Christentums zu einer humanitären Menschengläubigkeit beschrieb. Der Theologe Will Herberg (Drew University) habe gesagt, die Vereinigten Staaten hätten eine »religion-in-general« angenommen, einen Allgemeinglauben, der zunehmend von Inhalten entleert werde. Ein methodistischer Theologe Richard Rice ist der Meinung, der »Protestantismus sei von Grund auf degeneriert in Sentimentalität, teils als ein Resultat der Demokratie, teils als ein Resultat des Wohlstandes«, und er sagt, die leidenschaftlichen Bestrebungen eines Luther, Calvin, Knox und Wesley seien darüber vergessen worden.

Russell Kirk schreibt diese Tendenzen, die dort allerdings wohl noch nicht überall zu eiligen Fraternisierungen mit sinistren politischen Strömungen geführt haben, teilweise soziologischen Ursachen zu: Der Protestantismus wuchs im Zeitalter der individuellen Verantwortlichkeit, heutzutage lassen zentralisierte Staaten und die großen Korporationen nur wenig eigene Entschlüsse in Beruf und Politik zu, so daß die protestantischen Grundsätze des Selbstvertrauens und der Selbstprüfung zu atrophieren beginnen. Die Religion tendiert, wie er sagt, jetzt zu einem Pelagianismus (der irische Mönch Pelagius verwarf im 5. Jahrh. die Erbsünde und lehrte die Freiheit der menschlichen Natur zum Guten), »So denkt der Pelagianer, nach Kirk, daß Glück durch Freundlichkeit, durch Anpassung an die Gemeinschaft und materielle Verbesserungen erreicht werde, und in nationalen wie internationalen Angelegenheiten werde alles gut gehen, wenn die Menschen ihre Interessen im Geist guten Willens erörtern und ausgleichen wollten.« Daher wohl die Leidenschaft für Gipfelkonferenzen, Kongresse und Diskussionen.

Hier vollzieht sich eine bemerkenswerte Verharmlosung in einer

Religion, in die zweitausend Jahre Lebenserfahrungen ganz gegenteiliger Art eingebracht hatten. Nun meinte Lecomte de Noüy (L'homme devant la science), daß dem Ruin des Glaubens an das Übersinnliche der Ruin der idealistischen Glaubensweisen folgen werde, und erst dann werde »die wirkliche Erniedrigung der Moral der Menschheit von dem Tage an beginnen, da sie die Wahrheit der Dinge gesehen hat«. Da schien der Philosoph die Wissenschaft mit ihren aufklärenden Folgen für einen zweiten Sündenfall zu halten, und Newton wäre die neue Schlange gewesen, die den Apfel nicht anbot, sondern beim Fall beobachtete.

Nun glauben wir in der Tat, daß der »Idealismus« eine Frucht des Christentums ist, er hing mit zugleich humanitären und asketischen Normen zusammen, wie in einer großartigen Beobachtung Friedr. Perthes (F. P's Leben, 1856, III, 175f.) sagte: »Seit dem Eintritt des Christentums in die Geschichte ... sind die Frauen aus Lasttieren des Mannes zu einem selbständigen Dasein im Leben gelangt, in welchem sie ihrer selbst wegen zählen. Seitdem haben die Männer angefangen zu idealisieren, zunächst die Frauen und das Verhältnis zu ihnen, sodann aber hat sich ganz allgemein eine idealisierende Stimmung entwickelt, welche den Griechen, Römern und der alten Welt überhaupt fremd war und in der neueren Geschichte einen unberechenbar großen Einfluß übt.« Man kann durchaus erwarten, daß dem Verfall der Religion der Verfall der Ideale gerade nicht folgen wird, abgesehen davon, daß die Menschheit die »Wahrheit der Dinge« gar nicht zu sehen bekommt. Vielmehr wird Aldous Huxley (Zeit muß enden, 1950, 343) mit Recht gesagt haben, daß zur großen Überraschung der Neuhumanisten und liberalen Kirchenanhänger die Abschaffung Gottes eine wahrnehmbare Lücke hinterließ. Aber da die Natur ein Vakuum verabscheut, seien Nation, Kirche, Partei, Kultur oder Kunst sofort eingedrungen, um die leere Nische zu füllen. Er vergaß dabei die humanitär-optimistische Ethik, mit der ausgerüstet, und mit der Weltmacht Sozialismus verbündet, sich manche Kirchenmänner eine gestaltungsfreudige und herrschaftskräftige Zukunft zu versprechen scheinen. So verbindet sich die humanitäre, masseneudaimonistische Ethik mit dem gesellschaftsreformerischen Idealismus aus der Aufklärungszeit und mit sozialistischen Kategorien, um die ratlos gewordene christliche Religion neu einzukleiden. Seit dies läuft, wissen die Kirchen den Ausweg in die Welt. Von den alten Chiffren wie Unsterblichkeit, Prädestination, Gnade, Erlösung und Sünde hört man wenig, um so mehr von Schuld, meist der Anderen, ein Politikum, in das vor allem die EKD (Evangelische Kirche in Deutschland) freudig eingetreten ist.

In einer Welt, in der die drei Großmächte den alten Begriff großer Machtpolitik wieder darstellen, werden sich die Kirchen der Politisierung nicht entziehen können. Die vollständige Staatsindifferenz des Stifters (»O unendliche Gleichgültigkeit«! – Kierkegaard), entstanden teils aus der Erwartung überirdischer Wendungen, teils aus der Verwurzelung in einfachen Volkskreisen, läßt sich nicht wiederherstellen. Es bleiben dann eigentlich nur zwei Wege. Der eine führt zu dem Versuch, selbst zu herrschen, und ein solcher hatte seine einzige Chance in dem niedergeschlagenen Deutschland; der andere Weg ist der zu einem Ausgleich mit sozialistischen Idealen, um den Anschluß an die überall brodelnde Weltrevolution nicht zu verpassen.

Die EKD hatte nach 1945 nichts einem Staate Ähnliches vor oder gegen sich, so lag die Tendenz einer Theokratie nahe, die allerdings nach alter Überlieferung auf dem reformierten, weniger auf dem lutherischen Flügel ansetzen mußte. Wir erinnern uns der Lehre Luthers, diesmal nach den Worten von W. Trillhaas (Die luther. Lehre von der weltlichen Gewalt und der mod. Staat, in: Macht und Recht, hg. von Dombois-Wilkens, 1956): »Das Predigtamt soll nicht weltlich regieren, wir würden sagen: Politik treiben; der Staat hingegen soll nicht predigen.«

Die Politisierung aller Institutionen im Zuge des Weltbürgerkrieges konnte die Kirchen nicht unergriffen lassen, und so ergibt sich »der außerordentliche Einfluß der reformierten und puritanischen Staatslehre auf die evangelische Theologie auch in Deutschland seit 1945, mit der Folge der Verwerfung der Zwei-Reiche-Lehre bis mitten in die Kreise der lutherischen Theologie hinein« (Trillhaas). Den Reformierten liegt aber die Theokratie im Sinne wie sie vor alters in Genf und in Neuengland geübt worden war, und im Zustande der Staatsabwesenheit mußte das ein anziehender Gedanke sein. Zudem stand die stärkste und listigste theologische Potenz auf dieser Seite: Karl Barth.

Man kann erraten, daß sich solche Ansprüche nur erheben lassen, wenn auch Christus als Herrscher, und zwar als oberster auch irdischer Herrscher in Anspruch genommen werden kann, und dazu lassen sich Bibelstellen finden. So im Philipperbrief 2, 10, wo es heißt, »daß in dem Namen Jesu sich beugen sollen aller derer Knie, die im Himmel und auf Erden und unter der Erde sind«, in ähnlichem Sinne Kol. 2, 10 »und ihr seid vollkommen in ihm, welcher ist das Haupt aller Fürstentümer und Obrigkeiten«, oder Eph. 1, 21. Die Stelle lautet so: »Da Gott Christus von den Toten auferwecket hat und gesetzt zu seiner Rechten im Himmel über alle Fürstentümer, Gewalt und Macht, Herrschaft und alles was genannt mag werden, nicht allein in dieser Welt, sondern auch in der zukünftigen.«

Folglich habe, sagte Karl Barth in einer thematisch wie zeitlich genau gesetzten Schrift »Christengemeinde und Bürgergemeinde« (1946. Der urkantonale Ausdruck Bürgergemeinde bedeutet Staat), der Staat keine eigengesetzlich begründete und sich auswirkende Existenz. Er verstand also durchaus wie das frühe Christentum die Gemeinde als »Gegenpolis« (Alfred Weber, Kulturgesch. als Kultursoziologie, 1960, 189), im Sinne der »im Leben vollzogenen Antiherren- und Liebesmoral«. Damit war das Eigenethos des Staates, das Philipp IV. gegen Bonifaz VIII. um das Jahr 1300 herum freigekämpft hatte, und dessen Behauptung der eigentliche Sinn der Renaissance gewesen war, bestritten, und deshalb sagte Karl Barth schon in der Schrift »Rechtfertigung und Recht« (1938): »Der gewissen notwendigen Politisierung der Kirche selbst entspricht ebenso notwendig eine gewisse Verkirchlichung, in der von der Kirche aus der Staat gesehen, gewürdigt und angeredet wird.« Wer hier mit dem Anspruch der höheren Autorität spricht, ist klar, hier will das Ethos des Humanitarismus das des Patriotismus verschlingen, und nur so wird der Begriff des »politischen Gottesdienstes« möglich, der später in den paramarxistischen Enzykliken der EKD die »politische Diakonie« erzeugte. Angesichts solcher Finessen drängt sich der Satz auf, den General v. Seeckt einmal in sein Tagebuch schrieb: »Ich liebe den Gedanken, daß der ganz alte Gott den alten Menschen, den letzten, mit dem er sich noch unterhalten konnte, mit seinen alten Händen wegnahm und ihn begrub, wo keiner ihn findet.«

In der Zeit des endgültigen Zusammenbruchs des Reiches hat Barth das Verhältnis von Staat und Kirche so bestimmt, daß zunächst die Christengemeinde die Herrschaft Jesu Christi und die Hoffnung auf das kommende Reich Gottes verkünde (Christengem. u. Bürgergem. 10). Dabei ist die Herrschaft Christi, d. h. der ihn Interpretierenden, im Sinne der oben zitierten drastischen Stellen gemeint; dann muß die Stelle Römer 13, 1 (Jedermann sei untertan der Obrigkeit...) neu ausgedeutet werden, und dies geschieht so, daß die Kritik an dem Staat als eben diese Unterordnung gelten soll: »Die Christengemeinde ›unterordnet‹ sich der Bürgergemeinde, indem sie – messend an dem Maßstab ihrer Erkenntnis des Herrn, der der Herr über alles ist – unterscheidet zwischen dem rechten und dem unrechten Staat ... zwischen Ordnung und Willkür, zwischen Herrschaft und Tyrannei, zwischen Freiheit und Anarchie, zwischen Gemeinschaft und Kollektivismus ... Eben mit diesem Unterscheiden, Urteilen, Wählen und Sicheinsetzen ... vollzieht die Christengemeinde ihre ›Unterordnung‹ gegenüber der Bürgergemeinde, ihre politische Mitverantwortung.«

Dann wird man allerdings von einer »gerade allerletztlich hochpolitischen Bedeutung der Existenz der Christengemeinde reden dürfen und müssen« (7), denn der Staat hätte ja dann seine Gesamtlegitimierung von den Theologen zu erwarten, die sie im Namen des Königs Christus liefern oder verweigern könnten, und folglich auch bestimmen, ob und wann Patriotismus Sünde oder Revolution Gebot ist, was auch bereits bei der Tagung des Weltkirchenrats in Uppsala 1968 in Erscheinung trat: Wenn in einem Land eine Gruppe die »Entwicklung« verhindert, kann als letzter Ausweg illegale Gewaltanwendung durch die Bevölkerung oder eine Minderheit nötig werden; Christen können sich zur Teilnahme an der gewaltsamen Revolution verpflichtet fühlen (Frankf. Allg. Ztg. 16.7.68). Weit geringere Ansprüche hat Bismarck von der Seite des Staates her im Jahre 1873 ebenso schroff abgewiesen: »Es handelt sich um die Verteidigung des Staates und um die Abgrenzung, wie weit die Priesterherrschaft und wie weit die Königsherrschaft gehen soll, und diese Abgrenzung muß so gefunden werden, daß der Staat seinerseits dabei bestehen kann, denn in dem Reiche dieser Welt hat er das Regiment und den Vortritt« – eben das bestreitet die Lehre von der Königsherrschaft Christi, in deren Schutz man sagen darf, daß der Staat »keine eigengesetzlich begründete und sich auswirkende Existenz« hat (10).

Der innere, letzte Gegensatz zwischen dem elargierten Familienethos der Friedlichkeit und dem wachsamen eines gerüsteten Staates wird dadurch nicht überbrückt, daß die Kirche sich ihrerseits als parastaatliche Institution organisiert, um sich an die Stelle des Staates zu setzen, der von ganz unerwarteter Seite her plötzlich mit der Taktik des ethischen Hüftschusses bekannt gemacht wird.

Karl Barth fand, um den Staat vollends zu entmachten, ja zu ächten, uralte metaphysische Formeln vor, die wenig bekannt sind. In der Festschrift für Karl Barth veröffentlichte schon im Jahre 1936 Günther Dehn einen Aufsatz mit dem Titel »Engel und Obrigkeit«, in dem der Einfluß des Buches Daniel auf gewisse Stellen des Neuen Testaments wahrscheinlich gemacht wird: »Daniel hat die Weltreiche, die als Tiere aus dem Meere aufsteigen, als dämonische Wesen geschaut« (Dan. 7, 3), hat also, zumindest in diesen Staaten, Verkörperungen des Bösen gesehen, deren verdientes Ende Machtentkleidung und Untergang sein wird (7, 11ff.). »Die Beziehung des Neuen Testaments auf Daniel ist dadurch verständlich, daß Daniel in bezug auf den Staat die gleiche Perspektive hatte, wie zunächst die Urgemeinde. Er wußte um den Anspruch Israels auf die Herrschaft über die Welt und sah deshalb in den Weltmächten, die diesen Anspruch ungültig zu machen schienen, teuflische Gegenmächte gegen Gott« (94). Besonders eindrucksvoll schildert Daniel das seleukidische Reich: »Nach diesem sah ich in diesem Gesicht in der Nacht, und siehe, das vierte Tier war greulich und schrecklich, und sehr stark, und hatte große eiserne Zähne, fraß um sich und zermalmte, und das übrige zertrat's mit seinen Füßen; es war auch viel anders denn die vorigen und hatte zehn Hörner« (7, 7). Der Text fährt fort (7, 13f.): »Ich sah in diesem Gesichte des Nachts, und siehe, es kam einer in des Himmels Wolken wie eines Menschen Sohn bis zu dem Alten und ward vor ihn gebracht. Der gab ihm Gewalt, Ehre und Reich, daß ihm alle Völker, Leute und Zungen dienen sollten. Seine Gewalt ist ewig, die nicht vergeht, und sein Königreich hat kein Ende.«

Diese Worte vom Menschensohn stellen die Verbindung zu der Lehre von der Königsherrschaft Christi her. Die bei Daniel in gewaltigen Worten geschilderten Weltmächte oder teuflischen Gegengewalten hießen nach spätantik-gnostisch-spätjüdischer Theorie »Völkerengel«, und entlang der eben erwähnten Überlieferung kamen auch sie in den Vorstellungsbereich der neuen Theokratie. Über diese Völkerengel hat uns Jos. Ratzinger (Menschheit und Staatenbau in der Sicht der frühen Kirche, Std. Gen. 1961, 664ff.) aufschlußreich belehrt. Schon Deut. 32, 8 heißt es: »Als der Höchste die Völker teilte, als er die Söhne Adams zerstreute, setzte er den Nationen Grenzen, entsprechend der Zahl der Engel Gottes.« Ein Meister in der Auswertung solcher Gedanken war Origenes, von dem Ratzinger die folgende bemerkenswerte Ansicht aus der Lukas-Homilie wiedergibt: »Jeder von uns hat seinen bösen Engel neben sich, der sich an ihn klammert, dessen Aufgabe es ist, uns zum Archon (= Völkerengel) zu führen und zu sagen: O Archon, beispielsweise des Königreichs der Perser, diesen Menschen, der in deinem Herrschaftsbereich lebte, habe ich dir bewahrt, wie er war. Keiner von den übrigen Archonten konnte ihn zu sich hinüberziehen, nicht einmal jener, der sich rühmte, dazu gekommen zu sein, um aus allen Bereichen – der Perser, der Griechen und jeglicher Nation – die Menschen zu entführen und sie dem Herrschaftsbereich Gottes einzuordnen. Christus unser Herr hat nämlich alle Archonten besiegt und quer durch ihre Machtbezirke hindurch die Völker aus dem Gefängnis der Archonten zu sich ins Heil geführt.« In dieser Auffassung sind die Nationen also »keine Zufallsgebilde, sondern metaphysische Größen, sie stellen je eine bestimmte Stufe des Abfalls vom göttlichen Weltsinn dar« (670).

G. Dehn macht nun in der genannten Schrift von 1936 wahrscheinlich, daß »auch bei Paulus ein Zusammenhang zwischen Obrigkeit und Engelmächten besteht, mindestens in dem Sinn, daß wenn er von Obrigkeit spricht, der Gedanke an Engel, die hinter der Obrigkeit stehen, mitschwingt« (101). In Epheser 6, 12 hat Paulus eine sehr deutliche Gleichsetzung vorgenommen: »Denn wir haben nicht mit Fleisch und Blut zu kämpfen, sondern mit Fürsten und Gewaltigen, nämlich mit den Herren der Welt, die in der Finsternis dieser Welt herrschen, mit den bösen Geistern unter dem Himmel.« So heißt es auch in 1. Kor. 2, 8, die Engelmächte dieses Weltalters hätten den Herrn der Herrlichkeit gekreuzigt, d.h. die Staatsvertreter wie Pilatus, die Hohepriester usw. waren in der Hand dieser Mächte (104). Für die Obrigkeiten und die Engelmächte verwendet Paulus dieselben Namen: Exousia und Arché (101).

Bei der Verwendung dieser Wunderwaffen durch Karl Barth wird zugegeben, daß die Obrigkeit, hinter der die Engelmächte stehen, dämonisch werden kann, aber nicht muß, denn schließlich sind auch sie Geschöpfe Gottes. »Aber die Engel können fallen ... Dieselbe Obrigkeit, die grundsätzlich von Gott ist, kann in concreto Gottes und der Gemeinde Feind sein« (Dehn 108). Hillerdal (176) interpretiert

Barths Position in dieser Sache so: er glaube, aus den von Dehn gebotenen Nachweisen ergebe sich mit großer Wahrscheinlichkeit, »daß die neutestamentliche Gemeinde, wenn sie über den Staat, den Kaiser oder Basileus nachdachte, das Bild einer solchen in ihm repräsentierten und wirksamen Engelmacht vor Augen hatte«. Ähnlich äußert sich auch M. Werner (Die Entstehung des christl. Dogmas, 1959, 60ff.), wenn er sagt, eine besonders große Rolle habe im nachapostolischen Christentum die durch den Septuagintatext von Deut. 32, 7ff. gestützte Lehre von den Verwaltungsengeln und Völkerengeln gespielt. Es ist, heißt es folglich in »Rechtfertigung und Recht« (15f.), zwar im Neuen Testament nicht an dem, daß der Staat sich sozusagen naturnotwendig früher oder später, so oder so als das Tier aus dem Abgrund gebärden *müßte*. Aber immerhin: »Zum Dienst und zur Verherrlichung Christi und durch ihn Gottes gezwungen zu werden, ist ... die in Christi Auferstehung und Parusie (Wiederkunft) sichtbar werdende Bestimmung der störrischen Engelmächte.«

Ohne Widerspruch so weit vorgeschobene Ansprüche machten Mut zu Äußerungen, wie sie der damalige Ratsvorsitzende Bischof Scharf in einer RIAS-Sendung vom 5. Aug. 1966 vorbrachte, wo er sagte: »Wenn die Kirche zu Fragen des öffentlichen Lebens redet ..., dann nimmt sie, wie wir das nennen, das prophetische Amt Jesu wahr, das prophetische Amt der Kirche, das prophetische Amt der heiligen Schrift. Und es ist den Propheten immer so gegangen, daß sie im Namen einer Minderheit gesprochen haben ... Wenn die Kirche zu diesen Fragen redet, dann nicht im Auftrage einer Mehrheit, nicht nach den Grundsätzen einer pluralistischen Gesellschaft ... Wir reden viel anspruchsvoller, wir reden im Namen Gottes ... die Kirche ist nicht ein Teil der pluralistischen Gesellschaft, sondern hat Maßstäbe ewiger Art zu verkünden und zu vertreten.« Er äußerte dann, wenn der Rat der EKD im Blick auf eine bestimmte akute Situation doch zu einem gemeinsamen Urteil komme, dann »glauben wir, daß das nicht ohne den Heiligen Geist geschieht, und diesen Anspruch muß die Kirche vertreten« (Stellen zit. aus B. v. Heiseler, Christ und Vaterland, 1967).

Der Ausdruck »politischer Gottesdienst« erschien bei K. Barth schon im Jahre 1938, in der Schrift von 1946 optierte er noch liberal, denn der damaligen weltpolitischen Konstellation schien die Behauptung zu entsprechen, es gäbe eine »Affinität zwischen der Christengemeinde und der Bürgergemeinde der freien Völker« (32). Die evangelischen Enzykliken über Eigentum und Ostfragen trugen dann der veränderten Weltlage Rechnung, die erhebliche Fortschritte des Kommunismus zeigte, und sie standen damit nicht allein. Über den »Neuen Weg« der schwedischen Kirche berichtet z.b. der Schweizerische Evangelische Pressedienst (27.9.67) folgendes: »In der Diskussion über den neuen Weg der schwedischen Kirche hat auch der neuernannte Erzbischof Ruben Josefson, der sein Amt am 1. Oktober 1967 antritt, mit einem Zeitungsinterview (Dagens Nyheter) eingegriffen ... die Kirche solle als pressure group fungieren und auch Revolutionären Unterstützung zukommen lassen.« In diesem Sinne forderte auch im Dezember 1968 während der vierten Synode der Evangelischen Kirche in Hessen und Nassau eine Gruppe aus Studenten der Mainzer Theologischen Fakultät usw. »eine politische Theologie, die ein gesellschaftliches Bewußtsein schafft«.

In der Imitatio Friderici Engels, auf dem Wege vom Pietismus zum Kommunismus, würden die nächsten Etappen in der Abschaffung der Kirchen oder in der Erfindung eines atheistischen Christentums bestehen. Zu beiden Chancen gibt es schon Ansätze. Eine Gruppe Flensburger Pastoren hat (Der Spiegel 48, 1968) einen eigenen Theologentag mit dem Thema »Wozu noch Pastoren?« veranstaltet, in der überzeugend richtigen Einsicht, daß man einen revoltierenden sozialistischen Humanitarismus auch einfacher haben kann und dazu die Kirche nicht braucht, nicht einmal das Christentum.

Der andere Weg zu einem »atheistischen Christentum« wurde zuerst von einigen amerikanischen Theologen gewiesen, wie William Hamilton oder Paul van Buren, in Deutschland propagiert ihn nunmehr Dorothee Sölle, die »eine Art Leben ohne metaphysischen Vorteil vor den Nicht-Christen« sucht, in dem dennoch »an der Lehre Jesu in der Welt festgehalten wird« (Merkur 225, 1966). Sein Reich ist also doch von dieser Welt. Dies scheint auch Professor Matussek von der Paulus-Gesellschaft zu meinen, wenn er von der »weltimmanenten Zukunft« spricht. Diese sei nunmehr in einem konstruktiven Dialog zwischen Marxismus und Christentum stärker zu betonen, wobei natürlich die »Dialogunfähigen« auszuschließen sind (Fernsehen 15.1.67).

Bei allen diesen Manövern kann man nur eines nicht begreiflich machen, warum nämlich eine weltumfassende Bewegung wie der sowjetische Kommunismus, der mit eindeutigen, ja starren Prinzipien seit fünfzig Jahren so außerordentlich erfolgreich war, sich mit einer Gefolgschaft einlassen sollte, bei der das Im-Stich-Lassen bereits im Programm erscheint. Niemand kann auf so etwas kommen, ausgenommen die Intellektuellen mit ihrem Wunschbild: unbegrenzte Freiheit für sich, Gleichheit für die Anderen.

10. MORALHYPERTROPHIE

In diesem Kapitel erreichen wir im Begriff Moralhypertrophie ein Resultat der Überlegungen, die wir der Reihe nach vorgelegt haben. Der berühmte, in Oxford lebende Physikochemiker Michael Polanyi hat in einer kleinen philosophischen Schrift »Jenseits des Nihilismus« (1961) zuerst von einer leidenschaftlichen Hinwendung zur Moral gesprochen, die »in unserer Zeit sich übersteigert hat in ihren maßlosen Forderungen«, und er hat behauptet, daß »das Bedürfnis unserer Zeit umgekehrt darin besteht, unsere maßlosen moralischen Forderungen einzuschränken, unter denen wir moralisch absinken müssen«. Dieses große Thema ist also spät in Erscheinung getreten, oder besser, es ist eher ausgenützt als anerkannt worden. Offenbar konnte bei Beginn unserer industriellen Epoche auch für lange Zeit eine schon alte hochgespannte Moral als Ideal mitgeführt werden, weil sie ihren Gegenhalt und die gestaltgebende Vernünftigkeit in der Natur und den von daher knappen wirtschaftlichen Erträgen fand.

Heute dagegen ist die Natur durchschaut und plastisch, ihre Umformung eine Sache der Ausbildung, des Fleißes und der Kosten, und die Menschenzahlen steigen in ebenso steiler Kurve wie Warenmassen. Da die Menschheit nichts Größeres mehr außer sich sieht, muß sie sich selbst umarmen und ihr immer schon wahnhaftes Glücksverlangen von sich selber erwarten. Die dazu gehörende Moral kann alles hinwegschwemmen und auflösen, was dem Triumph über die entleerte Natur und über die mühsame, verblendete und prachtvolle Geschichte entgegenstehen würde. Der unsterbliche Gott wohnt heute in einem anderen Winkel des Universums; der sterbliche Gott ist nicht einmal mehr der Staat, am wenigsten bei uns, sondern die addierte, vorhandene Menschheit, deren Forderungen nunmehr als ein schwer erträgliches Gewicht auf der einzelnen Seele liegen, die keine Sprache mehr findet, um die gefühlte Unmöglichkeit einer »absoluten« Moral zu begründen.

Seit Gott der »Geschichte« Platz machte, und diese dem post-histoire mit seiner Bevölkerungsexplosion, muß der Mensch sich selbst alles das zurechnen, was in den großen Ereigniswolken aus Politik, Wirtschaft und Aggression passierte, bei denen jeder beteiligt war und niemand mehr etwas deutlich erkennen konnte. Die Moralforderung wird umgekehrt um so unerbittlicher, die Alten konnten sich noch mit dem Walten der Tyche, der Zufallsgöttin entschuldigen, die Christen der überzeugten Zeit mit dem »unerforschlichen Ratschluß Gottes«, wir haben keine Entlastungen.

Es war wohl Robert Musil, der zuerst die Haltung beschrieb, die während der Katastrophen und in Ahnung des Geschehenden jeder einnahm: Gewährenlassen. »Das gewöhnliche Verhältnis des einzelnen zu einer so großen Organisation, wie sie der Staat darstellt, ist das Gewährenlassen« schrieb er, anspielend auf die damalige Feindseite. »Es ließ der Engländer und Amerikaner nicht die Kinder in Mitteleuropa verhungern, er ließ es bloß zu« (Tagebücher, Aphorismen, Essays und Reden, 1955, 615 – aus dem Jahre 1916). Dasselbe gilt ringsherum auf allen Seiten, das »Wir haben's nicht getan« nannte er eine Schulbubenausrede – »natürlich haben wir's getan, wir haben es gewähren lassen; es hat es getan, ohne daß es von uns gehindert worden wäre«. Wie kann man ein undurchschaubares Es hindern? Aber die Moral duldet kein Vakuum, so fühlen wir uns mitschuldig an dem, was an Untaten geschah und was kein menschlicher Verstand aufrechnet, anstatt bloß haftbar; wir haben die Verpflichtung, für den Untergang des Reiches und für die Greuel einzustehen, die dieser mit sich brachte. Die Verpflichtung dagegen, am Kulte der Menschheit unter dem Namen Humanitarismus teilzunehmen hat nur der, der sie haben will. An alle gerichtet, bedeutet diese Forderung nur den übersteigerten Anspruch von Innengültigkeiten, wie er der Moralhypertrophie zugrunde liegt. Eben sie ist daher unser Gegenstand, nicht Zustand. Das bedeutet wieder einmal Analyse, auseinandernehmen, um zu verstehen.

Da ist erstens das selbst schon erstmalige und unwahrscheinliche Zusammenspiel des Humanitarismus, den wir als elargierte Familienethik erkannt haben, und des Eudaimonismus des Massenlebenswertes, einer ethischen Schöpfung der Aufklärung im 18. Jahrhundert. In diese Kombination ist eine zugleich hochgereizte und verharmlosende Ansicht vom Menschen schon eingeschlossen, die psychisch wohl der Innenseite eines verlängerten Jugendlichen-Zustandes entspricht, denkbar unter dem Schutz angegriffener, aber noch haltender alter Mächte, die früher noch standen, jetzt wie ausgesetzt. Soziologisch muß das Embourgeoisement eines spätkapitalistisch sehr breiten Mittelstandes für das heute gelebte Zusammenspiel eingerechnet werden, auch wiesen wir schon darauf hin, daß diese von Grund aus apolitische Gesinnung des Fortschrittsbürgertums in Kreise hineindrang, die früher sozialistisch-revolutionären Ideen angehangen hatten. Die Kirchen haben sich als einflußreiche Parteigänger hinter diese Bewegung geschoben, sie glauben auf diese Weise den Kontakt mit den Massen zu behalten.

Zusätzlich sind nun bei uns unter dem Einfluß der beispiellosen Niederlage und nach der Zerstörung aller inneren Reserven die Individuen auf ihre Privatinteressen und deren kurzfristige Horizonte zurückgefallen. Was sie dort finden, ist die egalitäre Moral der Familie, egalitär zumal in Notzeiten, ist das Wohlstandsdenken und der Feminismus, die mit der Moral des Humanitarismus sogar ursprungsidentisch sind. Und endlich läßt sich der Rationalismus der Nahziele, wie ihn die Industriekultur erzeugt, mit den Gewohnheiten der Kinderstube leicht vereinigen, z.B. in der Formel Babeufs: »Einen Zustand finden, in dem jedes Individuum mit der geringsten Mühe das bequemste Leben genießen kann.« Wenn diese Analyse der Grundströmungen richtig ist, dann erklären sich leicht die hohen Grade von Weltfremdheit, Urteilsdünkel und Daseinsgefräßigkeit, denen man überall begegnet. Damit wäre die Moralhypertrophie bereits wahrscheinlich, erreicht wird sie erst durch den Fortfall der Gegenhalte. Der Falke mit schlechtem Gewissen findet sich in der politischen Zoologie in der Nähe der mörderischen Taube. In dieser Situation können sich die Verantwortlichen, denen die Sicherheit des Gemeinwesens anvertraut ist, von außen wie von innen gefährdet fühlen. Manche Unterdrückungsmaßnahmen der spätrömischen Kaiser erklären sich so, die von der Ausbreitung des Christentums und der stoischen Intellektuellenmoral sich in ihrer Hauptaufgabe bedroht fühlen mußten, wie die Feuerwehr von einem Brandherd an der Grenze des Riesenreichs zum anderen zu eilen.

Denn schon immer muß eine greifbare Konsequenz des Humanitarismus, war er religiös oder nicht, fühlbar gewesen sein: Wer jeden Menschen schlechthin in seiner bloßen Menschlichkeit akzeptiert und ihm schon in dieser Daseinsqualität den höchsten Wertrang zuspricht, kann die Ausbreitung dieses Akzeptierens nicht mehr begrenzen, denn auf dieser Bahn gibt es keinen Halt. Die Handlungen und Gedanken der Menschen, ihre Bosheiten, Tugenden und Laster,

Künste und Spiele, Klugheiten und Narrheiten – nichts wird von der Geltung ausgenommen, außer allein die Behauptung und Haltung, die erkennen läßt, daß irgendetwas *nicht* gelten soll – wer das sagt, hat »Vorurteile« und kommt nicht in Betracht. Der politische Nutzen dieses Ethos ist eklatant, er besteht in der Chance, vom künftigen Sieger verschont zu werden, wenn man es ihm beibringen kann; über den unmittelbaren Kassennutzen braucht man kein Wort zu verlieren.

Die eudaimonistische Hochschätzung des Massenlebenswertes und der eingegossene Humanitarismus haben daher eine unbegrenzte Bejahung des schlechthin Vorhandenen als eine bedeutende ethische Neuerung hervorgebracht, so daß nun das Vorhandene schon deswegen als legitimiert gilt, ausgenommen die überstandenen Positionen, die auf Treue, Distanz und Inpflichtnahme gingen, mithin den politischen Tugenden alten Stils nahestehen. Aus unerfindlichen Gründen halten die Leute auch, wie Lord Attlee es einmal ausdrückte, eine unzulängliche Armee für weniger unmoralisch als eine zulängliche. Und soweit es sich um Gesetzesübertretungen und Verbrechen handelt, so werden sie in das Vorhandene und Anerkannte hineinräsonniert, indem sie als Randerscheinungen gelten und die Strafe mit Bewährungsfrist außer Vollzug gesetzt wird. Die Schuld wird der Gesellschaft, der Krankheit oder einer ungehegten Kindheit zugeschoben. Das unentschuldbare Kapitalverbrechen ist die Tötung, die Negation des Vorhandenseins. Die seit langem ausgebaute Vorbereitung dieser Sanktionierung des Daseienden aus dem Grunde des Daseins bestand in dem endlosen Kritisieren und Problematisieren, das jede Eindeutigkeit und Grenze benagte, bis niemand mehr gegenüber den letzten Enthemmungen etwas anderes hatte als ein verlegenes Lächeln.

Natürlich haben zu diesen Entwicklungen die objektiv nivellierenden Bedingungen des Industriesystems vieles beigetragen, denn sie machen es wahr, »daß zum ersten Male in der Geschichte alle Menschen sich allen Menschen gegenübergestellt sehen, ohne den Schutz unterschiedlicher Umstände und Lebensbedingungen« (Hannah Arendt, Elemente 89). Dann muß die ganze Breite dessen, was es so gibt, in die allgemeine acceptance hineinfallen. Aber auf der anderen Seite sieht man, daß natürlich die Großmächte durchaus noch Grenzen des Zuzulassenden und Intoleranzgebiete kennen, während die Neutralisierten, die Vorfeld-Satelliten und die Geschlagenen den Fortschritt im wörtlichen Sinne rückhaltslos betreiben oder doch dahin drängen. Hier liegt eine moralische Transformation ersten Ranges vor, sie gehört zu den wichtigsten Gegenständen unserer Bemühungen um ein Verstehen.

Großzügige Änderungen der Affektlage lassen sich bekanntlich in isoliert »kulturellen« Gebieten am weitesten vortreiben, denn dort gibt es keine massiven Gegnerschaften und Bremswirkungen mehr, weil seit langem die Gelder dorthin strömen, wo die Geltungen durchbrochen werden. So ist denn in der Kunst und Literatur das Daseinsrecht des eben so Vorhandenen seit langem unbestritten, und welche Zeitung, welcher Kritiker hätte denn in den letzten Jahren, als in der bildenden Kunst die Auflösung in Farce und Gag umschlug, jemals gesagt, das lange nun. Dieses Ethos der acceptance kassenergiebig zu machen, war eine bedeutende Entdeckung, und seither erlaubt das Wort Fortschritt die gerade, die kürzeste Verbindung zwischen dem moralisierenden Argument und der eigenen Tasche. Denn jetzt hat der Autor, der Hersteller, der Verteiler keine Sorgen mehr, denn das Publikum hat die Pflicht zu akzeptieren. Man kann sich die eingetretene Änderung an einem Beispiel klarmachen: Karl May mußte sich wegen früherer, in Vergessenheit geratener Gefängnisstrafen von einem Journalisten erpressen lassen, das Bekanntwerden hätte ihn »unmöglich gemacht«. Heute zählen Kriminelle wie Genet oder Albertine Sarrazin (acht Jahre Gefängnis wegen Diebstahl und Einbruch, Der Spiegel 17.11.1965) um so mehr zu den geschätzten Autoren, als sich ihre Vorstrafen als Reklame verwenden lassen.

Diese Einebnung und Aufweichung der Toleranzgrenzen, das ist die psychische Desarmierung, und wenn einmal Tugenden wie Mut und Selbstopfer als Masochismus diagnostiziert, als sexuelle Fehlfarben erkannt sind, wird es nur noch gute Menschen geben. Auf einmal zeigt sich als überraschende Erscheinung, daß ein permanenter Kult des Bösen entsteht, eine wirklich diabolische Tendenz, vor allem im Film gepflegt, in dem, wie Hans Mayer (Bergedorfer Gespräche, Protokoll 28, 1968) richtig beschrieb, das Publikum nicht etwa den Untergang des Bösen, sondern das Böse selbst genießt. Das ist wohl die Form, in der unter den beschriebenen Umständen die naturale Aggressivität des Menschen sich ausdrückt – im Außenausdruck gebremst und von den Massen der Guten blockiert, steigert sie sich an der eigenen Bewußtmachung hoch. In den Menschen, die sich gegnerschaftsunfähig machen und nur das bekommen wollen, was sie selbst gewähren, nämlich Schonung, bleibt etwas wie ein kleiner diabolischer Keim, der die Freude an der Vernichtung des Wehrlosen bedeutet, das Thema der echten Horrorfilme. Man kann die List der Tyche nicht genug bewundern, die dem total erschöpften und niedergeschlagenen Kontinent zwar noch die Chance des bloß physischen Überlebens zuspielt, eine Rolle, die man eifrig einstudiert, indem man mit geradezu angstvollem Eifer das geistig Haltende abräumt; die sich aber den Ausgang noch offenhält. Denn die Anderen haben die Macht, und wer das Ethos der Macht ausleben will, von dem wir uns einreden, es existiere nicht, braucht Gegner, die er sorgsam auf Schlagdistanz halten muß. Diese können aber das Recht auf Dasein als einzige Karte nicht ausspielen, ohne sich in das Naturreich hineinzunivellieren — aber dort schlug es noch immer in das Recht des Stärkeren um. Wenn das hervortritt, können die Opfer sich überlegen, ob sie sich nicht auch an der Vernichtung des Wehrlosen gefreut haben.

Die ersten Einsichten in die hier geschilderte allgemeine acceptance erfolgten natürlich nach dem ersten Weltkrieg auf der Seite des Geschlagenen — bei uns. In einem posthum erschienenen Aufsatz »Der Mensch im Zeitalter des Ausgleichs« (in: Lichtenberger, Shotwell, Scheler: Ausgleich als Aufgabe und Schicksal, 1929) hatte Max Scheler die Nivellierung alles Vorhandenen zur Gleichwertigkeit bemerkt und geradezu als Zeitstempel entziffert. In dem Hauptcharakter dieses Weltalters gehe es, wie er meinte, nicht nur um eine Wandlung der Dinge, Umstände, der Institutionen, der Grundbegriffe und -formen der Künste und fast aller Wissenschaften; es sei eine Wandlung des Menschen selbst, der Artung sogar seines inneren Aufbaus aus Leib, Trieb, Seele, Geist. Und es sei nicht nur eine Wandlung seines tatsächlichen Seins, sondern auch eine Wandlung seiner Richtmaße. Er diagnostizierte weiter eben diese Wandlung als eine Bewegung des *Ausgleichs,* nämlich als Rassenausgleich und Blutmischung, als Ausgleich zwischen Männlichem und Weiblichem (mit Wert- und Herrschaftssteigerung des Weibes), dann als Ausgleich der Welt-, Selbst- und Gottesauffassungen zwischen den großen Kulturkreisen, sowie von Kapitalismus und Sozialismus, der Ober- und Unterklassen. Auch galt ihm der Ausgleich der nationalpolitischen und wirtschaftlichen Spannungen innerhalb Europas bereits als Tatsache; das war ein zu schneller Vorgriff.

Max Scheler sah hier die geistigen Folgen einer weltweit sich verbreitenden Industriekultur voraus, er sah deren Tendenz zum Abbau der Profile, Spannungen und Unterschiede, die Einebnung ausgrenzender institutioneller Normen und der zugeordneten Gefühlsschranken. Diese Tendenzen haben gewaltige Fallkräfte, und in der Zeit, da man das neue Europa zusammenzustecken sucht, hat man seine alten Gehalte schon weithin preisgegeben, man ist des quälenden Insichtragens von Gegensätzen müde und schnallt ab. Der Humanitarismus, der Masseneudaimonismus und das, was noch Disraeli als die »verderbliche Lehre von der natürlichen Gleichheit der Menschen« empfand, deren Übergang in Anarchie ihm wohl vorschwebte, vereinigen sich zu einem Chor der Bejahung, der sich gegen eine zögernde Zustimmung immer intoleranter zeigt, so daß allmählich auf jeder geistigen und ungeistigen, moralischen und unmoralischen Landschaft die Flagge »Auch hier ist Arkadien« weht.

Man ahnt, daß der Idealismus, der in dieser Übersteigerung des Ethischen doch zweifellos mitschwingt, eine tiefgreifende Funktion haben könnte – wahrscheinlich wirkt er als gegenresignativer Halt und verbirgt das Nichts. Dann wird die Gesellschaft empfindlich gegen die stählerne Sonde des Bewußtseins und es tritt ein, was Plutarch von der Situation sagt, in die der Athener Phokion (vergiftet 318) geriet: Ein Staat, der in unvermutetes Unglück geraten ist, wird überängstlich und in seiner Schwäche zu empfindlich, um ein offenes Wort ertragen zu können, zu einer Zeit, da er es am meisten nötig hätte.

Der Entfaltungsraum des Ausgleich-Glücks liegt ganz in der Öffentlichkeit, in dem agitatorisch beherrschbaren Gelände, in dem eine wache redaktionelle Presse – und Rundfunkpolizei mit allen Vorbehalten aufräumt. Dort setzt man außer Kurs oder wenigstens unter Druck, was nicht im großen Nivellementsstrom liegt, bis schließlich als unleugbare Unterschiede nur noch die bezifferbaren bleiben. Da scharfe Profilierungen, vor allem geistige, eo ipso Distanz schaffen, und da man das nicht will, so wird das Aussprechbare randunscharf und man muß sich in vagen Ideen aufhalten: Demokratisierung, repressive Strukturen, Hochschulreform usw. Die Institutionen öffnen sich den Interventionisten, Pianisten und Vorrednern. Wie angedeutet, erweisen sich die Unterschiede des Besitzes und Einkommens noch als unterscheidbar, offenbar deswegen, weil der Kapitalismus zu den Funktionsbedingungen einer so verrückten Steigerung der Lebensansprüche gehört. So gelten in der *Öffentlichkeit* um den Erdball herum dieselben Wertungen, wer ihnen dort widerspräche, erwiese sich als Reaktionär, Faschist, Rhodesier, Ibo oder sonst etwas Geächtetes und Abgebuchtes. Indem nun die öffentliche Sprache fast aller Sender und Zeitungen dieser Welthälfte auf dieselben Begriffe einschwenkt, zieht sich die Wirklichkeit in den Schatten zurück, sie kann dem Gesetz nicht entgehen, daß jede Bestimmtheit Verneinungen enthält. So entstehen unter dem Tisch stumme und intolerante Sensibilisierungen, eine Welt kleinteiliger Sondertatsachen, der Haß greift auf die ältesten Rückstellungen zurück und bricht bisweilen überraschend aus, die Jura-Berner, die Quebec-Kanadier, die Bretonen und Katalanen schwingen ihre Fahnen. Im »Spiegel« vom 29.4.1968 wurde gefragt, wo die Analyse eines möglichen Guerillakampfes in Großstädten bleibe.

Jetzt gilt es, eine soziologische Lokalisierung der Moralhypertrophie mit der Frage vorzunehmen, wo eigentlich die in dieser Hinsicht produktiven Gruppen zu suchen sind. Da hatte zuerst Nietzsche im Zusammenhang mit seinem Kampf gegen das Christentum die pazifistischen Tugenden mit soziologischen Kategorien zu begreifen gesucht, wenn er in »Jenseits von Gut und Böse« (1885/6) den Begriff der »Sklaven-Moral« für Eigenschaften entwarf, die den Leidenden das Dasein erleichtern und insofern für sie zweckmäßig sind. »Hier kommt das Mitleiden, die gefällige hilfsbereite Hand, das warme Herz, die Geduld, der Fleiß, die Demut, die Freundlichkeit zu Ehren ... hier ist der Herd für die Entstehung jenes berühmten Gegensatzes gut und böse« – wobei gedacht ist, die von jenen Tugenden unterschiedene Herren-Moral werde von unten her und aus Lebensneid als böse qualifiziert. Das waren grobe Vereinfachungen, und vor allem bemerkte Nietzsche nicht, daß seine sogenannten Sklaven-Tugenden ganz allgemein die im Umkreis der Familie entwickelten sind. Er kam überhaupt mit dem Pluralismus der ethischen Instanzen nicht zurecht, denn nebenher gingen Versuche, die Moral überhaupt und als solche zu biologisieren, zuerst mit einer Interpretation von Schuld und schlechtem Gewissen als nach innen gewendeter

Aggression, es handele sich um einen »eingekerkerten und zuletzt nur an sich selbst noch sich entladenden und auslassenden Instinkt der Freiheit« (Zur Genealogie der Moral 17); und dann noch drastischer mit der Behauptung, alle Tugenden seien physiologische Zustände: »Mitleid und Liebe zur Menschheit als Entwicklung des Geschlechtstriebes. Gerechtigkeit als Entwicklung des Rachetriebes, Tugend als Lust am Widerstande« usw. (Wille zur Macht 255). Seine Radikalisierung zu einer bloßen biologischen Instinkttheorie hin endete folgerichtig mit dem Satz: »Es gibt keine moralischen Phänomene, sondern nur eine moralische Interpretation derselben« (258), betrieben von den »Schlechtweggekommenen«, den vital Gebrochenen oder, um mit Benn zu sprechen, den Hustern und Henkelohren.

So war er von einer soziologischen Auslegung zu einer abstrakt biologischen, ja medizinischen gekommen und hatte dabei das Phänomen, um das es ging, nämlich die Humanitärtugenden, überhaupt preisgegeben. Wir ergreifen hier die Gelegenheit, um in wenigen Worten die eigene Theorie in Erinnerung zu bringen: Das Humanitärethos ist das erweiterte Ethos der Großfamilie, es enthält also von vornherein sowohl biologische, sogar feminine, als auch institutionelle Einschüsse, und in dieser letzten Hinsicht hängt es ins Leere, wenn es nicht durch weiträumige Institutionen wie Kirchen oder Logen gehalten wird. Zu hypertrophem Anspruch kommt es in der Verbindung mit dem Ethos des Massenlebenswertes und vor allem dann, wenn die entgegenhaltenden eigentlich politischen Staatstugenden wegfallen, weil der Staat ruiniert oder selbst zum Wohlstandsapparat geworden ist. Damit ist aber die oben aufgeworfene Frage nach dem soziologischen Nährboden noch nicht beantwortet, die nun Max Weber und Hannah Arendt in der Richtung von Nietzsches Sklavenmoral aufnahmen. Diese bedeutende Denkerin nahm ebenfalls an, daß Güte, Menschlichkeit und Vorurteilslosigkeit Privilegien der Parias, also negativ privilegierter Schichten seien (Elemente und Ursprünge 109).

Hiermit sind wir im Bereich der »Gesinnungsethik« angekommen, d.h. der Lehre einer unbedingten Vorranggeltung *eines* bestimmten Ethos mit Ablehnung der Alltagskompromisse auch zwischen verschiedenen ethischen Instanzen. Der gesinnungsethische Humanitäre verwirft z. B. den Wehrdienst und dessen Tugenden, der gesinnungsethische Patriot umgekehrt den Humanitarismus. Auch das Gesinnungsethos entstand in der Antike; als Plinius Statthalter in Bithynien war, etwa im Jahre 112, wurde das Bekenntnis zu Christus mit dem Tode bestraft auch ohne Nachweis des Kultes, und umgekehrt behauptete der gleichzeitig lebende Justin, ein Diener Christi sei schon seiner ganzen Natur nach frei von aller Schuld – die Gesinnung kompromittierte oder qualifizierte also unabhängig vom Verhalten, mithin absolut.

Nun aber zurück zu der soziologischen Frage. Die Beziehung einer humanitär-masseneudaimonistischen Gesinnungsmoral auf den Paria scheint uns nur gewisse Fälle zu treffen, die These war im 19. Jahrhundert, im Zeitalter des »Proletariats« sicher zutreffender als heute. Es gilt auch, den unübersehbar femininen Einschlag richtig zu verstehen. Der Pazifismus, der Hang zur Sicherheit und zum Komfort, das unmittelbare Interesse am mitfühlbaren menschlichen Detail, die Staatswurstigkeit, die Bereitschaft zur Hinnahme und acceptance der Dinge und Menschen wie es so kommt – das sind doch Qualitäten, die ihren ursprünglichen und legitimen Ort im Schoße der Familie haben, und in denen folglich der Feminismus seine starke Farbe dazutut, denn die Frau trägt instinktiv in alle Wertungen die Interessen der Kinder hinein, die Sorge für Nestwärme, für verringertes Risiko und Wohlstand. Hier liegen die Vorbedingungen zu einer endlosen Erweiterung des Humanitarismus und Eudaimonismus, wenn die Gegengewichte, die im Staatsethos liegen, kompromittiert, verboten oder verfault sind. So ist es bemerkenswert, daß Vorahnungen einer solchen Moralhypertrophie in diesem Jahrhundert zuerst im Umkreis des Anarchismus auftraten. Gustav Landauer schrieb an Martin Buber (19.3.1913): »Und darum haben wir noch kein rechtes Menschendenken, weil das Frauendenken noch nicht seinen starken Anteil hat ... Ist nun um des Menschendenkens willen ein stärkeres Hervortreten des Elements des spezifischen Frauendenkens in diesem Menschendenken zu erwarten und zu wünschen? Und da sage ich: ja!« (G. Landauer, Sein Lebensgang in Briefen, hg. v. M. Buber, 1929 I, 434f.). Buber selbst ging nicht so weit, wie ihm Landauer nahelegte: »Wie Buber der Apostel des Judentums vor der Menschheit ist, so wird er ein Erwecker und Fürsprecher des frauenhaften Denkens sein, ohne das unserer fertigen und gesunkenen Welt keine Erneuerung und Erfrischung kommen wird.« Der weitaus weisere Buber hat das nicht akzeptiert, sondern den Satz des Paracelsus zitiert: »Spiritus crucifer nullius generis est.« Der Einschlag von Feminismus in der behandelten Ethosform mußte auch deswegen zur Sprache kommen, weil Schumpeter diesen unübersehbaren Zug für eine »ihrem ganzen Wesen nach kapitalistische Erscheinung« hielt (Kapitalismus, Sozialismus und Demokratie 208), womit dem alten Sündenbock wohl zu viel aufgehalst war. Zur Zeit des Hochkapitalismus gab es keine Dominanz der Frau, während jetzt, in spätkapitalistischen Zuständen, bei hohen Graden latenter Anarchie und im Zeitalter des »Ausgleichs« (M. Scheler) wohl eher zu beobachten ist, daß sich die Vitalität der Frauen als einigermaßen krisenfest erweist, so auch unter anderen Grenzbedingungen, z.B. nach der Kapitulation Deutschlands, als die von den Frauen zusammengehaltene Familie die einzige Institution war, die noch funktionierte.

Unsere soziologische Verortung der Moralhypertrophie, die Frage nach den Trägerschichten, zielt keineswegs auf den Ersatz der Paria-Theorie durch den Feminismus hin, der vielmehr nur eine Zutat zu dem ganzen Komplex bildet. Es bietet sich vielmehr eine einfache und plausible Lösung der Frage an, welche Kreise an der Propagierung dieses Ethos und an der Detaildurchführung ein Interesse haben und darüber hinaus in der Lage sind, es auch in voller Verve und Ausschließlichkeit auszuleben, einschließlich der Aggressivität, die jedesmal von der »Reindarstellung« einer einzelnen Ethosform enthemmt wird. Und das sind in krisengeschüttelten oder gar definitiv besiegten Nationen gerade nicht die Parias, sondern privilegierte Klassen, nämlich solche, die faktisch oder gar rechtlich von den unlösbaren ethischen Konflikten freigestellt sind, die auf jedem denkenden Menschen liegen, der in aktive, dauernde Kämpfe verwickelt ist, seien sie politischer oder wirtschaftlicher Art. Privilegierte Kreise sind auch solche, die die Folgen ihrer Agitation nicht zu verantworten haben, weil sie diese mangels Realkontakt gar nicht ermessen oder sich alles erlauben können. Das sind, um es kurz zu sagen, in großen und wortführenden Teilen die Schriftsteller und Redakteure, die Theologen, Philosophen und Soziologen, also ideologisierende Gruppen, erhebliche Teile der Lehrerschaft aller Schularten und der Studenten, und schließlich die generellen Nutznießer der gesellschaftlichen Nachsicht: Künstler und Literaten. Mit einem Wort, es handelt sich um die »Intellektuellen«, und hier insbesondere um die Kernbestände derer, die nicht in der Wirtschafts- und Verwaltungspraxis tätig sind, wie Richter, Anwälte, Politiker, Volkswirtschaftler usw.»Intellektuelle, sagt Schumpeter (237), sind in der Tat Leute, die die Macht des gesprochenen und des geschriebenen Wortes handhaben; und eine Eigentümlichkeit, die sie von anderen Leuten, die das gleiche tun, unterscheidet, ist das Fehlen einer direkten Verantwortlichkeit für praktische Dinge.«

Hierzu ist noch die Erinnerung nötig, daß der Soziologe eine »innere Verantwortung« nicht kennt. Wer sagt, er vertrete in vollem Bewußtsein der Verantwortung vor Gott und Menschheit die Meinung X, und wer einfach sagt, er habe diese, gilt dem Soziologen gleich, beide sind Meinungsträger X, denn er kann keinem Menschen ins Herz sehen. Das Wort Verantwortung hat nur da einen deutlichen Sinn, wo jemand die Folgen seines Handelns öffentlich abgerechnet bekommt, und das weiß; so der Politiker am Erfolg, der Fabrikant am Markt, der Beamte an der Kritik der Vorgesetzten, der Arbeiter an der Kontrolle der Leistung usw. Wo eine solche Instanz nicht zu sehen ist, oder ausdrücklich verpönt, wie im Art. 5 des Grundgesetzes (Pressefreiheit) die Zensur, dort ist man von der Verantwortung entlastet und kann sich mit vollem Herzen der Moral der Anderen annehmen.

Dieses interessante Thema regt zu weiterer Besinnung an. Die Frauen haben ihr Frauendenken, orientiert am Schutz des Lebendigen, Frieden, Wohlstand und Sicherheit, immer ausleben können, nicht weil sie »Parias« waren, sondern weil sie keine politische Verantwortung trugen und somit diese Gefühle zu jedem Grad der Verfeinerung kultivieren konnten. Bis zum Beginn der französischen Revolution war auch das niedere Volk politisch entlastet, nämlich bis zur Einführung von Wahlrecht und Wehrpflicht, und nur von dieser Entlastung her ist der Ausdruck »Paria-Ethik« verstehbar. Politisch sehr dezidierte und aristokratische Zeiten haben die unbeanspruchte, rein private bunte Lebendigkeit des niederen Volkes als paradox empfunden und in den ästhetischen Kategorien des Unernstes behandelt, so wie bei Shakespeare zwischen den Staatsaktionen die Rüpelszenen sichtbar werden und Muff, Schatte, Schwächlich und Bullenkalb ihr Wesen treiben. Ortega y Gasset hat die Komödie als die Literaturgattung der Konservativen erkannt und gesagt: »Was der modernen Gesellschaft fehlt, ist nicht Christus oder Washington, auch nicht Sokrates oder Voltaire, sondern Aristophanes« – er hätte auch einen der glänzenden Komödiendichter der englischen Restaurationszeit unter Karl II. nennen können, wie Congreve. In der unvergleichlichen Analyse Irene Coltmans (Private Men and Public Causes, 1962) wird berichtet, daß Anthony Ascham, Gesandter der englischen Republik Cromwells in Madrid und dort im Jahre 1650 ermordet, gesagt habe, »daß für das gemeine Volk die Haltung politischer Unverantwortlichkeit, die traditionelle Haltung der Komödie, tatsächlich gesetzmäßig sei (a lawful one)«. Dies alles versteht sich natürlich für die Zeit vor Einführung des allgemeinen Wahlrechts, als die öffentliche Klassentrennung noch nicht Gegenstand der Kritik war.

Umgekehrt sind heute die Intellektuellen eine »Gegen-Aristokratie«, eine schon zahlreiche, diesmal durch Privilegien unverantwortlich gestellte Gruppe, und das ist eine soziologische Neuigkeit. Sie alle sind in vergleichbarer Lage, nämlich aus der fehlenden Verwicklung und Verstrickung in die praktische Politik und in die Tageskämpfe des Wirtschaftslebens heraus ihr Ethos luxurieren lassen zu können, es in eine Zumutung an alle Menschen zu verwandeln und aus vollem Herzen Anklage zu verstreuen. Schumpeter hebt hervor, daß die von praktisch allen europäischen Regierungen unternommenen, zum Teil lange dauernden und entschlossenen Versuche, sich die Gefolgschaft der Intellektuellen zu sichern, alle mißlungen sind. Da sie die Massenmedien praktisch beherrschen, ist ihr Einfluß auf die Dauer gar nicht zu überschätzen, und sie haben den unvergleichlichen Vorsprung erreicht, ihre privilegierte Meinungsfreiheit mit der Freiheit aller gleichzusetzen und dies sogar zur Anerkennung zu bringen.

So bilden sie etwas wie eine Gegen-Aristokratie, die zu der amtierenden der Staatsverwaltung, der Militärs, der Geschäftsleute usw. in der Opposition des schlechthin unaufhörlichen Kritisierens steht; das war schon vor dem Ausbruch der Revolution von 1789 der Fall, als die Parlamente gegen die königliche Regierung operierten, die Aufklärung war das Zwischenglied zwischen den christlichen Königen und der neuen rhetorischen, moralisierenden Meinungskultur.

Auch die deutschen Intellektuellen fühlen sich als Oberschicht, wer sich davon überzeugen will, lese das Protokoll 21 der Bergedorfer Gespräche (1966) nach, wo das Thema der »unterentwickelten industrialisierten Gesellschaften« zur Diskussion stand. Dort setzte Prof.

Friedrich Heer auseinander, daß die Mehrheit der Mitbürger »Alphabeten« seien, nämlich Leute, die »mental, gefühlsmäßig und wissensmäßig in anderen, früheren geschichtlichen Zonen beheimatet« seien, nur Volksgenossen und nicht Zeitgenossen. Die politische Aufgabe der intellektuellen Elite, der er sich selbst ausdrücklich zurechnete, bestehe darin, erstarrte politische Verhältnisse aufzulockern, Ungeduld mit der Wirklichkeit zu verbreiten, den Nebel der Rechtfertigungsideologien zu zerstäuben, das seien Notwendigkeiten auf dem Wege zur Verfassung der Freiheit, deren die Intellektuellen sich annehmen müßten (8, 9,16). In derselben Sitzung wurde von E. Kuby noch deutlicher gefordert, die »große retardisierte (sic) Menge erst auf die Höhe der Gegenwart zu heben«, man müsse diese große Gruppe pädagogisch und politisch »irgendwie in den Griff bekommen« (18). Das erinnert an die trauernde Bemerkung Heinrich Manns (in: Voltaire und Goethe, 1910), wenn er an Balzac, Victor Hugo, Rochefort und Zola dachte und sagte: »Sie alle haben das Glück gekannt, sich nicht stumm und ohne Arme zu fühlen, von einem Volk, dem der Geist nicht nur ein überirdisches und belangloses Spiel ist, auf eine Tribüne gehoben zu werden, ihr Wort die Dinge bewegen zu sehen.« So sprach er die Sehnsucht der Gegen-Aristokratie aus, denn Revolutionen entstehen so, daß eine neue Aristokratie die Massen gegen die alte, eingerichtete führt, so wie in der englischen Revolution der Landadel gegen den Hof aufstand – Country contra Court –, oder die Noblesse de Robe im Bunde mit den Advokaten den Versailler Adel vernichtete. Und das Problem der deutschen Intellektuellen liegt eben darin, daß zwar genug Offiziere den Degen schwingen, aber sie haben keine Truppen, und der Feind ist weg, oder nicht zum Stehen zu bringen. So sehen sie zwar ihr Wort nicht die Dinge bewegen, aber immerhin die Setzmaschinen und Fernsehscheiben.

Auf diese Weise wird die sonderbare, ahnungsvolle Prophezeiung von Brooks Adams wahr, der meinte, das logische Ergebnis der sozialen Gegensätze zwischen Kapital und Arbeit werde nicht der Kollektivismus sein, sondern die Anarchie (Die Erziehung des Henry Adams, 523). Wenn nichts mehr gegenhält, wenn die Kritik zur Verfassung des Bewußtseins selber wird, nimmt der Prozeß die Form der Entropie an und strebt dem wahrscheinlichsten Zustand zu, nämlich dem der größten Unordnung. Denn zwischen Kapital und Arbeit wird geteilt, aber die neue Aristokratie, daneben entstanden, fühlt sich noch nicht am Ziel, sie hat ihre Privilegien noch nicht in Macht umgesetzt.

Mit der Moralhypertrophie hängt diese Entwicklung aufs engste zusammen. Schon in den ersten Kapiteln zeigten wir die Trägerschichten des Humanitarismus auf, der auf antikem Boden noch nicht einmal die chemische Verbindung mit einem Massen-Eudaimonismus gefunden hatte und auch nicht finden konnte. Man darf dem Intellektuellen eine tiefe und echte Sehnsucht nach der Liebe der Massen, ein »ozeanisches Gefühl« nicht abstreiten, daher sein Haß gegen den Begriff Entfremdung. Er will geliebt werden, er will aber auch Macht, er will auf die Tribüne gehoben werden, wie Heinrich Mann sagte, und dabei umarmt. Er will auch im Strom der Zukunft richtig liegen, Futurologe sein, und sich den ganz großen Machthabern empfohlen halten, über die Welt hin, bis Pantikapaion. Die drastische Ablehnung dieser Art Freiheit durch die Sowjets im August 1968 war ein Ereignis ersten Ranges und setzte ein Trauma.

Im Begriff der Moralhypertrophie liegt diese Tendenz zum Umsichgreifen – wir kennen den Stil aus dem gesamten Chor der Intellektuellen. »In allem menschlichen Tun tritt, wenn es sich von seinem natürlichen Boden entfernt, wo es neben einer Menge anders- und gleichgerichteter Interessen entstand, ein solches leeres Wachstum auf, eine Entwicklung in Richtung der Übersteigerung ohne Fülle« (R. Musil, Tagebücher usw. 643). Diese Wahrheit läßt sich immer belegen. Wenn Tibor Déry (Der Spiegel 7, 1963) sagt: »Ein jeder ist mitverantwortlich für das, was geschehen ist, was dem Geschehen vorausging und was ihm noch folgen wird« – so ist das entweder Unsinn oder eine solche moralhypertrophe Übersteigerung ohne Fülle. Gerade weil die entscheidenden ethischen Probleme unlösbar sind, weil sie aus dem Widerstreit der letzten Instanzen im Herzen entstehen, den heute niemand auszutragen gewillt scheint, werden sie in den Gesinnungsraum vorverlegt, dort absolut gesetzt und damit zugleich entleert. Parallel mit der Hypertrophie des humanitär-eudaimonistischen Ethos verfallen die Sitten und nimmt die innersoziale Gereiztheit zu. Man muß dazu bedenken, daß Kritik und Angriff die einzigen Mittel zur Wirksamkeit darstellen, die der Intellektuelle überhaupt besitzt, denn eine lobende, unterstreichende oder bestätigende Geste zu etwas, das im Raume der praktischen

Welt ohne ihn entstanden ist und sich hält, wäre ja offenbar überflüssig. Einen »Auftrag zur Kritik« hat niemand den Massenmedien erteilt, sondern dies ist die einzige ihnen erreichbare und mit Wirkungspotential ausgestattete Aktionsform – »ihr Wort die Dinge bewegen zu sehen« (H. Mann) ist allenfalls nur so möglich. Die Verdüsterung der Atmosphäre läßt sich nicht mehr leugnen, sie begann nach Nietzsche gerade im Gefolge der Aufklärung, gegen 1770 habe man eine Abnahme der Heiterkeit bemerkt. Es begann das Zeitalter der Kritik und von Problemen, mit denen sich nichts anfangen ließ, sobald man sie aufwarf.

Zu diesen gehört auch die Moralhypertrophie. Man wird mit der Zumutung, ein moralisches Organ für Ereignisse von Weltdimension zu haben, nie fertig, es sei denn, man verwandle dieses Organ in ein Protestgeschütz. Der elektromagnetische Weltverkehr schickt uns Umrißskizzen von allen denkbaren Ereignissen bis zu den Antipoden zu, diese Skizzen verhalten sich zu den Tatsachen selbst wie der Schatten zum Körper – farblos und dimensionsarm. Diesem weltweiten Versand von Hohlformen soll nun unser moralisches Empfinden entsprechen, das von Natur her auf Nahoptik eingestellt ist; daher haben wir als Ersatz der nicht vorhandenen Fernmoral nur die humanitär-eudaimonistische, deren Ansprüche man nicht einlösen kann. Sollen wir doch neuerdings rückwirkend die Gesinnung unserer Großväter und Ahnen verwerfen, weil die europäische Kolonisation in die Zone des Odiums geraten ist. Vor siebzig Jahren war sie »Kultur«. Es bleibt merkwürdig, daß auflösende Ideen und abgrabende Sophismen sich der Moral mit solchem Erfolg bedienen, und daß diese Mischung auch noch als Sozialismus gehandelt werden kann. Man erinnert sich der chaotischen Frühphase der großen russischen Revolution, die dann mit erheblicher Anstrengung beherrscht und geordnet wurde. Sir David Kelly hat sie so beschrieben: »Diese mit der Revolution assoziierten Ideen, die für die linksgerichtete Intelligenz des Westens – allerdings fälschlich – unlöslich mit dem Sozialismus und seinem Ziel, dem Kommunismus, verknüpft schienen, umfaßten die gesellschaftliche und wirtschaftliche Gleichstellung, die Lockerung der Ehe- und Familienbindungen, einen Internationalismus, der eine Verunglimpfung der Vergangenheit sowie der ganzen Wirkung politischer Geschichte in sich birgt, einen Pazifismus, der die Beseitigung der Hierarchie des Militärs und jeder Art strenger Disziplin einschloß sowie die Vorliebe für alle jenen modernen Richtungen in Kunst, Musik und Literatur, die eindeutig den Bruch mit der Vergangenheit darstellten« (Schilderung der zwanziger Jahre in Rußland, in: Die Herrschaft der Wenigen, 1952, dt. 1963, 226). Mit solchen Einstellungen hat die Sowjetregierung bald aufräumen müssen, und wenn der Aufstand des gleichen Nihilismus noch lange dauert, dann wird sie sich als die letzte Ordnungsmacht plausibel machen.

Schließlich haben wir in unsere Analyse der Moralhypertrophie noch ein weiteres Element einzurechnen – die Privatisierung der Interessen. Das war ein Ereignis schon der spätklassischen Zeit gewesen, wurde dann zu einem wesentlichen Merkmal der hellenistischen Kultur. Wenn bereits Antisthenes sagte, er wolle nach Maßgabe der persönlichen Tugend, nicht der bestehenden Gesetze leben, dann behielt er sich mit diesem Ausspruch (Diog. Laert. VI, 11) die Entscheidung darüber allein vor, was er als politisch belangvoll anerkennen werde; dies ist die Weise, wie man das Eigenrecht der Politik leugnet, d. h. die Politik zur Ethik erklärt. Das Ethos des Wohlstands-Humanitarismus, mit oder ohne Religion, fügt sich wie von selbst in die Lebensbedürfnisse privatisierter Menschen ein, nämlich solcher, die mit Selbstverständlichkeit von den nächsten Interessen her empfinden, und das sind ihre und die ihrer Familie. Jenes Ethos kehrt damit in seinen natürlichen Ursprung zurück, denn zwischen dem Familienglück und dem daraus entstandenen Menschheitsglück gibt es keinen qualitativen Unterschied. Daß nun gerade der Mensch der Industriegesellschaft von objektiven Mächten ins Private abgedrängt wird, so daß er schließlich öffentliche Probleme nur noch in seine persönlichen Interessen übersetzt verstehen kann, hat strukturelle Gründe. Er übersieht nur noch kleine Ausschnitte riesiger und unerratbarer Ereignismassen, er befindet sich sozusagen chronisch auf der Talsohle der Wirklichkeit, und wenn er über die Wohnung, den Arbeitsplatz hinausdenken will, muß er sich auf die gewerbsmäßigen Meinungsverbreiter oder das Zimmerkino verlassen. Folglich sucht der Industriebürger die echte Nahrung des Lebens im privaten Bereich, an dessen Wert und Würde niemand zweifeln kann, er kehrt heim, geistig und seelisch. Das beschriebene hypertrophe Ethos fügt sich ohne Schwierigkeiten in diese Voraussetzung ein, ja es wirkt, umgekehrt gesehen, wie eine Verlängerung des Familienlebens ins Weltweite.

Dieser Individualismus des Menschen, der in die Vereinzelung geschoben wird, ist nicht mit dem früherer Jahrhunderte zu verwechseln, wie er unter Bedingungen von Feudalgesellschaften ausgeformt und stilisiert wurde. Jacob Burckhardt beschrieb bekanntlich den Früh-Individualismus der Renaissance-Zeit, den man soziologisch als ein Oberklassenphänomen des Spätfeudalismus und des aufsteigenden Bürgertums interpretieren muß, die sich zuerst in Italien vermischten. Persönlichkeit zu sein, mit einem Normanspruch der Eigenrichtigkeit, mit einer letzten Kompetenz-Arrogation, das erwies sich als eine Formel, die nach beiden Seiten hin wirksam werden konnte – in Richtung einer aristokratischen Unabhängigkeit oder in Richtung des schnell sich ausdehnenden Unternehmer-Kapitalismus. Den sozialen Zusammenhang sicherten noch für lange Zeit die engen Horizonte, die gleichmäßigen Lebensbedingungen und die in den Volksmassen unverbrauchte Kirchlichkeit, schließlich auch das Disziplintraining durch die allgegenwärtige Verwaltung absolutistischer Fürsten. Indem Persönlichkeit zu sein selbst eine Rolle wurde, erwies diese sich als erstaunlich sozialisierbar, der Individualismus wurde im 19. Jahrhundert populär, ist es noch. »Die Wirtschaft, so sagt das Grundsatzprogramm des Deutschen Gewerkschaftsbundes vom November 1963, hat der freien und selbstverantwortlichen Entfaltung der Persönlichkeit innerhalb der menschlichen Gemeinschaft zu dienen« – ein interessanter Satz, auch in Hinsicht des unvermittelten Nebeneinanders von Individuum und Menschheit, man vermißt die Zwischeninstanzen, offenbar ist bei uns die Persönlichkeit schon plausibler als die Nation.

Nun erwies sich allerdings schon seit langem dieses individualistische Leitbild als mühsam, und Hofmannsthal konnte schreiben: »Sie haben da früher etwas sehr Interessantes gesagt, nämlich daß die Zeit unerlöst ist; und Sie wissen auch, wovon sie erlöst sein möchte? Vom Individuum. Sie schleppt zu schwer an dieser Ausgeburt des sechzehnten Jahrhunderts, die das neunzehnte großgefüttert hat« (Das Theater des Neuen, Lustspiele IV, 1956). An der Aufgabe, Persönlichkeit zu sein, kann man sich verheben; der Verfasser war vor jungen Studenten, die als ihr letztes Ziel die »Entfaltung der Persönlichkeit« angaben, zugleich gerührt und ratlos. Auch wird der Anspruch im Alltagsleben leicht lästig, in den Times (9 Sept. 1958) wurde durch ein Inserat für das Verkaufsgeschäft ausdrücklich eine

Nicht-Persönlichkeit gesucht, ein »gentleman of refinement, preferably without so-called personality, to enter the selling field«. Der Individualismus drang umso tiefer in die Bevölkerungen ein, je älter die demokratischen Traditionen mit ihrer Individualisierung der politischen Strukturen waren, in Deutschland und noch mehr im Osten hielten sich alte kollektivistische Tendenzen.

Der selbstreflektierte, überreizte Individualismus heißt Subjektivismus, in ihm rast der Zerstörungsvorgang der geistigen Halte und Inhalte zu Ende, sie werden aus der unbewußten Verbindlichkeit in die Erlebnisverarbeitung, Reflexion und »Aussage« heraufgepumpt und dann ausgekaut. Es liegt in der Natur der Dinge, daß sich in den künstlerischen, literarischen und redaktionellen Bereichen dieser Sachverhalt greifbarer darstellt als anderswo, aber er läßt sich verallgemeinern. Alle die Heimatlosen, Verirrten, Ausgespieenen, Zuschauer und Bummler, die uns die neuere Literatur seit Leopold Bloom, Herrn K. und Ulrich vorführt, sind Landsleute derselben unwohnlichen Heimat, aufgewachsen im Trommelfeuer der Gesinnungen dieses Jahrhunderts und folglich ratlos, dabei doch um sich selbst rotierend. Heutzutage ist die Haut wichtig, sie hält die vielen Seelen zusammen, und folglich trägt man sie nicht gern zu Markte.

R. Hinton Thomas (The Commitment of German Studies, Birmingham 1965) hat in wenigen Worten diesen Wahrheiten Ausdruck gegeben: Man muß, sagt er, den Glauben aufgeben, daß das Individuum in irgendeinem beachtlichen Grade in seiner Erfahrung eine Ganzheit und Einheit erfassen kann, die früheren, geschichtlich ausgefüllteren Generationen noch gegeben waren. Und wenn die Erfahrungen ihrerseits den Menschen nicht mehr vereinheitlichen, wenn eine pluralistische Gesellschaft das Individuum gleichzeitig mit widersprechenden Forderungen und auseinanderlaufenden Chancen bestürmt, dann folgt als Tatsache die »pluralistische Persönlichkeit«.

Dem in krisenhaften Zeiten ohnehin halsbrecherischen Ideal der autonomen Persönlichkeit stellt die industrielle Epoche nicht mehr die geeignete Umwelt zur Verfügung, denn die Unübersehbarkeit der Superstrukturen macht es sinnlos, die im kleinen Individualbereich gemachten Erfahrungen auf die großen Verhältnisse zu übertragen, man muß sich da mit Meinungen und Gefühlsstößen begnügen, auf die man von den Massenmedien eingeübt wird, deren langfristig gesehen enorme Indoktrinationskraft nur von ihnen selbst bestritten wird. Die Fiktion, frei zu sein, läßt sich leichter als jede andere durchhalten, weil man adoptierte Meinungen und Gesinnungen als eigene erlebt und in die Tagesgeschäfte des Privatalltags einbaut, wobei Politisches nur insoweit wahrgenommen wird, als es in Erlebnisbegriffe des Alltags und Berufs übersetzbar ist. Eben deshalb wird es von vornherein moralisierend dargeboten, und es ist gar nicht leicht zu durchschauen, daß die heutzutage geübte Allgegenwart der Politik *dieser* Art auf eine Entpolitisierung von innen her herauskommt.

So ergibt sich ein neuer Typus des Individualismus oder Subjektivismus: Leistungswille geht mit Ichbetonung und Empfindlichkeit gegenüber Geltungsansprüchen Anderer zusammen, und die Forderung auf acceptance so, wie man ist, mit einer sozusagen provisorischen Einstellung zur Umwelt. Im Grunde ist das eine ganz vernünftige Einpassungs-Mischung der vielen Atome in die großen unübersehbaren und unlenkbaren Auf- und Abmärsche der Ereignisse. So entfaltet sich das Persönliche in dieser Aufbereitung gerade deswegen ungehindert, weil es nichts Wirkliches mehr verändern kann, denn das »Umfunktionieren« ist ja doch nur eine Umschreibung für Zerstörungsakte. Dagegen sind zwei klassische Strukturen des Individualismus heute verloren, nämlich zuerst die große Schlüsselattitüde, der dramatische Durchsetzungsanspruch einer selbsterfundenen Lehre, mit der eine Person steht und fällt, wie Spinoza oder Nietzsche, offenbar handelte es sich da um den verweltlichten Auftrag des Propheten, und zweitens die hochsensible, differenzierte Kultiviertheit, wie sie bei Proust oder Musil vorgeführt wurde und jetzt selbst bei den Literaten verschwand.

In Amerika scheinen sich diese Dinge mit noch stärkerer Dynamik abzuspielen. Th. Luckmann und Peter Berger haben eine geistreiche Analyse der herausgeschüttelten Individuen gegeben (Social Mobility and Personal Identity, Europ. Journal of Sociology 1964, 331ff.). Man findet zunächst keine scharfen Grenzen zwischen den Lebensstilen, sondern eine Verbürgerlichung, die ein Kontinuum innerhalb der Gesellschaft mit nur geringen Unterschieden herstellt, außer am Boden und auf den oberen Gipfeln; man könne dies auch auf internationaler Ebene studieren, sagen die Autoren, als Durchsetzung mittelständischer Konsumgewohnheiten und eines vage egalitären Ethos. Schon durch die Vermischung der Klassen ergäbe sich für das Individuum eine Schwierigkeit der Identifikation, die durch die Vielzahl durcheinander geltender Rangkriterien sich noch steigert, man denke an Besitz, Bildung, Beruf, Einkommen, Aufwand, Name, Herkunft, Wohnung, Publizität, Platzwegnahme, Automarke, Reiseerzählungen usw. Die Selbstauffassung ist immer sowohl eine eigene Leistung wie ein Ergebnis sozialer Rückspiegelungen, die Psychologie hat die fundamentale Bedeutung der »sozialen Prozesse der Selbstbestätigung« (Peter L. Berger, Towards a Sociolog. Understanding of Psychoanalysis, Social Research Vol. 32/1, 1965) erkannt, und diese Prozesse haben in demokratischen Gesellschaften eine noch größere Bedeutung als in anderen. Eben diese Identifizierung des Subjekts durch die Gesellschaft wird vieldeutig, denn diese selbst entbehrt der eindeutigen Normen. Aber umgekehrt läßt sich auch fragen: Wer möchte wohl heute eine unbestrittene Person sein?

Treffend äußern sich die Autoren über das, was wir oben das Ethos der Institutionen genannt haben: die bereichsautonomen Regeln, die es noch gibt, haben doch keine auf das Ganze bezogene Bedeutung, und dadurch schwächt sich ihr Sinnertrag für die individuelle Existenz doch wieder ab. Man kann sagen: Die funktionelle Rationalität der beruflichen Betriebe kann wohl persönlich noch in Sinn umgesetzt werden, gibt aber auch keine übergeordnete Sinneinheit her. Die Folge kann nur darin bestehen, daß zahlreiche Individuen auf ihre Privatsphäre zurückgeworfen werden, sie finden in sich selbst Asyl und ihre innere Heimat in der Familie, wo die Nähe des Zusammenlebens gegenseitige Toleranzen herausarbeitet. Das dort vorwiegende Ethos ist natürlich das der Gleichheit und Friedlichkeit, mit Verlängerung in den Humanitarismus und das Habenwollen als die Formeln, auf die alle diese zahllosen egoistischen Kleingruppen sich einigen können. Oder der Einzelne zieht sich noch weiter in die Subjektivität zurück, in Erlebnisanreicherungen jeder Art, vom Solozechen bis zu den kultivierten Anregungen und den Narrheiten, die überall angeboten werden. So wird es, wie P. L. Berger sagt, zu einer typischen Option, dem privaten Selbst die Priorität zuzuschreiben und das wirkliche Ich (real me) in die private Sphäre des Lebens zu verlegen. Diese private Sphäre faßt Berger ganz in unserem Sinne als ein Nebenprodukt der sozialen Metamorphose auf, die das Industriezeitalter in liberal-kapitalistischen Gesellschaften mit sich bringt. So sind wir Zeugen einer Hochwertung und Öffentlichkeitsgeltung dieser Privatsubjektivität, die vergleichslos sein dürfte, und die acceptance von sich selbst, ohne Hemmung, einfach in der unmittelbaren Vereigenschaftung, die man jedem anderen zumutet, das ist nicht etwa Infantilismus, sondern Menschenrecht. Wir schrieben oben den Satz, der jedermann zugängliche Weg zur Würde sei, sich von den Institutionen konsumieren zu lassen, mit einem Wort: Dienst und Pflicht. Er begegnete, vor Studenten geäußert, der blanken Verständnislosigkeit.

Die kulturellen Instanzen, die dem Subjekt die Eigenwert-Sättigung andienen, die Zeitungen, Zeitschriften, Sender usw. rühren eine bedeutende Beweglichkeit in diesen Kultivierungsbereichen an, wobei das eigentümlich Ersatzhafte, fast Parodistische der Übung den durchweg abgeleiteten Charakter gut ausdrückt. Man kann mit den Worten von Luckmann (Das Problem der Religion in der modernen Gesellschaft, 1963, 58) so zusammenfassen: »Die Veränderungen im modernen Gesellschaftsgefüge führen typisch nicht zu einer Stärkung der Person und der individuellen Freiheit, sondern zunächst zur Ausbreitung der privaten Sphäre für den Einzelnen.« Diese Unterscheidungen zwischen verschiedenen Individualismen geben eine wesentliche Einsicht her. Der objektive, unablenkbare Gang der Zivilisation erweckt doch Bewunderung, und nicht weniger die vieldimensionale Plastizität des Menschen. Er paßt sich nunmehr in die gesellschaftliche Form ein, »in welcher der Lebensprozeß selbst sich öffentlich etabliert und organisiert hat« (Hannah Arendt, Vita activa 46). Dabei ist, wenigstens im westlichen Bereich, der Verdampfungsprozeß aller festen ideellen Gehalte systemwichtig. Offenbar hängt, anthropologisch gesehen, ihre Konsistenz von der Härte der Verzichtsakte ab, die von innen oder außen aufgenötigt werden. Davon ist keine Rede mehr. Das TIME-Magazin vom 21.2.1969 erwartete, daß in zwei oder drei Jahren der vorstellbare Gipfelpunkt erreicht wird: Das Schauspiel oder die Novelle von dem jungen Mann, der seinen Vater tötet und seine Mutter heiratet, und dann leben sie glücklich zusammen, sozusagen eine Zukunftsvariante der vaterlosen Gesellschaft.

Doch gilt es auch einzusehen, daß der Abbau des Ideellen im Konstruktionssinne (nicht der aggressiven Ideale als vernichtender Maßstäbe für das Bestehende) überpersönlich zweckmäßig wirkt, wo es um lebenswichtige Dinge geht, um Wirtschaft, Arbeit, Sachzwang,

Experimentaltechnik und -politik. Dort würden Ideen nur Verwirrung stiften und Sand in die Räder bringen. Mit derselben Notwendigkeit steht die abgedrängte Subjektivität für sich selbst im Vordergrund, sie findet ihre Befriedigung in den gefühlsstarken Komplexen der Familie und der Tagesarbeit, die geistige Nahrung in den Erlebnisküchen.

Politische Ereignisse finden erst dann zur wahren Popularität, wenn sie sich in Privatangelegenheiten umdenken lassen, und ein deutsches Massenblatt brachte tatsächlich den offiziellen Staatsbesuch des englischen Königspaares unter der Überschrift »Zweite Hochzeitsreise«, oder die Starfighter-Abstürze wurden wie Straßenverkehrsunfälle nur unter der Schuldfrage diskutiert.

Die Moralhypertrophie paßt mit ihrer Ächtung aller Abgrenzungen und Distanzvorbehalte, mit ihrer Erosion exklusiver Zielsetzungen ganz wundervoll in ein von Grund aus biologisch und nach der Zukunft hin weit offenes System, sie schließt ja die acceptance von allem, was kommen könnte, gleich ein. Mit Konsequenz wird von daher liquidiert, was an Institutionsethos, Geschlechtsmoral oder reservierter Gegenseitigkeit von früher überkommen ist, die Generalformel heißt hier »Vorurteil« – ein Begriff, der zuerst im dekadenten Venedig des 18. Jahrhunderts aufkam, als Carlo Gozzi sagte:»Die Moral verstummt vor dem magischen Wort pregiudizio«.

Zu den Traditionen der Aufklärung gehörte schon die Trennung der öffentlichen und der privaten Sphäre, nur daß man damals die Wirtschaft noch ganz auf die Seite des Privaten und der »bürgerlichen Gesellschaft« rechnete; doch läßt sich das Bedürfnis, das Lebenszentrum hierher zu verlegen und die Kategorien des Privatlebens dem Staate wie Fangnetze überzustreifen, schon am Beginn des bürgerlichen Zeitalters feststellen. Tocqueville (L'ancien régime et la révol. 3/III) war der Meinung, die Physiokraten (économistes) seien die wahren Urheber der Prinzipien der französischen Revolution gewesen, schon sie polemisierten gegen den »Mißbrauch der öffentlichen Gewalt« und beschworen dagegen die Heilkraft der Erziehung, deren sich natürlich die Intellektuellen und Literaten annahmen.

Allerdings kann das Selbstgefühl, das in der eben beschriebenen Privatisierung erreichbar ist, nur prekär ausfallen, denn Familienvater zu sein ist zwar ehrenwert, aber kaum besonders ruhmvoll, zumal die neuen Lebensbedingungen mit ihren nervösen und moralischen Belastungen der stärkeren Vitalität der Frau und ihren ebenso guten, aber problemloseren Gehirnen ein merkbares Übergewicht zuteilen. Hier liegt wohl eine der Wurzeln des modernen Feminismus. Die Enthemmung des Sexuellen dagegen hat wohl da, wo sie wirklich stattfindet, ihre eigene uralte Logik als ein zentral angreifender Entlastungsvorgang. Die Autoren Berger und Luckmann beschreiben im übrigen eindrucksvoll die vielen Möglichkeiten der Stundenfreiheit, die es sonst noch gibt, ihre Zuschreibungen reichen vom Kunstgenuß bis zum Alkoholismus, von der Freizeitgestaltung des intellektuellen Cliquenwesens bis zu den Schütteltänzen. Schon im Jahre 1951 schrieb P. R. Hofstätter (Die Psychologie und das Leben, 274.): »Herausgewachsen aus allen Bindungen verfällt das Individuum dem Müßiggang, dem Selbstmord, dem Laster oder der Psychologie« – gemeint war wohl die Psychotherapie als repair service. Es ist wohl auch sichtbar, daß der Tiefenreiz des Kriminellen zunimmt, für Täter und Zuschauer, man erlebt da vielleicht so etwas wie eine Grenz-Autonomie und wirklich einmal die Freiheit der Aktion.

Davon ist die Gewalt der Super-Strukturen offensichtlich unbeeindruckt, die Produktion hat mit Recht Vorfahrt, so daß der noch überlebende aristokratische Individualist, der unwissende Student und der Kritiker, der am Fernsehen die Nörgelstunde bestreiten muß, sich paradoxerweise in derselben Situation befinden: Sie lehnen die »große Lage« ab, können sich aber nur an Einzelheiten klammern, denn die große Lage antwortet nicht. So liegt es nahe, menschliche Maßstäbe überhaupt preiszugeben, darauf kam man schon früh. Ferguson war überzeugt von der »Überlegenheit des Prozesses des Geschehens über die menschlichen Kräfte«, Condillac wußte, daß »die Dinge einen Lauf haben, den keine menschliche Macht aufzuhalten vermag«, und Joseph Conrad bekannte an Bertrand Russell seinen »deep-seated sense of fatality governing this man-inhabited world«.

Die moderne Technik reagiert auf diese Fatalität in Richtung der Kassenergiebigkeit, so schickt uns der ausschweifende und doch oberflächliche Weltverkehr der Informationsdienste stündlich Manifeste, Staatserdbeben, rätselhafte Kongresse, Putsche und Dementis ins Haus, da kann man nur abstumpfen oder sich entrüsten. Mit einem Bewußtsein, das von den Abziehbildern weltweiter Ereignisse gefüllt ist, aber die nähere Umgebung mit ihren Vorgängen nicht versteht; leidenschaftlich gefühlsgereizt, aber tatenarm – was bleibt dem Meinungsträger übrig, als der große ethische Papieraufschwung, der doch wieder nur als Angriff auf das Bestehende Glaubwürdigkeit erreichen könnte? Und wo soll er die Kategorien dazu hernehmen, als aus der Familie? Dann wird er privatus – das ist der zugleich Befreite und Beraubte. »Die Präponderanz der Moralhaftigkeit, sagt Herbert Krüger (Die öffentl. Massenmedien als notwendige Ergänzung der privaten Massenmedien, 1965, 15), wird von den Publizisten selber als die Notwendigkeit erkannt, Meinungen und Vorgänge so zu transformieren, daß sie Jedermann zugänglich und eingänglich werden.« Da wird deutlich, wie die Transformation ins Moralisieren als Erkenntnisersatz nützlich ist. Als zur allgemeinen Überraschung, die unter den Informierten wie Nichtinformierten gleichgroß war, im Frühsommer 1967 der kurze Nahostkrieg ausbrach, konnte man die letzte Möglichkeit der Reaktion, die noch blieb, die moralisierende, gut beobachten, denn durchschaut und verstanden hatte man nichts, und so komplizierte Völkerrechtsfragen wie die den Golf von Akaba betreffenden gab sich niemand Mühe zu erklären. So wurde wieder einmal wahr, was David Hume im Jahre 1739 schrieb: »Das Äußerste, was Politiker zustande bringen können, besteht in einer Erweiterung der natürlichen Gefühle über ihre natürlichen Grenzen hinaus« (Abhdlg. über die menschl. Natur, III/II/2).

11. DIE GUTE SACHE UND DAS GEWISSEN

Es ist an der Zeit, wieder zu unseren anthropologischen Fragen zurückzukehren, dabei zusammenfassend zu erinnern und uns dem Schluß des Buches zu nähern.

Übereinstimmung herrscht darüber, daß die Instinktresiduen des Menschen außer mimischen Signalen kaum irgendwo feste Verhaltensmuster hergeben; vielmehr sind sie als Dispositionen von Antriebsquanten verschiedener Qualität und Herkunft zu denken, deren Übersetzung in ein offenes Verhalten von vielen Seiten her bedingt ist. Außer an die inneren, gar nicht mehr nach rückwärts aufzulösenden Verschiebungen, Verdichtungen und Durchdringungen, denen die Tiefenpsychologie nachzugehen sucht, hat man dabei an Außeneinwirkungen zu denken: Dressuren, Gewohnheiten, Anpassungen, rationale Steuerungen kommen in denselben Handlungen zum Zuge, in die auch Antriebsquanten eingehen. Die Wahrheit, daß der Mensch von Natur ein Kulturwesen ist, zeigt sich auch in der Schwierigkeit, in der konkreten Handlung Gelerntes und *Instinkthaftes* zu unterscheiden.

Konrad Lorenz hat neuerdings (Stammes- und kulturgeschichtliche Ritenbildung, in: Ztschr. Brücke, Farbwerke Höchst 1968 Nr. 33) den uns hier beschäftigenden Wesenszug des Menschen mit den folgenden Worten beschrieben: »Das phylogenetisch evoluierte (d. h. stammesgeschichtlich entwickelte) und erbmäßig festgelegte System seiner Verhaltensweisen ist so ›programmiert‹, daß es nur mit dem Überbau kulturell ritualisierter Verhaltensweisen funktionsfähig ist« (21). Im Sinne dieser Aussage würden bestimmte soziale Umgangsformen und Regeln die Antriebe sozusagen kanalisieren, die ihrerseits ohne solche Führung durch festgelegte Institutionen unartikuliert und bloße affektive Jetztbewältigungen blieben. Lorenz bedient sich zur Erklärung eines parallelen Beispiels, nämlich der Sprache: »Unser Sprachhirn ... ist so konstruiert, daß es nur funktionieren kann, wenn ein höchst kompliziertes, kulturgeschichtlich entstandenes System von Wortsymbolen zu seiner Verfügung steht, dessen Vokabeln jedem Individuum durch Tradition überliefert werden müssen.« Da die Sprache als artgemäße Kommunikation ohne Zweifel instinktive Wurzeln hat und außerdem eine der Ausdrucksbahnen des Instinkts der Gegenseitigkeit darstellt, wird das Zusammenspiel biologischer und kultureller Komponenten an diesem Einzelfall sehr deutlich, der übrigens als glückliches Beispiel für den von uns vorgeschlagenen Begriff der »Sprachmäßigkeit der Antriebe« dienen kann (Urmensch und Spätkultur ²1964). Lorenz spricht dann in Fortsetzung des gezeigten Zusammenhangs von der »drohenden Auflösung unserer Sozietät durch Störung der Überlieferung unentbehrlicher sozialer Verhaltensnormen« und davon, daß »ein Abreißen der Tradition alle kulturellen Normen sozialen Verhaltens wie eine Kerzenflamme auslöschen kann«. Auf dieses Thema der Innenstabilisierung des Menschen durch Normengefüge haben wir in wechselnden Zusammenhängen die Aufmerksamkeit zu lenken gesucht, so in dem eben genannten Buch und in den Schriften »Die Seele im technischen Zeitalter« und »Anthropologische Forschung«.

Die hier erwähnte Beziehung zwischen den Instinkten und dem kulturellen Überbau, die demnach in beiden Richtungen zu lesen ist, hat es nötig gemacht, bei unseren Untersuchungen über Sozialregulationen zwischen biologischen und historischen (auch zeitgeschichtlichen) Erörterungen zu wechseln. So ist z.B. der Konflikt zwischen Staat und Familie unter den verschiedensten kulturellen Umständen ausgetragen worden, er erschien im Oedipus- und Antigonemythos, Freud warf das Thema noch in hohem Alter wieder auf, im historischen Rückblick erkennt man es im Kampf des absolutistischen Staates gegen die Feudalgeschlechter; im alten China der Kaiserzeit hatte das riesige Sippenkonglomerat den Staat nahezu funktionsunfähig gemacht, und umgekehrt gab es im altägyptischen Superstaat keinen Ahnenkult und keinen Erbadel; so daß es doch naheliegt, hinter diesen Konflikten, die unter wechselnden Katechismen immer wiederkehren, elementare menschliche Antriebe zu vermuten, die zum Widerstreit auseinandertreten können.

In den sozialen Regulationen haben wir einen Widerspruch der letzten Instanzen nachgewiesen. Unter ihnen muß das Ethos der Gegenseitigkeit sprachnahe lokalisiert sein, es ist selbst ein Medium der Verständigung. Hier knüpfen die rationalen Verkehrssitten und Rechte an, an diesem Grundwert orientiert sich der Tausch, der geschäftliche und gesellige Verkehr, und Ethnologen wie M. Mauss und Lévi-Strauss haben auf die rechtliche, moralische, wirtschaftliche und kultische Herrschaft der Gegenseitigkeit in primitiven Gesellschaften nachdrücklich hingewiesen, wo sie geradezu den Sozialkitt liefert. Das heute allmächtige Wort Gleichheit hat keinen anderen Sinn als den einer abstrakten, allgemeingültigen Gegenseitigkeit auf allen Gebieten. Dieser hier umrissene Bereich von Verpflichtungen hat mit dem physiologisch auszulotenden Ethos der Arterhaltung keinen gemeinsamen Ursprung.

Hier aber fanden wir die bekannten Reaktionen auf sinnliche Auslöser-Merkmale wieder, und hier reihen sich noch andere hochgewertete Verhaltensweisen an, wie das Mitleid angesichts frappanter Notlagen oder die instinktive Bejahung des gesunden Lebens, des physischen Daseinsglücks. In diesem Zusammenhang begegnete die höchst bedeutsame Tatsache der »Erweiterung«: Die instinktgestützten Regulationen können sich auf eine Erweiterung und Auffächerung der Appelle einstellen, etwas wie eine Schwellensenkung tritt ein, bis auch bloß Ähnliches in ihren Kompetenzbereich gerät, oder bis sie an Denkmechanismen Anschluß finden und dann sogar nur vage in der Vorstellung Angereihtes umfassen – ein großer Schritt der Ablösung ethischen Verhaltens von der zunächst allein maßgeblichen sichtbaren Gegenwart, und ein folgenreicher, indem jetzt die Wohlfahrt der Toten (im Ahnenkult oder Totenkult) und auch, weit seltener, die der Ungeborenen als Auftrag empfunden werden kann; wie denn schließlich für die bloß zu ahnenden Leiden ferner Vorzeitgenossen oder Antipoden sich ebenso immaterielle Schuldige ein spätes Nachurteil gefallen lassen müssen. Schließlich erscheint das physische Daseinsglück »aller Menschen« trotz seiner Unvorstellbarkeit in den Bedingungen und Konsequenzen als die große Verpflichtung.

Das Ethos der Institutionen wiederum bedeutet, daß man sich den Verschränkungen unterwirft, in denen sich die Gesetze der Dinge ebenso niederschlagen, wie die Erfahrungen ihrer Bearbeitung und Bedienung. Die institutionellen Ressorttugenden lassen sich jeweils von den Zwecken aus verstehen – ohne Tapferkeit, Gehorsam und Kameradschaft wird eine Truppe vielleicht schießen, aber nicht kämpfen; ohne Hinhören auf den Geist der Gesetze, ohne Hinblick auf das Stimmrecht der Sachen wird der Richter schlecht richten. Da unsere Zeit in reichem Maße Gelegenheit gibt, die Pathologie des Verfalls von Institutionen zu studieren, haben wir diesem Teilthema eine besondere Schrift (Die Seele im technischen Zeitalter) gewidmet. Unter den Institutionen, die uns zu beschäftigen haben, nimmt natürlich der Staat, oder was von ihm blieb, einen besonderen Platz ein, zumal im Zeitalter des keineswegs nachlassenden, sondern zunehmenden Nationalismus.

Zwischen den von Grund aus verschiedenen ethischen »Programmen« gibt es immer virtuelle, meist vom Filz der Geschäfte des Alltags überdeckte Spannungen, die aber in Grenzsituationen bis zur unversöhnlichen Feindschaft heraustreten, weil diese extremen Lagen die Reindarstellung ethischer Haltungen bewirken, wodurch wiederum Aggression freigesetzt wird. Man kann sagen: Not kennt nur ein Gebot, das ist folglich intolerant. Solche Konflikte zerreißen dann auch die an der Oberfläche ausgebauten Fiktionen und Arrangements, die unter normalen Umständen als die eigentlichen kulturgeschichtlichen Realitäten angesehen werden müssen. Zu solchen Grenzsituationen gehört die einer definitiven Niederlage, deshalb ist bei uns die Tyrannei der Moralhypertrophie in Reinheit herausgetreten, die Rückseite bildet ein beispielloser Verfall der Sitten.

Wir haben den Humanitarismus als erweitertes Ethos der Großfamilie verstanden, die selbst schon ein komplexes Gebilde ausmacht, denn man muß sie von der einen Seite als Institution, von der anderen als »Hintergrundserfüllung« (s. Urmensch und Spätkultur), d.h. als Dauerdeckung fundamentaler biologischer Antriebe verstehen. Jedenfalls sind ihr Tugenden spezifischer Art zugeordnet: Loyalität, Zuneigungsbereitschaft, Friedlichkeit, Solidarität. Wir glauben nun, den abstrakten Humanitarismus als elargiertes, schwellengesenktes Familienethos auffassen zu sollen, wobei die Ausformulierung, die gesinnungsethische Zuspitzung samt der dazugehörigen Intoleranz Sache bestimmter Trägerschichten war – der Gegen-Aristokratie der Intellektuellen. Daß dieses Ethos, das noch gewisse objektive Konstellationen voraussetzt, wie weltumfassende Verkehrsräume oder eine vermeintliche Unterprivilegierung dieser Träger, in zwei Fällen auch eklatante Niederlagen des Staates (Antike, Gegenwart), zuletzt mit dem sich abgrenzenden politischen Ethos des Patriotismus unverträglich ist, wurde an den alten Konflikten zwischen Familie und Staat sowie an gewissen theologischen Positionen gezeigt.

Es wäre nun überaus merkwürdig, wenn dieses Thema nicht schon früher Beachtung gefunden hätte, und hier ist in erster Linie an Henri Bergson zu denken, der in dem Buche »Die beiden Quellen der Moral und der Religion« (dt. 1933) dazu eine bedeutende Ansicht lieferte. Er hat allerdings den Pluralismus *mehrerer* ethischer Instanzen nicht gesehen, beließ es bei einem Dualismus, indem er zwei Teile der Moral beschrieb: »Im ersten Teil stellt die Verpflichtung den Druck dar, den die Elemente der Gesellschaft aufeinander ausüben, um die Form des Ganzen aufrecht zu erhalten« – gemeint ist der geronnene Komplex instinktgestützter Gewohnheiten, den wir als Institutionen bezeichnen, ohne daß wir auf deren Zusammenhang in den jeweiligen Gesamtgefügen eingegangen wären (eine Aufgabe der Sozialgeschichte). Es geht hier um die abgeschlossenen Gefüge, die gerade in primitiven Verhältnissen noch gut übersehbar sind, wo man die Embryonalzustände späterer Staatlichkeit vor sich hat. Was dagegen bei uns Humanitarismus heißt, erscheint bei Bergson als Aufschwung oder als »das vorwärtstreibende Prinzip«, wobei natürlich der Gedanke an eine künftige umfassende Menschheitsgesellschaft mitschwingt. Philosophisch erkennt man hier sein Prinzip des »Elan vital« wieder, eine metaphysische Instanz, sagen wir Lebens- oder Schöpfungsgrund, die auch in religiösen Wendungen beschrieben wird: »Eine Liebe, die die ganze Seele erfüllt und erwärmt.« Diesen beiden Hälften der moralischen Verpflichtungen ordnete er nun zwei Formen der Gesellschaftlichkeit zu: »Die ursprüngliche und grundlegende moralische Struktur des Menschen ist für einfache und geschlossene Gesellschaften geschaffen« (52), nämlich solche, die »verlangten, daß zwar die Gruppe eng geeint sei, daß aber von Gruppe zu Gruppe eine virtuelle Feindschaft herrsche; man mußte immer bereit sein, anzugreifen oder sich zu verteidigen« (53). Damit hat Bergson den großen Schritt zu einer soziologischen Verortung der Moral, seit Montesquieu ein Glanzstück französischen Denkens, seinerseits aufgenommen. Gegenfigur dieser Moral sind die Propheten einer »offenen Gesellschaft«, die Mystiker der Menschheit und einer Liebesreligion. Politik sah er auf der ersten Linie entstehen: »Autorität, Hierarchie, Starrheit«. Auf der anderen erscheint das Wort Demokratie – eine »Richtung, in der die Menschheit marschieren soll« (282), denn »die offene Gesellschaft ist die, die im Prinzip die ganze Menschheit umfassen könnte« (266). Er ging so weit zu sagen, die Demokratie sei vom Wesen des Evangeliums und ihr Antrieb sei die Liebe (281). Wozu übrigens zu sagen ist, daß Bergson gegen Ende seines Lebens dem Katholizismus nahekam, aber nicht konvertierte, weil er das Schicksal des Judentums teilen wollte. Jedenfalls faßte er diese zweite Moral als die unmittelbare Stimme des metaphysischen Grundes auf, als einen Schwung, der sich an das Leben im allgemeinen anschließt, von dem die Natur erschaffen wurde (268).

Was den Wert des Buches doch beeinträchtigt, ist der Gedanke einer geradlinigen Fortsetzung der ersten Moral durch die zweite, wenn die Liebe oder der Elan vital zugleich der Fortschritt sein soll, der von der Vielzahl geschlossener Gesellschaften zu der einen offenen strebt. So wurde er dem Gewicht des Problems der inneren Konflikte nicht gerecht, und um sich aktuellen Fragen zu nähern, mußte er das Ende seines Buches mit Problematik aller Art überfrachten: Industriekultur, Völkerbund, die Zunahme der Erdbevölkerung, das Wettrennen nach dem Wohlleben, – alles sollte irgendwie an den Gegensätzen geschlossener und offener Gesellschaft, Sterilität – Fortschritt, Mechanik – Mystik festgemacht werden. Schwierig blieb auch die Unterbringung des Patriotismus (276), dem er einen Platz zwischen der Anhänglichkeit an den Stadtstaat und der Menschheitsidee anwies: »Ein so hohes Gefühl, das den Zustand des Mystikers nachahmt, war nötig, um mit einem so eingewurzelten Gefühl wie dem Stammesegoismus fertig zu werden.«

Er sah, daß es nicht *eine* Quelle der Moral gibt, er bezog auch die beiden von ihm beschriebenen Formen auf soziologische Koordinaten, und man muß bewundern, wie weit er ohne einen haltbaren Instinktbegriff, der erst später gefunden wurde, gekommen ist. Sein Begriff des Fortschritts war unbeschwert, ein Nachhall des ersten Weltkrieges ist kaum spürbar. Doch bedeutet sein Werk, bei allen Vorbehalten, eine wichtige Etappe in der Geschichte der Ethik.

Der hier behandelte virtuelle, d. h. unter Extremlagen und besonders belastenden Konstellationen heraustretende Gegensatz zwischen dem Familienethos und dem Staatsethos war in der Antike, wie die »Antigone« zeigt, auf verschiedene Repräsentanten verteilt gewesen, die je eine Seite ungebrochen darstellten und die nicht das Gewissen, sondern das Gesetz in den Konflikt trieb, so wie sie standen und fielen. Erst nach dem politischen Zusammenbruch Athens hat Plato die Idee des Guten ins Unbestimmte und so hoch hinauf reflektiert, daß sich ein Leerraum für Politologie ergab, ausgefüllt mit pädagogischen Utopien vom Staate, die schließlich in den »Nomoi« in pedantische Detailregelungen übergingen. In neuerer Zeit trat überall die christliche Religion in Auseinandersetzung mit der Staatsmacht, die

11. Die gute Sache und das Gewissen 173

Kämpfe häuften und verschärften sich, erst zwischen Päpsten und Kaisern, dann zwischen den verschiedenen Konfessionen und wiederum dieser mit absolutistischen Königen. Weil jeder Staat, damals wie heute, um zu überleben unsagbare und verborgene Mittel verwenden muß, erschien der König, wenn er den Eiferern nicht nahestand, als doppelt gottlos, er wurde von Hugenotten und Puritanern bekämpft, deren tödlicher Angriff im Namen des Evangeliums gerechtfertigt schien. In solchen Zuständen kommt das Gewissen auf jeder Seite mit sich selbst in Konflikt, so daß endlich der Bischof Williams von Lincoln die Unterscheidung des privaten Gewissens vom öffentlichen erfand: Dem König riet er, was der Mensch nicht tun dürfe, könne er rechtmäßig als König tun.

Wenn der Konflikt der ethischen Gewalten mit großer Wucht in dieselbe Seele fällt, kann er sie zerreißen. So saß (Irene Coltmann 11) Lucius Cary, Viscount Falkland, ein Royalist an der Seite Karls I., im Feldlager, die Worte »Friede, Friede« vor sich hin flüsternd, wie den Namen eines verlorenen Freundes. Schließlich ritt er in die Linien des Parlamentsheeres bei Newbury (1643) hinein, den Tod suchend in der Ausweglosigkeit dessen, der sich auf der falschen Seite fühlt und dem die Ehre das Desertieren verbietet. Diese Szene schildert Irene Coltman in ihrem Buche »Private Men and Public Causes« (1962), dem wir nicht genug Bewunderung versichern können. Wie zur Zeit Ariadnes sind es heute Damen, die in den Labyrinthen Bescheid wissen, so auch Margret Boveri und Hannah Arendt.

Unter wechselnden Parolen und verschiedenen Katechismen hat sich jene Konstellation immer wieder hergestellt, selbst der tatenscheue Wilhelm II. wurde zum Tyrannen verdickt, gegen den man diesmal nicht mehr im Namen des Christengottes, sondern der Humanität und Kultur den Kreuzzug führen durfte. Es bedarf eben der »guten Sache«, um mit gutem Gewissen zu töten, das ist der Fortschritt gegenüber der Antike. So hohe Werte finden aber auch stets Parteigänger in der belagerten Festung, dann entsteht ein neues kritisches Dilemma, das des Widerstandes: wirksam kann ihn nur leisten, wer dem Thron nahe genug steht und ihm lange gedient hat, wie Talleyrand.

Unsere Behauptung, daß ethische Positionen sich zerreißend polarisieren können, sei es innerhalb eines Volkes oder gar einer einzelnen Seele, wird im übrigen von den letzten Ereignissen und den besten Autoren unterstützt. Das ganze Werk Irene Coltmans dient der Erneuerung der Aktualität einer vergessenen Literatur, der politischen aus der englischen Revolutionszeit. Mit ganz anderer Energie und Wahrhaftigkeit als heute blieb damals keine Mattaufgabe in dem Schachspiel von Herrschaft und Gewissen, von Staat und Revolution, von Selbstverachtung und Selbstmord undurchdacht. Und was die neueren Ereignisse betrifft, so sagt Schumpeter (399): »Amerikaner, die sagen: ›Wir wünschen, daß unser Land sich bis an die Zähne bewaffnet, um für das, was wir als recht ansehen, in der ganzen Welt zu kämpfen‹, und Amerikaner, die sagen: ›Wir wünschen, daß unser Land seine eigenen Probleme löst, was der einzige Weg ist, auf dem es der Menschheit dienen kann‹, sehen sich unreduzierbaren Differenzen letzter Werte gegenüber, die durch Kompromisse nur verstümmelt und degradiert werden.« In der Verwirrung des Vietnamkrieges kann man den Ekel des Moralisten vor dem Killen verstehen, aber auch den Ekel des Soldaten in seinem Graben vor dem Sensitiven mit den hochgezogenen Schultern; und was, wenn beide Affekte in dieselbe Seele fallen?

Wer aber kennt seine eigenen tieferen Motive für die »gute Sache«? Unergründlich, was in den jungen Menschen der Bundesrepublik vorgeht, die mit den verschimmelten Parolen des 18. Jahrhunderts und den exotischen Flaggen von Mao oder Guevara gegen das anrennen, was sie für einen übermächtigen Staat halten oder für eine Gesellschaft von Unterdrückern anstatt von Eingeschüchterten. Hinter dem Rücken ihres Bewußtseins reagieren sie vielleicht gegen das Definitive, das Irreparable – die Niederlage, die sie gar nicht mehr erlebten, mit der Mentalität aufsässiger Geschlagener, aber ohne deren Erfahrungen. Woher sonst der Symbolbankrott?

Von einer »guten Sache« so ganz besetzt sein kann doch wohl nur, wer sich von ihr hochtragen lassen will und sich auch »gegen Widerstand durchsetzen«. Wer die Flagge der großen Menschenwerte voranträgt, spricht folglich im Namen Aller, er gehört also einer tatbereiten Minderheit an, d.h. er strebt nach der Herrschaft. Und da ebenso logisch die Gegner, ja die Neutralen auf Seiten der Unmenschlichkeit stehen, ist Gewaltgebrauch gegen sie am Platze, ethisch einmal, und dann deswegen gerechtfertigt, weil die Wenigen sonst nicht durchkommen. Noch einen Gedankenschritt, und man kommt auf die andere Seite: die Gerechtigkeit muß einem Robespierre zugeben, »daß dem Vergehen eine Intention beigemischt war, die sich verteidigen ließe« (Musil 513).

Nur der echte, ungebrochene Parteigänger gilt als zuverlässig. Er darf nicht wählerisch sein, er hat ohnehin keine Kontrolle über die Aktionen seiner Seite, er muß hier die Übel vertuschen helfen und drüben das Gute leugnen, er muß auch an Mitläufern und Mitkämpfern akzeptieren, was sich so bietet, in ihrer Auswahl ging es nur um die Brauchbarkeit oder ihre Durchsetzungskraft. Die Indolenten, Geschäftemacher, Spekulanten und Intriganten bei der guten Sache sind auch gut, doch läßt sich die Sorge nicht unterdrücken, was passiert, wenn die dubiosen Genossen einmal den Lohn einfordern. »Als er (im Bürgerkrieg) ein politisches Amt annahm und doch versuchte, sich von seiner individuellen moralischen Sensibilität leiten zu lassen, setzte sich Falkland dem vollen Gewicht der Schuld aus.«

Sind das nicht alles Plädoyers für die Durchschnittlichkeit? Für den Mann mit der »vernünftigen Nachgiebigkeit, der immer der sozialen Autorität Ehrerbietung zollt, aber den wechselnden Zeitläuften nachgibt, eher gehorsam als loyal«? (Coltman 93). Der naiv ist und weltlich klug, und daher chronisch halb erstaunt und halb verdrossen. Aber wenn die Durchschnittlichkeit der Zeiten vergangen ist, kann man sie als Privatmann nicht darstellen, und so hat man einen Grund mehr, sich auf die Seite des Erfolges zu schlagen, denn in polarisierten Zuständen geht die siegreiche Moral bis in ihre letzten Konsequenzen vor, und jeder wird von der guten Sache verfolgt und eingeholt.

Wenn das private humane und idealistische Gewissen die Loyalität zum Patriotismus transzendiert, dann beginnt es zu kritisieren – übrigens immer mit guten Gründen, denn welche Wirklichkeit, am Ideal gemessen, machte nicht eine schlechte Figur? Gegen den feinhäutigen Egoisten, bei dem sich die Selbstzartheit in Indignation umsetzt und der anmoralisiert, was ihm fordernd entgegentreten könnte, gibt es heutzutage keine Argumente mehr, das ist eine Neuigkeit. Die moralisierende Korrosion hat schon seit langem den Begriff der Autorität selbst angegriffen, durch Kriechströme, um ein elektrochemisches Bild zu verwenden. Wer nun gar einsieht, daß man zwar als Bürger zu Opfern an Zeit, Geld und Freiheit verpflichtet werden kann, es aber keine Instanz gibt, die mich »als Mensch« zu Leistungen heranholen könnte, zumal die sehr einfachen Bestimmungen der Konvention für Menschenrechte vom 4. November 1950 sich an Regierungen und nicht an Einzelne richten, dem wird die Aussicht von der Spitze des Fortschritts aus sehr rosig erscheinen.

Dem Nachdenkenden bleibt kaum verborgen, daß es entweder keine vollkommene Sache gibt, oder daß die vollkommene Sache von fragwürdigen Individuen mitvertreten wird, und daraus kann man den Vorbehalt des Engagements ableiten. Während der Radikale verlangt, daß sich der Wind nach der Fahne dreht, hängt der Gemäßigte seinen Mantel hinein. Man kann den Attentismus, das Abwarten, wer gewinnt, nicht von der Lebensklugheit unterscheiden, die im Alltag fünf gerade sein läßt und sich die Option für den Ernstfall aufspart. So entscheidet man selber, was gut und böse ist. Thomas Hobbes hielt dies für die erste und giftigste aufrührerische Lehre (Leviathan Kap. 29), für eine Bedrohung der Stabilität des Staates, auf die es ihm entscheidend ankam, denn der Gefahrenfall war in seinen Augen keine Ausnahme, sondern chronische aktuelle Gegenwart, wenn auch bisweilen noch verborgene. Wenn umgekehrt der Alltag in realistischer Ansicht das Feld der Kompromisse und Halbtugenden darstellt, dann kann die gewöhnliche Kurzsichtigkeit, Indolenz und Benommenheit durch Tagesgeschäfte von jener verdächtigen Halbloyalität ununterscheidbar werden, die abwartet. Im übrigen kann man gerade im Alltag schrittweise, undramatisch und ohne es zu merken, bis zu den Radikalen der Revolution oder der Gegenrevolution hinübergleiten, und weiß erst zu spät, daß man verstrickt ist. Oft scheint es dem Schicksal Mühe und Geduld gekostet zu haben, jemandes Kopf in die Schlinge einzufädeln. Wer aber dem Staate oder, je nachdem, der Revolution mit Vorbehalt dient, mit »limited discriminating obedience«, der geht bekanntlich nachher mit vollem Einsatz auf die Seite des Erfolges über und wird unerbittlicher Spätsieger. Wiederum kann der bedingte Gehorsam ein Pfeiler der Selbstachtung sein. Diese Art Selbstachtung wird bezahlt, man bringt sich um die Ehre des »last ditch resistance« und setzt sich dem Verdacht des Opportunismus aus. Der entschieden Schlaue wiederum weiß auch nicht, was er tut. Als er seinen Vorbehalt machte, berechnete er die Risiken, doch das ist absurd, im Zeitalter der Weltbürgerkriege, der inkalkulablen Schonzeiten, der Schattenkabinette und der Ordnungen, die auf zwei Augen stehen, gibt es keinen Durchblick. Politische Information im Vollsinne ist ihrer Natur nach nicht erreichbar. Folglich kommt die begrenzte Loyalität auf ein Würfeln hinaus, dann kann man aber ebensogut gleich um den großen Einsatz würfeln und sich voll exponieren. Hobbes glaubte daher, es sei für den Privatmann viel zu gefährlich zu entscheiden, auf welcher Seite Recht und Moral seien.

So ist das Gewissen weder eine halbwegs zuverlässige Brücke zum Überleben, noch ein brauchbares Erkenntnisorgan da, wo es keine Erkenntnis geben kann; schließlich hat es für die ganz großen Ereignismassen ebensowenig Kapazität wie das Gehirn. Seit die Staatsmänner unter den Regeln bürgerlicher Moral regieren wollen, behalten sie weder die Kriege noch ihre Folgen in der Hand und bringen keinen Frieden mehr zustande, wie Woodrow Wilson und Johnson.

So kann man denn auch einmal das Gewissen selbst kritisch befragen. Kein geringerer als Max Scheler (Der Formalismus in der Ethik, ⁴1954) hat behauptet, es sei selbst noch ein Träger sittlicher Werte, keineswegs aber deren letzte Quelle (335). Die Deutung, daß im Gewissen die Stimme Gottes vernehmbar sei, mache es erst zu jenem vermeintlich unverletzlichen, unbeirrbaren Organ, in diesem Sinne gehöre es durchaus zu dem mannigfaltigen Abendrot der untergegangenen Sonne eines religiösen Glaubens (337). In dieser Sache dachte Scheler außerordentlich rigoros. Das Prinzip der Gewissensfreiheit, nach dem jeder Beliebige das Recht haben solle zu sagen und zu bestimmen, was gut und böse sei, könne nur als Ausdruck der inneren moralischen Anarchie des (nach Comte) metaphysischen kritischen Zeitalters angesehen werden (334). Das weist doch in unsere Richtung, wenn wir sagen, das Gewissen sei entweder ein Zeichen versäumter sozialer, eindeutiger Pflichten – und in diesem Falle würde es kein besonderes Problem aufwerfen – oder ein Index kollidierender, in sich unversöhnlicher und gleichberechtigter Sozialregulationen, die im Krisenfall auseinandertreten – dann ist es in keinem Sinne mehr »Richtschnur«, sondern das Erlebnis der Ausweglosigkeit. Dann ist sogar der Gedanke möglich, den man in deutscher Sprache nicht denken sollte und der die Gewissensvirtuosen betrifft: »Hobbes criticized the scruples of intellectuals because he was forced by his experience of the political consequences of their soul – searching to wonder whether it were not possible to be too afraid of doing wrong and whether this fear did not ultimately spring from a pride more dangerous to society than any aristocrat's. They were the new aristocracy: their's the new pride« (I. Coltman 147).

Aus allem, was hier im Kreise herum vorgeführt wurde, um einen gewissen Einblick in das Labyrinth zu vermitteln, folgt ja wohl, daß man in extremen Lagen, wenn der Konflikt der Moralen akut wird, nur noch die Wahl zwischen Haftung und Zweideutigkeit hat. In unseren sonderbaren Zeiten bedarf sogar die Ordnung noch der Verteidigung. Sie ist der Zustand, der das Auseinandertreten der Positionen zur Unversöhnlichkeit erspart, der den Gewissenskonflikt der Politik bis zur Erträglichkeit temperiert, der eine gute Sorte von Freiheit zutage bringt, nämlich das Recht, alles zu tun, was die Gesetze erlauben, und in dem sich herausstellt, daß – um eine Formel Bruno Bauers zu wiederholen – der Fortschritt der zum persönlichen Gefühl gewordene Mangel einer gesellschaftlichen Ordnung ist (Vollst. Geschichte der Partheikämpfe in Deutschland während der Jahre 1842–46, Bd. III, 1847, 32). Damit soll nicht geleugnet werden, daß es Fortschritt gibt: Überall da, wo die Technik, die exakten Wissenschaften zum Zuge kamen, ist er evident, das Elend von früher ist gemindert und der soziale Anstand immerhin so weit durchgesetzt, daß jeder seine Rolle mit Würde spielen kann – erst die Studenten haben das wieder zerstört und dieses Recht ihren Lehrern genommen. So mag die Erhaltung der Ordnung, und nicht nur der Umsturz, das Opfer des eigenen Egoismus wert sein, und vielleicht sogar des eigenen Gewissens.

Bei all diesen Verwirrungen des Herzens stellt sich endlich heraus, daß der Weltlauf selbst die Absolution erteilt – nichts ist erfolgreicher als der Erfolg, auch nach innen. Man nennt diese Erfahrung Geschichtsbewußtsein. Da aber seit Jahrzehnten, ja seit zwei Jahrhunderten hinter jeder fortschrittlichen Position eine noch radikalere auftaucht, so geraten nur die haltgebenden Kräfte in die Ächtungslage, denn nur gegen die Konservativen hat man freies Schußfeld und kann man auf die Loyalität der Soziologen, Jungtheologen, Ansager, Geschäftsleute usw. rechnen, und neuerdings bezeichnet man von daher sogar die sowjetische Position als konservativ. Sie glauben, daß die große Zeituhr nachgeht und fürchten, zu spät zu kommen. Deshalb werden sie bei der Zumutung, gegen noch fortschrittlichere Positionen Stellung zu nehmen, in unüberwindlicher Weise gehemmt, denn diese Positionen haben bei den Geschichtsbewußten die bange Vermutung der Zukunft für sich.

12. ÜBER SPRACHLOSIGKEIT UND LÜGE

Dieses vielleicht etwas ermüdende Hin und Her sollte das Janusgesicht der Tugenden aufzeigen und etwas von dem spüren lassen, was wir wirklich um uns herum wahrnehmen. Nietzsche beschrieb zuerst den »Gesamt-Anblick des zukünftigen Europäers – ein kosmopolitisches Affekt- und Intelligenzen-Chaos« (zit. Lipp, Institution und Veranstaltung 1968. Aus »Wille zur Macht«). Die Schilderung der wechselnden psychomoralischen Stand- und Fluchtpunkte geht fast über die Möglichkeiten der Formulierung hinaus, und hierüber soll noch einiges gesagt werden.

Wir leben aus objektiven Gründen in einem Zustand der Sprachverarmung, der differenzierte Gedankengänge seltener macht und sie an den Rand des Tagesbewußtseins schiebt. Damit steigt die Neigung zu moralisierenden Argumenten, um den Verständigungsprozeß abzukürzen. Diese Verarmung der Sprache erfolgt aus mehreren Gründen: Die Massenbildung bewirkt selbst schon eine Simplifizierung des Denkens, die Massenmedien arbeiten in dieselbe Richtung, und die Politik setzt oft ganze Bedeutungsfelder unter Druck. In dieser Hinsicht gibt es heute Beutebegriffe wie »Diskussion«, »Demokratisierung« oder »autoritär«, die sofort jeden Sachwiderspruch zum Schweigen bringen. Sehr merkwürdig ist dabei, daß die zweifellos zunehmende und in die Breite wachsende Zahl von Unterrichteten, bei hektischem Ausbau der Hochschulen, die Sprachverarmung nicht verhindert. George Steiner erwähnt in seinem Aufsatz »Der Rückzug vom Wort« (Merkur 172, 1962) eine Schätzung McKnights, dahingehend, daß 50% der modernen Umgangssprache in England und Amerika auf 34 Grundwörter zurückgingen. »Der heutige Autor, sagt Steiner, neigt dazu, viel weniger und einfachere Worte zu verwenden, sowohl weil die Massenkultur die Fähigkeit des Lesens und Schreibens verwässert hat, als auch weil die Anzahl der Realitäten, über die Worte in notwendiger und genügender Weise Rechenschaft ablegen können, sich drastisch verringert hat« (513f.). Heute stehe dem Halbgebildeten der Zugang zur wirtschaftlichen und politischen Macht offen, das habe eine drastische Minderung des Reichtums und der Würde des sprachlichen Ausdrucks mit sich gebracht.

Noch tiefer hat Frank Benseler in der Festschrift zum 80. Geburtstag von Georg Lukács in den Einfluß der Massenmedien auf den Sprachabbau hineingeleuchtet. Schon die zunehmende Internationalisierung der Filmindustrie richtet die Texte von vornherein auf Synchronisation und schnelle Unterlegbarkeit aus. Die technischen Apparaturen zur Übertragung von Sprache, wie Schallplatte, Tonband, Rundfunk, Film und Fernsehen bezeichnet er insgesamt als Industrien zur Erzeugung eines verdinglichten, der Realität wirklicher Beziehungen der Menschen zu ihrer Umwelt nicht mehr entsprechenden Bewußtseins (143). Noch weiter geht die Feststellung, daß kraft maschineller Sprachverarbeitung eine feine, aber unzerreißbare Hülle aus Wortgewebe sich um alles legt – nicht nur die Konturen der Wirklichkeit verdeckend, sondern sie selbst ersetzend (146). Man müsse von einer verbalen, einer Informationsrealität reden, die steigende Wortflut (und Bildflut) geht in den festen Zustand eines unzerreißbaren Gespinstes neuer Wirklichkeit über, wofür auch die »vollkommen unkritische Identifizierung« mit den Informationen und dem bestehenden Informationssystem spricht. In ähnlichem Sinne glaubte der Verfasser oft eine geradezu zeitungshafte Bewußtseinsstruktur bei Studenten wahrzunehmen. Und schließlich kommt es, nach Benseler, zu der letzten Wendung, in der die Realität selber sich der Wortwirklichkeit anpaßt, die Tatsachen und Menschen sich also sozusagen in das Gerede von ihnen hineinentwickeln.

Schließlich und nicht zuletzt sind da die Sieger der Geschichte, die jeweils ihren Ideenvorrat, der mitgesiegt hat, durchdrücken und deren Handlanger jeden verbellen, der unerwünschte Dinge sagt. So kann nur ein Don Quichote heute die Alleinschuld Deutschlands an den letzten drei Kriegen seit 1870 bestreiten. Gerade herausgesagt werden dürfen nur Obszönitäten, hier ist die Schriftsprache aus den Gossen erheblich bereichert worden. Das alles zusammen ergab schon seit langem den Verdacht, daß die Phrase bis in die Organisationzentren des Bewußtseins zurückschlägt, und daß man ungestempelte Einsichten und Wertungen in das herrschende, verständliche Vokabular nicht mehr einbringen kann.

Sehr bemerkenswert ist, daß der durchgesetzte Vorrat von Formeln den Leistungsbeweis gar nicht mehr zu führen hat, schon seine verschärfte Betonung schickt den neugierig Zweifelnden ins Dunkel zurück. Man muß solchen Vorgängen bis in die Einzelheiten folgen. Gibt es z. B. in den Künsten anderen als bürgerlichen Kitsch? Wem

würde man wohl die »innere, menschliche Tragödie« lieber zusprechen als dem Atomspion Klaus Fuchs (FAZ 23.9.1965)? Ein schönes Beispiel eines kurzen Wortgemenges kann man der »Spiegel«-Unterhaltung mit dem Intendanten Holzamer entnehmen (8/1963):
Spiegel: »Sie meinen damit einen gewissen vaterländischen ...«
H.: »Die Vokabeln sind natürlich etwas schwieriger geworden ...«
Spiegel: »Das ist ganz ohne Unterton gesagt.«
H.: »... etwas schwieriger geworden, weil sie eben belastet sind. Insofern würde ich meinen, sollte von solchen Dokumentationen, oder was es sei, doch etwas ausgehen, was in diesem positiven Sinne stärkt und ermutigt.«
Spiegel: »Wehrertüchtigung?«
H.: »Die Vokabel würde ich ablehnen ...« usw.
So geht das, er kommt nicht auf seine Worte, die Sprache ist abgezogen. Wo wohl dann die Sache bleibt.

Das war schon der Übergang von der Sprachzerstörung in die Sprachlosigkeit. Die unter Menschen kämpfenden Parteien drängen einander in den Verleugnungsschatten, aber was bleibt, kommt nur noch gepreßt und zerstückelt heraus, während umgekehrt sich selber abmeldet, wer die glatten Phrasen über die Lippen bringt, es sei denn, er sei sehr jung und guten Gewissens irregeleitet. So scheint man einem »fading« des Bewußtseins beizuwohnen, die Mundwerksburschen-Frivolität und die Ersparung des Denkens durch Pointierung sind so verbreitet, daß sie überall durchschlagen. »There are no longer problems of the spirit« sagte Faulkner in seiner Nobelpreisrede, und Benn schrieb in einem Brief am 13.8.1939: »Mir erscheint es manchmal jetzt, daß das Bewußtsein selbst sich herabbildet und in einen Zustand gerät, dem man ein wesentliches Interesse nicht mehr hat.«

Doch ist auch diese Einsicht nicht unriskant, sie wird bemerkt und kommt auf die Debetseite. So hat ein Fritz Stern ein Buch über den »Kulturpessimismus als politische Gefahr« (1963) geschrieben, und dort heißt es: »Lange vor Hitler, lange vor Versailles hatten sich national gesinnte Menschen in Deutschland zutiefst enttäuscht gefühlt, hatte ein quälendes kulturelles Unbehagen bestanden, und dies hatte zu nationalistischen Phantasien und Utopien geführt, denen die Elite der Deutschen bereitwillig zustimmte.« Wer kulturelles Unbehagen verspürt, ist damit gewarnt. Wir würden ihm raten, sich ein Vorbild an dem Beschluß der Londoner Börsenclerks vom Jahre 1909 zu nehmen, »an Hausse und Prosperity zu glauben, und daß jeder es schlecht meine, der die gegenteilige Ansicht äußere« (Vierkandt, Hdwb. d. Soziol. 1931, Art. Gruppe).

Der Leser soll wissen, daß dies immerhin der Hintergrund ist, vor dem man sich in Deutschland in diesen Jahren über Moralfragen äußern muß. Unde ingenium par materiae? (Juvenal).

Diese Ausführungen über die Schwierigkeiten, die heutzutage Worte machen, sollen, an die Gutwilligkeit des Verstehenwollens appellierend, ein Résumé der Grundgedanken dieses Buches einleiten, die im übrigen leicht übersehbar sind.

Wir unterscheiden mehrere voneinander funktionell unabhängige, instinktartige Triebfedern des sozialen Verhaltens, sie bilden den Gegenstand einer empirischen Lehre von den Sozialregulationen oder Ethik. Verspannt mit ihnen ist auch ein angeborener Aggressionstrieb, der in viele Handlungsweisen seine Energien einfließen läßt, sich übrigens beim männlichen Geschlecht auch mit der Sexualität vereinbaren läßt, nicht beim weiblichen. Diese Sozialregulationen sind mit gelernten und rational gesteuerten Motiven umhüllt und verschränkt; unter Durchschnittsumständen stören sie sich gegenseitig wenig, dann sind Kompromisse, Abwechslungen, Fehlgriffe mit oder ohne Entschuldigungen, Rücksichten und Rücksichtslosigkeiten in Gemengelage alltäglich. Erst wenn extreme Situationen eintreten, zeigt sich, daß die latenten Widersprüche innerhalb dieser Impulse auseinandertreten und sich zu unversöhnlichen Gegensätzen entwickeln. Solche Situationen können in Gesellschaften eintreten, deren inneres Gleichgewicht verzerrt ist, sie können in »Spannungen«, Revolutionen und Kriegen bestehen, sie scheinen auch bei kulturellen Überspezialisierungen vorzukommen, etwa in der Mentalität von imperialistischen oder, umgekehrt, von Handelsvölkern, und schließlich sogar sich einfach bei kritisch gewordener Reflexionshöhe größerer Teile der Bevölkerung einzustellen. Dann wird es jedesmal ernst, denn die Radikalisierung jeder Ethosform setzt Aggression frei, auch natürlich die Radikalisierung des Pazifismus.

Dann kommt aber auch zutage, daß auf jeder Seite echte Tugenden stehen, die somit in Konfliktslage geraten, sei es, daß sie sich auf Klassen oder Gruppen verteilen, oder daß sie in derselben Seele kol-

12. Über Sprachlosigkeit und Lüge 183

lidieren, und seit solche Gegensätze nicht mehr in konfessionellen Abweichungen derselben Religion sich ausdrücken, treten sie in fast antiker Klarheit heraus. Es gibt Tugenden der Friedlichkeit und Menschlichkeit, aber auch Tugenden der Macht – one had to be formidable to do good (Coltman 11); es gibt solche, die nur im Kampf zur Geltung kommen und andere, die sich in Mitleid und Sanftmut entfalten. Nietzsche hat versucht, zwei große Gegensätze zu konstruieren und sie auf geradezu medizinisch definierte Gruppen zu verteilen, die Starken und Gesunden gegen die Schwachen und Angekränkelten. Bergson trennte offene und geschlossene Gesellschaften und die zugeordneten Moralen der Autorität und des Fortschritts. Wir dagegen nehmen einen pluralistischen Ansatz und stellen in Rechnung, daß Staat und Gesellschaft sich ineinanderschieben, friedliche und latent explosive Zustände in Mischformen eingehen. Dadurch wird der problemlose Alltag durchzogen von halbartikulierten, chronischen Konflikten, und die moralisierende Aggression ist eine der Reaktionen auf diesen Zustand. Andere Reaktionen, z.T. klassischer Provenienz, wie der Zynismus, die stagnierende Zerstreutheit, der alberne Unernst oder die Rebarbarisierung in Kriminalität oder Pornokratie blieben hier unerörtert.

In der Bundesrepublik dieser Tage gilt der öffentlichen Meinung der abstrakte Humanitarismus als selbstverständliche Leitmoral. Die anthropologische Ableitung dieses Ethos ist uns (Kap. 6) gelungen, es handelt sich um eine »Erweiterung« des primären Ethos der Großfamilie und ihrer Brüderlichkeit, wobei »Erweiterung« eine Kategorie darstellt, wir fanden noch andere Anwendungsfälle des Begriffs. Wie wir ebenfalls im 6. Kap. sahen, ist dieses Ethos von dem Humanismus der kommunistischen Gesellschaften zu unterscheiden, die nicht bereit sind, vom Klassenkampf zu abstrahieren. Ebenso steht auch der Humanismus im klassischen Sinne für sich, und zwar als eine sehr spezielle kulturelle Differenzierung. Der Ursprungsort *dieser* humanitas war der Kreis um Scipio Aemilianus (Sohn des L. Aemilius Paullus), gest. 129 v. Chr.; es handelt sich um eine selbstsichere Geste der kultivierten, noch fraglosen, ästhetisch sensibel gewordenen Herrschaft. Es gab übrigens keinen analogen griechischen Begriff. Ein gutes Beispiel ist das von Cicero De orat. geschilderte Gespräch zwischen Lucius Licinius Crassus (cos. 95), Quintus Mucius Scaevola Augur (cos. 117). Marcus Antonius (cos. 99) sowie einiger jüngerer

Magnaten, man unterhält sich in der kritischen politischen Lage des Jahres 91 mit Heiterkeit und Eleganz, das Werk Ciceros erschien im Jahre 54, kurz vor dem Ende des ersten Triumvirats. Das ist die Atmosphäre, die Goethe nachempfand, in Deutschland fiel die nach einem imitierenden Vorspiel sehr spät nachgeholte Renaissancebewegung mit einer feudalistischen Aufklärung zusammen: Geist von Weimar. Von diesen Dingen ist hier nicht weiter die Rede.

Eine humanitaristische Einstellung im Sinne der Stoa, der Aufklärung des 18. Jahrhunderts und der Gegenwart bedeutet noch nicht Hypertrophie; vielmehr zieht diese aus besonderen Bedingungen ihre Übermacht, in erster Linie natürlich daraus, daß der Patriotismus zu den in der Substanz lädierten Worten und Gefühlen gehört, wenn das Vaterland so total geschlagen und aufgeteilt wurde. So ist der Staat in die Linie der allgemeinen acceptance eingeschwenkt, er macht einen entmutigten Eindruck und ist durch die Extreme der Entwürdigung gezogen worden. In diesem Zusammenhang soll doch der folgende, wohl nur bei uns mögliche Vorgang der Vergessenheit entrissen werden, von dem der »Spiegel« in der Neujahrsnummer 1961 berichtete: »Im Namen der Bundesregierung erwirkte das Verteidigungsministerium eine Einstweilige Verfügung gegen eine als Bundeswehr-Offizier ausstaffierte Modepuppe, mit der der Europa-Verleih auf Plakaten für seinen Film ›Gauner in Uniform‹ warb. Nach Einspruch des Verleihers hob das Landgericht Hamburg die Verfügung wieder auf. Die Kosten des Verfahrens muß die Bundesregierung tragen.« Wir kommentieren diesen nicht mehr benennbaren Vorgang mit den Worten Clémenceaus: »Wenn Völker sich dahinschleppen und zu Sklaven herabsinken, das ist so, wie wenn Männer geistesschwach werden und ihre Wirtschafterin heiraten« (Martet, Clémenceau spricht, 1930).

Der Staat rinnt aus objektiven Gründen mit der Gesellschaft zusammen, ist auf bestimmte, im wesentlichen wirtschaftliche und soziale Aufgaben hin zweckrationalisiert, er verzichtet auf den moralischen Schutz der Staatsbürger voreinander und wird gegenüber der Gesinnungs-Unterwanderung wehrlos, die er bei Mächten wie Kirche, Presse und Rundfunkanstalten selber privilegiert hat. Folglich entfallen schon von dieser Seite des Staates her die Gegenhalte, die eine Gesellschaft verhindern könnten, das entgegengesetzte Extrem zu erleiden, nämlich die volle Aggressivität der guten Sache.

Der Humanitarismus liefert nun nicht nur eine solche, sondern er verlangt auch nichts, weder Steuern noch Wehrdienst, und er geht dazu noch mit allen wünschbaren Dingen zusammen, mit dem Vorrang der privaten Interessen des Familienlebens, mit der ethischen Auszeichnung des Wohlstandes, der endlich nach langer Einspruchszeit des askesegeneigten Christentums sein gutes Gewissen bekommen hat, und mit dem gerade bei uns verbreiteten abstrakt egalitären Sozialismus, den Karl Marx in den weisen Worten voraussah, daß Deutschland einen ebenso klassischen Beruf zur sozialen Revolution habe, wie es zur politischen unfähig sei (1843; zit. Ball, Zur Kritik der deutschen Intelligenz, 1919, 197).

Aber damit nicht genug. Das humanitaristische Ethos, zur Alleinherrschaft oder letzten Instanz erhoben, vermag von den Widersprüchen zu entlasten, die wir im vorigen Kapitel skizziert haben, und es befreit wirklich das Gewissen, nämlich dadurch, daß es die Gegenposition politischstaatlicher Wachsamkeit bagatellisiert. Je mehr der Staat sich auf eine Rolle als Exekutive von Verbandskompromissen und Auszahlungskassen beschränkt, desto mehr kommt er diesen Tendenzen entgegen. Diese Entlastungsleistung ethischer Art, wie sie eben angedeutet wurde, hat aber eine sehr große soziologische Bedeutung. In früheren Zeiten des Absolutismus und noch der konstitutionell begrenzten, aber tätigen Königsmacht haben sehr kleine Kreise die Entscheidungen erwogen und getroffen, und zwar in erster Linie solche, die traditionell dazu berufen waren. Die Gewissensprobleme der Machtausübung, wie sie z.B. noch den alten Kaiser angesichts des Rückversicherungsvertrages beunruhigten, die stets verwendeten unsagbaren Mittel, die Listen und Gewalttaten bewegten nur eine hauchdünne Schicht, die an solche Probleme seit Generationen gewöhnt war. Mit der Demokratie wird jedermann zur Politik herangezogen, und er wird von Großereignissen im Gewissen betroffen, zu denen er nur mit einem Zettel beitrug – man denke an die amerikanische Vietnam-Opposition. Francis Osborn, ein Freund von Hobbes, glaubte daher,»that the common man was made to feel guilty«, daß der gewöhnliche Bürger dazu da war, sich schuldig zu fühlen (Coltman 227), während der Dichter Thomas Flatman ihm den Rat gab,»silently to creep away«, sich stillschweigend zu verdrücken (231). Vor der Konfrontation mit solchen Fragen schützt die Moralhypertrophie, weil sie erlaubt, so gut wie jedes Ansinnen konkreter Politik an Idealen auflaufen zu lassen, indem man noch mehr Gleichheit, noch mehr Freiheit und noch weniger Autorität fordert, als irgendein praktischer Zustand hergibt. Als Deutscher kann man dazu noch der Frage nach dem verlorenen Vaterland aus dem Wege gehen, wenn man die Zwischeninstanzen zwischen Familie und Menschheit moralisch preisgibt.

Da die Moralhypertrophie sich gegenüber den noch funktionierenden Autoritäten kritisch verhält, gibt sie die Aufstiegsleiter für die neue Gegen-Aristokratie der von Verantwortung nicht betroffenen Idealisten her, deren Wirkungschance ja im Angriff liegt. In der Frühgeschichte der schottischen Freimaurer und ihres Zeremoniells spielte Kain eine große Rolle, er baute ja übrigens auch eine Stadt (B. Faÿ, La Franc-Maçonnerie et la Révolution intellectuelle du XVIIIe Siècle, 1961, 73f.).

Der Name Kain führt auf die letzte Frage dieses Buches – worin besteht eigentlich das Böse? In seinem berühmten Buche »Das sogenannte Böse« sagt Konrad Lorenz, für die modernen Kulturverhältnisse mit ihrem technischen Vernichtungspotential sei der Mensch, in seiner Instinktausstattung gesehen, nicht »gut genug«, d.h. die Hemmungsmechanismen seiner Aggressivität, die gegenüber persönlich Bekannten in der Regel ganz zuverlässig sind, funktionieren nicht mehr, wenn es um Ferntötung geht. Der Ausdruck das »sogenannte« Böse weist also auf eine Disharmonie in der Antriebsstruktur hin, insofern mit der Auftürmung der Technik die Aggressivität keineswegs umgekehrt reduziert wurde. Man kann dieser Interpretation beitreten, allerdings mit dem Vorbehalt, daß Menschen einander auch wohl Schlimmeres zufügen können als den Tod. Ein Kampf auf Leben und Tod zwischen Einzelnen, etwa im Kriege, ist ja moralisch keineswegs verwerflich, wenn die Chancen ungefähr gleich sind, aber was wir ohne weiteres verwerfen, ist die Tötung von Wehrlosen, und sie ist ja in dem Beispiel der technischen Ferntötung gemeint.

Im allgemeinen Begriff besteht das Böse wohl in der Aggression gegen Wehrlose, sei es Tötung, Quälerei, Erniedrigung, Entwürdigung oder was immer. Es kann auch darin bestehen, daß jemand unter Bedingungen gesetzt wird, in denen Überleben und Sichtreubleiben sich ausschließen, damit kommt das »suum esse conservare« (Spinoza) in Widerspruch zu sich selbst. Auch die Vernichtung des Generösen und der Großherzigkeit ist böse, ein Geschäft, auf das unsere Zeit wie keine andere abzielt (H. Ball, Die Flucht aus der Zeit, 1927, 98). Hier geht es dann um den geistigen Teil des Bösen, den die Verhaltensforschung nicht leicht greifen kann. Die Ehrverweigerung, die Entwürdigung und Demütigung, der auferlegte Zwang, unter niedrigen Umständen leben zu müssen, das sind bösartige und von Grund aus empörende Zumutungen, und gegenüber der herrschenden Meinung ist die Vermutung berechtigt, das Böse könnte in seiner äußersten Aufgipfelung einer kalkulierten Aggression gegen den Wehrlosen gerade darin bestehen, ihn unter entwürdigenden Bedingungen am Leben zu lassen. Dionysios von Halikarnassos beschreibt die Tyrannei des Aristodemos von Cumae (Buch VII), der gegen die dortige Aristokratenpartei mit Erfolg einen Umsturz unternahm. Mit Söldnern, bewaffneten Sklaven und heruntergekommenen Existenzen ergriff er die Herrschaft, zog die Ländereien und das bewegliche Vermögen der Gegner ein und ließ sie in Massen liquidieren. Soweit folgte er dem gewöhnlichen Schema der antiken Klassenkämpfe, die auch mit umgekehrter Front nicht weniger grausam waren. Seine besondere Grausamkeit bewies er aber darin, daß er die Söhne der Gemordeten aus der Stadt entfernen und am Leben ließ: »Sie verließen also den väterlichen Herd, heißt es, und wurden auf dem Lande wie Sklaven gehalten, indem sie den Mördern ihrer Väter dienten.«

Das, was man den Deutschen nicht verzeiht, ist die mechanische Massentötung von Wehrlosen im letzten Kriege, aber tiefer gesehen ist das wohl auch ein geistiger Mordversuch gewesen, etwas wie eine kollektive Entwürdigung. Von der Lüge bis zur Diffamierung geht die Kunst, jemanden geistig wehrlos zu machen. Die internationale Konvention über die Verhinderung und Unterdrückung des Verbrechens des Völkermordes vom 9.XII.1948 hat daher einen geistigen Völkermord anerkannt, und im Art. II den Begriff »Genocide« unter b) wie folgt definiert: »Atteinte grave à l'intégrité physique *ou mentale* de membres de groupe« – schwerer Angriff auf die physische *oder geistige* Integrität einer Gruppe. Dieser Begriff umfaßt natürlich die Traditionen und Überlieferungen eines Verbandes ebenso wie ihre Ehre, und ein Volk gewaltsam von seiner Geschichte abzutrennen oder zu entehren, bedeutet dasselbe, wie es zu töten. Einige Amerikaner scheinen dies neuerdings zu begreifen und an dem Recht der gewaltsamen Auferlegung ihrer eigenen politischen Ideologie zu zweifeln, denn der Senator Fulbright hat am 28.3.1966 die Forderung erhoben, die USA sollten »China wie ein geachtetes Mitglied der internationalen Staatengemeinschaft behandeln, das gegenwärtig durch eine gefährliche Periode des Chauvinismus geht, und sich nach besten Kräften bemühen, es in der Weltgemeinschaft wieder zu Ehren zu bringen«.

Und zuletzt: teuflisch ist, wer das Reich der Lüge aufrichtet und andere Menschen zwingt, in ihm zu leben. Das geht über die Demütigung der geistigen Abtrennung noch hinaus, dann wird das Reich der verkehrten Welt aufgerichtet, und der Antichrist trägt die Maske des Erlösers, wie auf Signorellis Fresco in Orvieto. Der Teufel ist nicht der Töter, er ist Diabolos, der Verleumder, ist der Gott, in dem die Lüge nicht Feigheit ist, wie im Menschen, sondern Herrschaft. Er verschüttet den letzten Ausweg der Verzweiflung, die Erkenntnis, er stiftet das Reich der Verrücktheit, denn es ist Wahnsinn, sich in der Lüge einzurichten.

PERSONENREGISTER

Acton, Lord 111
Adams, Brooks 154
Aeschylos 7
Anaxagoras 28
Antisthenes 7ff., 24f., 157
Archelaos 7, 27
Ardrey, Robert 40
Arendt, Hannah 43, 79, 89, 116, 144, 149, 162, 173
Aristipp 17, 57
Aristodemos 187
Aristoteles 30
Arnim, Hans v. 12, 70, 77
Ascham, Anthony 126, 153
Attlee, Lord 144

Babeuf, Francis Noël 58ff., 143
Bacon, Francis 56f.
Bakunin, Michail 59, 81
Ball, Hugo 9, 81, 185f.
Barth, Karl 128, 132ff.
Bauer, Bruno 178
Baxter 111
Benn, Gottfried 89, 93, 149, 181
Benseler, Frank 179f.
Bentham, Jeremy 58
Berger, Peter L. 160f., 164
Bergson, Henri 170f., 183
Bernstein, Edward 112
Bismarck, Otto v. 134
Blossius 29
Böckenförde, Ernst-Wolfgang 101
Bonifaz VIII. 133

Boveri, Margret 173
Breitenbruch, G. K. 33
Briefs, Götz 56, 59ff., 64, 66
Browne, W. 14
Buber, Martin 114, 150
Buonarotti, Ph. 62
Burckhardt, Jacob 30, 111, 158
Buren, Paul van 138

Cabet, Étienne 60
Carew, Thomas 55
Chelčický, Petr 127
Chruschtschow, Nikita 116
Chrysippos 13, 27
Cicero 30, 42, 78, 83, 116, 184
Clémenceau, Georges 73, 104, 184
Cloots, Anacharsis 109
Coltman, Irene 116, 126, 153, 173ff., 178, 183, 185
Condillac, Étienne Bonnot de 164
Condorcet, Marquis de 61
Congreve, William 153
Conrad, Joseph 164
Croce, Benedetto 70
Cromwell, Oliver 111

Dehn, Günther 135f.
Delbrück, Hans 69
Demokrit 9
Demosthenes 28
De Quincey, Thomas 10
Déry, Tibor 155
Descartes, René 69

Desmoulins, Lucie-Simplice-Camille-Benoist 65
Dilthey, Wilhelm 63
Diogenes 9, 11, 17, 25
Diogenes Laertius 9, 13, 17f., 27, 157
Dion Chrysostomos 70, 77
Dionysios v. Halikarnassos 57, 187
Disraeli, Benjamin 147
Dostojewski, Fjodor 41
Dunant, Henri 53
Dürr, Emil 111
Durkheim, Emile 71

Ebert, Theodor 54
Ehrhardt, Arnold A. T. 9, 11, 13, 26, 29f., 76
Eibl-Eibesfeld, Irenäus 37ff., 91, 97
Epikur 57
Eusebius 30
Ezawa, Kennosuke 105

Faulkner, William 181
Fay, Bernard 186
Federer, Julius 19
Ferguson 164
Fichte, J. G. 36
Flatman, Thomas 185
Fontane, Theodor 34
Ford II, Henry 113
Forsthoff, Ernst 96, 106, 109, 115, 122
Freud, Sigmund 37ff., 52, 80, 120, 168
Friedrich II. 101
Fuchs, Klaus 181

Fulbright, J. William 188
Funck-Brentano, F. 87

Gandhi 54
Gehlen, Arnold 4f., 37, 46, 51, 68, 168ff.
Geiger, Ludwig 129
Genet, Jean 145
George, Stefan 107
Goethe, Johann Wolfgang v. 13, 35f., 71, 110, 184
Gozzi, Carlo 163
Greiffenhagen, G. 95

Hamilton, William 138
Harder, Richard 23
Heard, Gerald 37
Hebbel, Friedrich 43, 66, 76
Heer, Friedrich 154
Hegel, G. W. F. 33, 35, 107ff., 117, 120f.
Heichelheim, Fritz 14
Heiseler, Bernt v. 137
Helvetius 28, 58
Herberg, Will 130
Hermens, Oskar 36, 111
Herodot 44, 110
Heuß, Alfred 18
Hillerdal, Gunnar 125, 136
Hitler, Adolf 116
Hobbes, Thomas 8, 42, 97, 100, 103, 116, 126, 176f.
Hochhuth, Rolf 66
Hofmannsthal, Hugo v. 158
Hofstätter, P. R. 164
Holbach, Paul Thierry Baron v. 27, 58, 89
Holzamer, Karl 181

Homer 14, 83
Horaz 16
Howald, Ernst 22
Hume, David 165
Huxley, Aldous 8, 131

Ingrim, Robert 23
Isokrates 19, 22f., 57, 107
Iwakura, T. 104

Jaeger, Werner 19, 107
James, William 73
Johnson, Lyndon B. 177
Jonas, Friedrich 60, 62, 79, 97f., 117
Josefson, Ruben 138
Jouvenel, Bertrand de 96
Justinus 150
Juvenal 182

Kaerst, Julius 10
Kahrstedt, Ulrich 11, 24, 29, 77
Kaila, Eino 52
Kant, Immanuel 12, 15, 43, 69, 115
Keiter, Friedrich 94
Keller, Gottfried 33
Kelly, Sir David 156
Kessler, Harry Graf 111
Kierkegaard, Sören 132
King, Martin Luther 54
Kirk, Russell 130
Klingner, Friedrich 14
Koselleck, Reinhart 28
Krüger, Herbert 165
Kuby, Erich 154

Landauer, Gustav 114, 150
Lang, Johann 84

Laotse 93
La Rochefoucauld, François 89
Lassalle, Ferdinand 112
Lauffer, Siegfried 18
Lawrence, D. H. 35
Le Jay, François 103
Lévi-Strauss, Claude 44ff., 84, 168
Lewis, Wyndham 22
Lipp, Wolfgang 179
Livius 103
Lorenz, Konrad 37ff., 49f., 52, 120, 167f., 186
Lübbe, Hermann 109
Luckmann, Thomas 160, 162, 164
Ludwig XIV. 87f., 102, 117
Lukács, Georg 80, 180
Luther, Martin 124ff.

Mandeville 53
Mann, Heinrich 154ff.
Mao Tse-tung 82
Martet, Jean 73
Marx, Karl 185
Mauss, Marcel 44, 168
May, Karl 145
Mayer, Hans 145
Mead, G. H. 47
Mead, Margaret 46
Metrodor v. Lampsakos 64
Metz, Johann Baptist 65
Meyer, Ed. 9, 119
Mikkola, Eino 57
Mirabeau, V. R. de 62
Montesquieu, Charles de Secondat 29, 97, 109, 171

Morelly 15, 58, 62
Morin, Edgar 36
Mühlmann, W. E. 127
Musil, Robert 12, 97, 142, 155, 160, 175

Napoleon 89, 117
Napoleon III. 105
Naumann, Friedrich 81
Newton, Isaac 58, 131
Nietzsche, Friedrich 116, 148, 160, 179, 183
Nouy, Lecomte du 131

Origenes 136
Ortega y Gasset, José 152
Osborn, Francis 185
Oswalt, Irene 62
Owen, Robert 121

Panaitos 25, 30
Paracelsus 150
Pareto, Vilfredo 28, 72, 78
Paul VI. 128
Paulus 136
Perikles 110
Persigny, Graf 98
Perthes, Friedrich 131
Petrosjan, M. I. 81
Philipp IV. 133
Plato 7, 18, 21, 30, 108
Plinius 150
Plutarch 24f., 147
Pohlenz, Max 13, 17, 25ff.
Polanyi, Michael 128, 141
Polybios 24
Portmann, Adolf 37
Poseidonios 30

Proust, Marcel 160

Racine 110
Radcliffe-Brown, A. R. 83
Ranke, Leopold v. 112
Ratzinger, Joseph 135f.
Rehfeldt, Bernhard 42, 85
Renan, Ernest 102, 121
Rhodes, Cecil 103f.
Rice, Richard 130
Robespierre, Maximilien de 35, 59, 66, 69, 109
Roscher, W. G. F. 59
Rosenberg, Bernard 94
Rousseau, Jean-Jacques 15, 53
Ruge, Arnold 65
Ruskin, John 103
Russell, Bertrand 61, 103, 121, 164

Saint-Just, Louis-Antoine-Léon de 58f.
Santayana, George 73
Sarrazin, Albertine 145
Scharf, Kurt 137
Scheler, Max 55, 58, 75, 80f., 113, 146f., 151, 177
Schelsky, Helmut 108
Schmitt, Carl 18, 102
Schneider, Gustav 106
Schnur, Roman 102f.
Schoellgen, Werner 33
Schopenhauer, Arthur 53, 73
Schrenck-Notzing, v. 112
Schumpeter, Joseph A. 66, 89, 151ff., 174
Schwidetzki, Ilse 92
Scipio Aemilianus 30, 183

Seeckt, v. 133
Seillière, Ernst 128
Seneca 29, 114
Shakespeare, William 152
Sigrist, Christian 43
Sölle, Dorothee 138
Sokrates 10, 27f., 57
Sombart, Werner 59ff.
Sophokles 86, 95, 121
Sorel, Georges 66, 77f., 104, 108, 114
Spencer, Herbert 120
Spengler, Oswald 71
Spinoza, Baruch de 160, 186
Staël, Mme. de 63, 98
Stein, Lorenz v. 67, 105
Steiner, George 179
Stern, Alfred 15
Stern, Fritz 181
Stieglitz, Heinrich 18

Tacitus 107, 118
Taine, Hippolyte 96, 117
Talleyrand, Charles Maurice de 173
Talmon, I. L. 59
Theokrit 14
Thomas v. Aquin 36, 101
Thomas, R. Hinton 159
Thukydides 30, 86, 110
Timotheos 24

Toqueville, Alexis de 35, 56f., 62, 163
Tokutomi, S. 105
Tolstoi, Lew Nikolajewitsch 122
Törnvall, Gustav 124
Toynbee, Arnold 78
Trajan 77
Trillhaas, Wolfgang 132
Troeltsch, Ernst 124
Tynan, Kenneth 66

Vergil 14
Vierkandt, Alfred 182
Voltaire 28, 32

Weber, Alfred 21
Weber, Max 51, 69, 72, 83f., 99, 123f., 149
Wellhausen, Julius 85
Werner, Martin 137
White, David Manning 94
White, Harrison C. 83
Wieruszowski, Helene 101
Wilson, Woodrow 177
Wolgin, W. P. 15

Xenophon 10, 17, 57, 107

Zenon 13, 17ff.

SACHREGISTER

Acceptance 144ff., 150, 160ff., 184
Aggression 4, 35ff., 46, 56, 61, 63, 65f., 72f., 91, 96, 98, 108, 111, 141, 145, 182, 184
Anarchie 154
Askese 8, 57, 64, 68f., 73, 111
Atheistisches Christentum 140
Athen 7, 9, 16, 21
Aufklärung 56, 61, 64, 75, 98, 153, 163
Ausgleich 146
Autarkie 28
Autorität 175

Bourgeoisie 67, 89

Christentum 60, 72, 75, 81, 90, 100, 119, 122, 130f., 138, 185

Ehre, Ehrgefühl 100, 107, 113
EKD 132f.
Entfremdung 71, 155
Entlastung 8, 11, 70, 92, 185
Erweiterung (von Sozialregulationen) 41, 79, 87, 89, 100, 119, 123, 149, 169, 183
Ethischer Pluralismus 4, 20, 31f., 42, 63f., 87, 115f., 119ff., 155f., 168, 182
Eudaimonismus 41, 57f., 60, 63f., 75, 78ff., 91, 121, 142, 150, 155
Exogamie 45, 84
Expropriation 65

Familienethos (Sippenethos) 41, 44f., 87ff., 100, 108, 119f., 123, 128f., 134f., 142f., 148f., 151, 168ff.
Feminismus 143, 150f., 164
Fortschritt 178
Freiheit 29, 56, 69, 92, 96, 107, 128, 153ff.

Gegen-Aristokratie 153f., 170, 186
Gegenseitigkeit 41ff., 83, 168
Gesinnung 11, 109, 128, 149f., 155, 184
Gewissen 167ff., 185
Gleichheit 29, 56, 62, 86, 96, 161, 169
Glück 41, 56, 58ff.
Gott 50f.

Haftung 95, 142, 178
Humanismus (klassischer) 183
Humanismus (kommunistischer) 81f.
Humanitarismus 31, 35, 68, 75ff., 125, 128f., 133, 142ff., 147ff., 155, 161, 170f., 183
Idealismus 128, 131, 147
Imperialismus 103f.
Individualismus 158ff.
Instinkt, Instinktresiduen 32, 36ff., 43, 54, 58, 79, 92, 167
Institutionen 41, 68, 71, 91ff., 107, 132, 161, 169

Intellektuelle 8, 12, 18, 23, 28, 31, 68, 89, 108, 114, 151ff., 155, 163, 170

Kirche 100, 109, 125, 127, 132ff., 143, 149, 184
Klassengegensätze 66
Kommunismus 60, 62, 82, 90
Kosmopolitismus 9, 17, 29
Kritik, Kritiker 66, 71, 134, 153, 156
Kunst 54
Kynismus 8ff., 12f., 17, 25

Liberalismus 58
Logos 25f.

Macht, Machtethos 21, 108, 110ff., 116, 146, 155, 183
Massenlebenswert 59ff., 64, 75, 115, 149
Mitleid 53, 71, 169
Monarchie 7, 11, 17, 185
Monotheismus 10
Moralhypertrophie 36, 72, 107, 141ff., 184, 186
Mord 43

Naturrecht 27, 41
Neutralisation 103, 105, 108
Nihilismus 35, 157

Ordnung 91, 178

Parasitismus 11, 37
Patriotismus 89, 121, 133, 172
Pelagianismus 130
Persönlichkeit 159

Physiologische Tugenden 49ff., 75
Pluralismus 31ff.
Politischer Gottesdienst 133, 137
Prestige 113
Protestantismus 75, 127, 130

Rangklasse 39, 91
Recht 19, 32, 42
Religion 51, 60, 73, 76, 119ff.
Ruhm 116

Sachzwang 88, 100f.
Schafe 12, 15, 39, 114, 125
Schönheit 54
Sicherheit 97, 99, 107
Sollen 41, 70, 92, 94
Sozialismus 59, 67, 70, 81, 131, 156
Sozialpolitik 105
Sozialregulationen 3, 32, 49, 51, 53, 168, 182
Sprache 96, 167, 179ff.
Sprachmäßigkeit der Antriebe 47
Staat 19, 34, 41, 61, 86f., 99ff., 120ff., 134f., 141f., 149, 163, 168, 172f., 184
Stoa 12 f., 16, 18, 24f., 28f., 76, 78
Subjektivismus 159f.

Territorialität 39
Tod 50, 73
Toleranz 34ff.

Unverantwortlichkeit 152

Vergeltung 43
Verharmlosung 34, 36, 39, 110, 131
Vorurteile 13, 27, 144, 163

Weltreich 9, 134
Wohlfahrt 55, 112
Wohlleben, Wohlstand 56, 61, 75, 143, 185